Mülheimer Fatzerbücher 2

Räume, Orte, Kollektive

Ringlokschuppen Mülheim an der Ruhr
Mülheimer Fatzerbücher

1
Kommando Johann Fatzer

2
Räume, Orte, Kollektive

3
In Gemeinschaft und als Einzelne_r

Mülheimer Fatzerbücher 2

Räume, Orte, Kollektive

Herausgegeben von
Matthias Naumann
Michael Wehren

unter Mitarbeit von
Melanie Albrecht

Neofelis Verlag

Die *Mülheimer Fatzerbücher* werden herausgegeben von
Kultur im Ringlokschuppen e. V.

RINGLOKSCHUPPEN
Mülheim an der Ruhr

www.ringlokschuppen.de

Veröffentlicht mit freundlicher Unterstützung der Kunststiftung NRW

KUNSTSTIFTUNG NRW

Bibliografische Information der Deutschen Nationalbibliothek
Die Deutsche Nationalbibliothek verzeichnet diese Publikation in der Deutschen Nationalbibliografie; detaillierte bibliografische Daten sind im Internet über http://dnb.d-nb.de abrufbar.

Umschlaggestaltung: Marija Skara, unter Verwendung von Fotografien von Thor Brødreskift und Björn Stork.
Satz: Neofelis Verlag
Druck: PRESSEL Digitaler Produktionsdruck, Remshalden
Gedruckt auf FSC-zertifiziertem Papier.
ISBN: 978-3-943414-13-4

Inhalt

Räume, Orte, Kollektive

Michael Wehren / Matthias Naumann

Im Nirgendwo, in „eine[r] falsche[n] Gegend“[1], an „einer Stelle der Welt“, die es erlaubt „drei Minuten“ nachzudenken,[2] beginnt die Desertion: Fatzer scheißt auf die Ordnung der Welt und seine Kameraden machen es ihm zunächst nach. Der Weg der Deserteure führt sie nach Mülheim an der Ruhr, an den „*Ruhrort Fatzer*“, den Brecht wie folgt skizziert:

> Dies finstere Viereck zwischen Kränen und Eisenhütten
> Durch die dieser Johann Fatzer
> Seine letzten Tage herumging
> Aufhaltend das Rad[3]

Bei diesem Ruhrort handelt es sich zugleich um eine „Gegend“, die, so Brecht, erst noch „[e]inzuprägen wäre“.[4] Sie erscheint unterbestimmt, nicht ausgeführt, auf die Zukunft verwiesen, wie die Zeit selbst mit ihrem „noch nicht“[5] Der Ruhrort, das ist in gewissem Sinne auch ein Nicht-Ort, ein Ort, der noch ausbleibt, fehlt und gerade deshalb zum, wie der Text sagt, „Herumgehen“ bzw. zum Rundgang nötigt:

> FATZER
> Vor allem wissen
> An welchem Punkt der Landkart wir
> Aus der blutbeschmierten, undeutlichen, verdammten Erdkruste
> Herausgekrochen sind
> Was sie hier haben zum Fressen
> Was für Leute, wie viele
> Überhaupt noch da sind.
> Denn hier, das fühl ich
> Bleiben wir länger.[6]

1 Bertolt Brecht: Fatzer. In: Ders.: *Werke. Große kommentierte Berliner und Frankfurter Ausgabe*, Bd. 10.1. Berlin / Frankfurt am Main: Aufbau / Suhrkamp 1997, S. 387–529, hier S. 388.

2 Ebd., S. 453.

3 Ebd., S. 463.

4 Ebd.

5 Ebd., S. 440.

6 Ebd., S. 499.

In der Stadt zeigt sich die Figur eines neuen Menschen, der „Massemensch“[7], dessen Konturen Johann Fatzer bereits in der Gegenwart zu erkennen glaubt. Doch Fatzers „Rundgang durch die Stadt Mülheim“, der ihn auf die Szene der Menge und der Vielen führt, richtet zugleich die Aufmerksamkeit auf den Gang selbst, mit dem Fatzer die Stadt vermisst. Michel de Certeaus Formulierung, ein Raum sei ein Ort, „mit dem man etwas macht“, ein Ort, welcher „von der Ambiguität einer Realisierung ergriffen“ werde,[8] eignet sich, um das Zwielicht, die Unsicherheit und die Vorläufigkeit zu markieren, welche durch Brechts Schreiben im *Fatzer*-Fragment allen Ordnungen und Ortungen zukommt. Die Architekturen und Hierarchien der Räume und Orte scheinen ‚aus den Fugen‘. Und so stehen immer wieder Techniken und Praktiken der Orientierung im Fokus der Szenen, welche die Relation zwischen dem Ich, dem Wir und dem ‚Hier‘ sowie den Anderen und dem ‚Dort‘ erproben. Denn die Räume und Orte, wie bspw. das Haus, nehmen nicht mehr ihre alten politischen, sozialen oder anthropologischen Funktionen in Bezug auf Einzelne oder neue Kollektive wahr:

> Wo früher
> Ein Mensch war und ein anderer
> Da ist jetzt die Masse, ein
> Massemensch und es bleibt alles
> Zusammen
> Und geht nicht mehr in die Häuser[9]

Doch dann wären da auch noch der Textraum des Fragments sowie Brechts Schreibarbeit, die sich mit dem Theater selbst auseinandersetzt, Szenen wie der Rundgang Fatzers sowie die Reflexionen zum Theater im *Fatzerkommentar*, die grundsätzlich die Frage nach dem Ort des Theaters stellen. „Pädagogium“[10] lautet ein Name dieser Frage an die Verortung des Theaters. Das *Fatzer*-Fragment stellt die Frage nach einer theatralen und performativen Praxis, die über den geschlossenen Repräsentationsraum des Theaters hinausgeht und sich als Frage nach dem Ort des Theaters überhaupt erweist. Auch damit berührt sie Fragen des Kollektiven und der (a)sozialen Funktion von Theater. Kurz gesagt: Die Frage nach Raum und Ort ist

7 Brecht: Fatzer, S. 410.
8 Michel de Certeau: *Kunst des Handelns*. Berlin: Merve 1988, S. 218.
9 Brecht: Fatzer, S. 410.
10 Ebd., S. 517.

im *Fatzer*-Fragment zugleich eine Frage nach dem Kollektiv, seinem Auftritt ebenso wie seiner Abwesenheit oder seiner Konstitution.

Räume, Orte, Kollektive: Topographien nach Fatzer – so lautete der Titel des Symposions, welches im Rahmen der vom 22. bis 24. Juni 2012 stattfindenden Zweiten Mülheimer Fatzer Tage nach den Potentialen des unsicheren Territoriums fragte, das *Fatzer* vermisst. Der nun vorliegende zweite Band der *Mülheimer Fatzerbücher* dokumentiert einerseits die Beiträge des Symposions. Frank Ruda und Eva Heubach nehmen im Anschluss an Heiner Müller und Alain Badiou den Jahrhunderttext *Fatzer* sowie die mit ihm verbundene, sich in ihm manifestierende Passion des Realen in den Fokus. Christine Standfests Beitrag fragt nach den (geo)politischen Bedingungen der Gegenwart und zeichnet zugleich eine Reihe von Entortungen und Neuverortungen von Gesten des Widerstands und des *Fatzer*-Materials nach. Michael Wehren analysiert das *Fatzer*-Fragment als Laboratorium des Politischen und Kollektiven sowie die damit verbundenen Orte und Räume: die Straße, die Kellerwohnung, den Text und auch das Theater. Ralph Fischer wiederum geht Fatzers Gängen sowie der mit ihnen verbundenen Logik des Gespenstischen nach.

Andererseits dokumentiert dieser Band jene Inszenierungen, die während der Zweiten Mülheimer Fatzer Tage aufgeführt wurden. So wie der Titel des Symposions erwies sich auch ein diesem vorangestelltes Zitat Brechts als eine mögliche gemeinsame Klammer beider Teile: „Die Erkenntnis kann an einem anderen Ort gebraucht werden, als wo sie gefunden wurde.“[11] Denn so wie Brechts Schreiben und Verhandlung von Räumen, Orten und Kollektiven im *Fatzer*-Fragment einen verfremdenden Blick auf unsere heutige Gegenwart wirft, so sind es auch die zeitgenössischen theatralen, performativen und medialen Praktiken, die das Fragment aufs Neue für einen Blick auf diese Gegenwart produktiv machen.

Zu den Zweiten Mülheimer Fatzer Tagen waren *Wessen Stadt ist die Stadt? Ein Aufstand* von LIGNA, *Kill your darlings! Streets of Berladelphia* von René Pollesch und die norwegische *Fatzer*-Inszenierung von Tore Vagn Lid eingeladen. An diesen drei sehr unterschiedlichen Theaterarbeiten ließen sich verschiedene Gesten der Aneignung sowie einer Verräumlichung des *Fatzer*-Kosmos – des Fragments, aber auch der Fragen des Textes und an ihn anknüpfender

11 Ebd., S. 521.

Denkbewegungen – beobachten, denen gemeinsam war, dass sie auf die Gegenwart und ihre sozialen und politischen Konflikte zielten.

In seiner „(Re)Konstruktion" des *Fatzer* entschied sich Tore Vagn Lid dafür, aus dem reichlichen Material des Fragments und ausgehend von der musikalischen Tradition der Lehrstücke, insbesondere der *Maßnahme* von Bertolt Brecht und Hanns Eissler, „ein konkretes Stück (Musik)Theater"[12] zu gestalten. Die Konstruktion des Abends stellt sich die Frage eines möglichen Handlungsverlaufs zwischen dem Moment der Desertion und der folgenden Ankunft in Mülheim und der Todesszene am Ende, in der Fatzer sein Einverständnis mit seiner ‚Hinrichtung' durch die anderen drei verweigert. Dieser wird als eine Abfolge von Szenen des Wartens, des Konflikts um Essen und Sexualität, von Gängen durch die Stadt und Aktionen, die zum Aufstand führen sollen, konstruiert. Neben Texten aus dem *Fatzer*-Fragment finden Zitate aus anderen Texten Brechts sowie von Heiner Müller Verwendung. Die Szenen sind in ihrer Abfolge musikalisch geordnet und werden von Solisten, Chören und Videoeinspielungen skandiert, wobei die Musik, teilweise live, teilweise eingespielt, aus dem musikalischen Universum der Lehrstücke (Eisler, Weil) schöpft, aber auch auf Schostakowitsch, Händel und Leo Brouwer zurückgreift. So ist es nur konsequent, dass auch der kurze Moment einer möglicherweise utopischen Hoffnung, die momentane Unterbrechung der Routinen aus Warten und Alltagskonflikten gegen Ende von einer Brass Band vorgestellt wird, die eine laut musizierende Runde durch den Theatersaal macht. Doch so schnell, wie er kam, ist der utopische Moment – und damit vielleicht die historische Chance – wieder entschwunden.

Ihr politisches Gewicht erhält die Inszenierung jedoch nicht, indem sie nun versuchte, in irgendeiner Weise anzubieten, wie denn eine solche historische Chance, ein utopischer Moment, zu erkennen und vielleicht sogar zu ergreifen wäre, sondern indem sie zwei grundlegende Bedürfniskonflikte aus *Fatzer* in den Mittelpunkt stellt, mit denen sich jede Potentialität politischen Handelns auseinanderzusetzen hat: den Hunger und die Sexualität, zuvörderst aber den Hunger. Dieser wird neben den bekannten Szenen aus *Fatzer*, die um das Besorgen von Essen kreisen, durch mehrere

12 Tore Vagn Lid: „FATZER" – konkretisiert. Der existentielle Nullpunkt der Revolution, in diesem Band, S. 87–108, hier S. 97.

Videoeinspielungen thematisiert, in denen eine Art Quizshowmoderator Fragen wie z. B. „Wie lange – durchschnittlich – kann ein gesunder, normal gebauter Mensch ohne Essen überleben?“ oder „Was charakterisiert häufig die Handlungen eines Hungernden?“ stellt, die zynisch anmuten mögen, zugleich an Orten und zu Zeiten des Hungers aber Alltagserfahrungen sind, und der dabei auf die Maslowsche Bedürfnispyramide verweist, deren unterste Schichten Vagn Lids *Fatzer* erkundet. Über die Verhandlung des zweiten Bedürfnisses, der Sexualität, wird neben den vier Männern auch Therese Kaumann zu einer zentralen Figur der Inszenierung. Diese Figuren erfahren in ihrer Ausführung jedoch eine zeitliche Offenheit, gehen sie doch am Ende des Ersten Weltkriegs wie im vierten Jahr der gegenwärtigen ‚Krise‘, mal in Anzügen, Kleidern und offenen Gesichtern, mal mit Occupy-Masken, durch eine Stadt, in der die Zuschauer_innen sitzen. Diese sitzen an kleinen runden Tischen im Theaterraum verteilt, auf denen Modellbauten die Börse, eine Fabrik, Wohnquartiere etc. anzeigen. Durch den Raum verlaufen zwei Achsen, die die Gänge der Schauspieler_innen ordnen, eine führt auf die schmale Bühne hin, die komplett von einem Wohnwagen mit davor gespanntem Pferdeskelett eingenommen wird. Ein surrealistischer Courage-Wagen, der zugleich Panzer und Kellerwohnung ist und dessen innere Enge immer wieder auf die Leinwand über dem Pferdegerippe projiziert zu beobachten gegeben wird. Die andere Achse liegt quer zur Bühne und verbindet zwei Klaviere als Orte der Live-Musik miteinander. Während die Spielszenen zum Teil auf der Bühne ‚vor‘ den Zuschauer_innen gezeigt werden, zum Teil aber auch ‚unter‘ ihnen, umgibt sie der Klangraum der Chöre sowie der begleitenden Musik. Sie sitzen zwischen den Chören und Solisten dieses musikalischen Lehrstücks, das im Rückgriff auf Brechtsche Traditionen und Mittel diese verschiebt und zu einer (Re)Konstruktion neu kombiniert, die auf heutige politische Fragen nach der (Un)Möglichkeit des Aufstands zielt. Dokumentiert wird dieser Abend im vorliegenden Band durch einen Beitrag von Tore Vagn Lid über seine Aneignung des Brechtschen Materials sowie einer Verortung seiner *Fatzer*-Inszenierung innerhalb der norwegischen Brechtrezeption durch die norwegische Theaterwissenschaftlerin Ragnhild Freng Dale.

Noch stärker als Vagn Lids *Fatzer*-Inszenierung holte LIGNAs *Wessen Stadt ist die Stadt? Ein Aufstand* die Zuschauer_innen aus ihrer gewohnten Theaterhaltung gegenüber eine Bühne heraus, wie es bei LIGNA schon üblich ist. Die Teilnehmer_innen werden auf einen Gang durch die Stadt Mülheim geschickt. Ausgangspunkt dieser Auseinandersetzung mit dem Innenstadtraum von Mülheim, in dem Leerstand, wie z. B. des Kaufhof, als Ausdruck einer sozioökonomischen Krisensituation der Stadt erscheint, war ein Aufstand, der in Mülheim zwischen dem 18. und 20. April 1923 stattfand und seinen Höhepunkt im versuchten Sturm des Mülheimer Rathauses und der anschließenden zweitägigen Belagerung desselben hatte. LIGNA nimmt die Teilnehmer_innen auf einen über Radio angeleiteten und kommentierten Gang durch die Mülheimer Innenstadt mit, vom leerstehenden Kaufhof zum (nichtbelagerten) Rathaus, an einen Versammlungsplatz, unter die Erde durch eine U-Bahn-Station, weiter durch Einkaufsstraßen und schließlich in das „Forum", eine Einkaufspassage am Bahnhof. Über Kopfhörer hört man als Teilnehmer eine mehrstimmige Collage, die Fiktionalität und gegenwärtiges Erleben des Stadtraums miteinander verwebt, so die Wahrnehmungsmöglichkeiten der Teilnehmer_innen vervielfacht und ihnen Spielräume eröffnet. Man erfährt vom Mülheimer Aufstand im April 1923 aus zeitgenössischen Berichten, die mit Zitaten aus *Fatzer* über den zu erwartenden oder erhofften Aufstand sowie die erkundenden Gänge Fatzers durch die Stadt Mülheim konstelliert werden. Dazu kommen Anweisungen oder Aufforderungen, die auf Handlungen im Vorstellungsraum des historischen Geschehens gerichtet sein könnten und die zugleich den Gang der Teilnehmer_innen durch die Stadt Mülheim anleiten.

Gemeinsam geht man einzeln durch die Stadt, probt Gesten der Aneignung des Stadtraums, des Protests und vielleicht des Aufstands in je eigener Weise ein. Ganz unterschiedlich verhalten sich die Teilnehmer_innen zu Aufforderungen, über die nächste Aktion der Aufständischen abzustimmen, vor der Polizei davon zu laufen und sich ein Versteck zu suchen oder einen Pflasterstein zu werfen. Die Radio-Aufforderungen zu bestimmten Handlungen oder Gesten eröffnen zugleich immer auch einen Raum der Entscheidung, indem sie es dem/der einzelnen Teilnehmer_in überlassen, die angesprochene Haltung einzunehmen, die Geste auszuführen – und vor allem, wenn, dann in welcher Weise. Dabei werden die Teilnehmer_innen nicht nur zu Akteuren, sondern einander auch zu Schauspieler_innen, die Haltungen und Gesten des Protests oder des Aufstands spielerisch einander und gemeinsam zur Schau stellen. Dies erinnert an die von Demonstrationen bekannte

Erfahrung, dass sich aus der Beobachtung der Situation sowie der anderen Demonstrant_innen und ihrem Verhalten und zugleich der aktiven Teilnahme an dieser gemeinsames politisches Handeln entwickeln lässt, sich im beobachtenden Handeln, im Abwägen, Zögern und Wagen die nächsten Gesten des Protests, die nächsten Schritte der Auseinandersetzung ergeben oder gemeinsam initiieren lassen. Doch schafft die Anleitung über Kopfhörer – die auch gemeinsam immer vereinzelt aufgenommen wird –, während sie einen der Notwendigkeit, den Protest selbst zu entwickeln, enthebt, eine Schärfung der Beobachtung der Situation und des Gestischen, das mit Formen des Protests oder des Aufstands verbunden ist. Aufgefordert wird zu einer spielerischen Erprobung von Gesten des Protests und der Aneignung des Stadtraums. Eine ausführliche Darlegung des historischen Ereignisses und der unterschiedlichen Raum- und Materialebenen, die in *Wessen Stadt ist die Stadt?* mit- und zueinander in Beziehung gesetzt werden, sowie der Rollen von *Fatzer* und des Radios bietet Ole Frahms Beitrag, den ein Textausschnitt aus dem Radiostück begleitet.

Eine ganz andere Auseinandersetzung mit den Fragen des *Fatzer*-Materials nach Möglichkeiten politischen Handelns, nach dem Egoismus des Einzelnen, des Kollektivs oder des Netzwerks bietet René Polleschs *Kill your darlings! Streets of Berladelphia* mit Fabian Hinrichs und den „15 besten Turner[n] Berlins“[13], dessen kompletter Stücktext in diesem Band abgedruckt ist. Im Interview spricht Fabian Hinrichs über die gemeinsame Arbeit mit René Pollesch und den Turner_innen und davon, was ihm (nicht nur) im Theater fehlt und er sich erhofft. Einen analytischen Außenblick wirft schließlich der Theaterwissenschaftler Tim Schuster auf *Kill your darlings!*, dessen Aufforderung zum „Macht es für euch!“ nicht nur ihn weiter beschäftigt. Der Abend nimmt deutlich gedankliche Ausgangspunkte von *Fatzer* bzw. grundlegenden Brechtschen Fragen an das Theater und die Gesellschaft und übersetzt diese in eine heutige Auseinandersetzung, entwickelt sie im Bezug zu gegenwärtigen sozioökonomischen Verhältnissen und stellt sie neu.

„Es reicht uns nicht […] Es fehlt etwas.“[14] – Das Fragen nach dem „Unerfüllte[n] des Sozialen“[15] bildet den Mittelpunkt der szenischen

13 Réne Pollesch: Kill your darlings! Streets of Berladelphia, Stückabdruck in diesem Band, S. 190–218, hier S. 213.

14 Pollesch: Kill your darlings!, S. 191.

15 Siehe in diesem Zusammenhang für ausführlichere Überlegungen zu *Kill your*

Untersuchungen dieser Aufführung von Formen dessen, wie wir heute leben, wie wir die besten Szenen – fast wie im Film so auch im Leben oder hier (behaupteterweise zumindest) im Theater – wegschneiden, da sie so schön sind, dass sie nicht zu ertragen wären, und wie z.B. das Turnen einen Mehrwert durch buntes Licht, Musik und Krakenkostüm erhalte. Dies Fragen, das auch ein Sehnen und Fordern ist, nach dem, was fehlt, wird in immer wieder anderen Zugängen verhandelt und umturnt. Es betrifft all das, was sich unter ‚wie zusammen leben' fassen ließe, und dabei nicht zuletzt die Liebe. Die Liebe zu dem/der einen Unaustauschbaren erscheint als die große Forderung dieses Abends, die zugleich die Forderung nach einer Gemeinschaft der Unaustauschbaren ist, welche erfordern würde, gemeinsames politisches Handeln ganz neu zu denken. So ist dieser Abend auch eine Aufforderung zum Bedenken des eigenen Verhältnisses zum eigenen Tun und zu dem anderer, sowie zum Nicht-Tun. Das körperliche Sprechen Hinrichs, in dem sich ein immer wieder neues Durchdenken des gerade zu sprechenden Textes ausdrückt, verbindet sich mit der Körperlichkeit der Turner_innen, ihren Bewegungen. Als eingeprobte Wiederholungen wirken diese leicht und zugleich wie Teile eines festen Ablaufs, werden jedoch durch die jeweilige Art eines Körpers, eine Bewegung auszuführen, durch Momente der Ausgelassenheit oder auch ein Lachen über das Geschehen oder Hinrichs Ansprache(n) immer wieder gebrochen. Durch die andere räumliche Situation im Ringlokschuppen im Vergleich zur Berliner Volksbühne konnten die Zuschauer_innen in Mülheim eine ganz andere, der Berliner Aufführung nur ähnliche, Aufführung sehen und erfahren. Die Nähe der Turner_innen zu den Zuschauer_innen, ihr unmittelbar vor der ersten Reihe Turnen, ließ eine intimere, persönlichere Atmosphäre entstehen und schuf so vielleicht auch eine andere Form von ‚Mehrwert', wies die beobachtenden Gedanken auf anderes hin. Demgegenüber stand bei der Volksbühnen-Aufführung die schiere Weite der Bühne, die eine ganz andere Verlorenheit, aber auch eine ganz andere Ausgelassenheit ermöglicht, eine andere räumlich-körperliche Erfahrung des Gemeinsamen und der Einzelnen.

darlings! als theatrale Form politischer Artikulation sowie einer Gegenüberstellung des Turner_innen-Netzwerk-Chores mit dem ‚menschlichen Mikrofon' der Occupy-Bewegung Matthias Naumann: Chöre des Kapitalismus. Künstlerische und nicht-künstlerische politische Artikulationen. In: *Nebulosa. Zeitschrift für Sichtbarkeit und Sozialität* 2 (2012), S. 85–95, hier S. 86.

Eine veränderte Erfahrung desselben Abends in anderen Räumen an anderem Ort kann so, wie es scheint, auch zu einer differenten Form geteilten Wahrnehmens führen – andere Räume, andere Ort mögen so vielleicht auch einen Blick auf andere Möglichkeiten des Kollektiven eröffnen. Zurückkehrend und immer wieder ausgehend von *Fatzer* soll es im Folgenden um Fragen der Wahrnehmung, Konstitution und Veränderbarkeit von Räumen, Orten und Kollektiven gehen. Vorher möchten wir noch Stefanie Plappert für die Übersetzung der beiden Beiträge aus dem Norwegischen sowie Melanie Albrecht für ihre Unterstützung bei der Erstellung auch dieses Fatzerbuchs ganz besonders danken.

Räume, Orte, Kollektive

Die Notwendigkeit des unmöglichen Ganzen
Brechts „Jahrhunderttext" *Fatzer*

Eva Heubach / Frank Ruda

C'est impossible, c'est le réel.[1]
(Jacques Lacan)

Man wird sagen: das wird aber kompliziert.
Ich muß antworten: das ist kompliziert.[2]
(Bertolt Brecht)

Brecht hat einmal bezüglich des *Fatzer* bemerkt: „Das ganze Stück, *da ja unmöglich*, einfach zerschmeißen, für Experiment ohne Realität! Zur ‚*Selbstverständigung*'"[3]. Legt man diesen Kommentar einer Lektüre des Stücks zu Grunde, lässt sich folgende Frage stellen: Ist die statuierte Unmöglichkeit des *Fatzer* eine zufällige oder eine notwendige? Fällt die Antwort auf diese Frage so aus, dass *Fatzer* zufällig unmöglich ist, dann landet man bei einer Bestimmung des Kommentars und damit des gesamten Fragments, die etwa wie folgt lautet: Bei *Fatzer* handelt es sich um ein „Experiment" im Sinne eines literarischen Versuchs. Dieser Schreibversuch mag zwar für die weitere Entwicklung des Schriftstellers Brecht von Wichtigkeit sein, kann jedoch – da Fragment geblieben – literarisch nicht anders denn als gescheiterter Versuch angesehen werden. Brecht wäre aus dieser Perspektive am *Fatzer* rein zufällig – also etwa aufgrund noch nicht ausreichend entwickelter schriftstellerischer Fähigkeiten oder aber etwa aufgrund einer unausgereiften Konzeption des Stückes, misslungener Stoffwahl oder Ähnlichem – gescheitert: Brecht wusste (noch) nicht, was er tat (oder tun wollte); das Scheitern wird ihm dabei geholfen haben, dies zu lernen. Relevant ist in einer solchen Lesart aber letztlich nicht der Text selbst. Seine Bedeutung

1 Jacques Lacan: *Le Séminaire. Livre XVIII. D'un discours qui ne serait pas du semblant. 1971*. Paris: Seuil 2006, S. 28.

2 Bertolt Brecht: Vergnügungstheater oder Lehrtheater. In: Ders.: *Werke. Große Kommentierte Berliner und Frankfurter Ausgabe*, Bd. 22.1. Berlin / Frankfurt am Main: Aufbau / Suhrkamp 1993, S. 106–226, hier S. 114.

3 Bertolt Brecht, zit. nach Herausgeberkommentar zu *Fatzer*. In: Ders.: *Werke. Große Kommentierte Berliner und Frankfurter Ausgabe*, Bd. 10.2. Berlin / Frankfurt am Main: Aufbau / Suhrkamp 1997, S. 1114–1150, hier S. 1120.

ergibt sich vielmehr allein daraus, was sein ‚Scheitern' für den Autor Brecht und dessen Entwicklung bedeutet hat – der Text ist dann also vornehmlich aus philologisch-biographistischer Perspektive von Interesse; er wird zu einem historischen Dokument einer außer ihm statthabenden Entwicklung. *Fatzer* bleibt „ohne Realität": Das Stück wird nicht realisiert. Um eine „Selbstverständigung" handelt es sich bei dem Fragment dann, weil Brecht seine über Jahre immer wieder aufgenommene Arbeit daran in erster Linie als eine Art kontinuierlicher Schreibübung verbucht. Wieso aber Brecht sich immer wieder und immer wieder neu gerade am *Fatzer* selbst verständigt, bleibt aus einer solchen historistischen Perspektive notwendig dunkel, oder genauer: zufällig. Man mag so dem *Fatzer* zwar bescheinigen, dass der Text *in nuce* bereits wichtige Themen Brechts enthalte, er kann jedoch eines auf keinen Fall leisten: selbst die eigene Unmöglichkeit intern zu verhandeln und zu reflektieren.

Will man nun aber Brechts unablässige Rückkehr zu *Fatzer* nicht als bloßen Zufall deuten, sondern nach der ihr eigenen Notwendigkeit fragen, so schlägt man die entgegengesetzte Richtung ein. Diese leichte Verschiebung der Grundkoordinaten lässt Brechts zitierten Kommentar in einer anderen Deutung lesbar werden: Das Stück ist dann unmöglich, jedoch notwendig unmöglich und kann so selbst als eine Aussage, als eine Darstellung der eigenen Unmöglichkeit, ein Ganzes zu formen, verstanden werden. Es ist aus dieser Perspektive nicht nur zufällig Fragment geblieben, vielmehr ist seine innere Unvollständigkeit, sein Fragmentcharakter konstitutiv für das Stück und man hat dies ebenso konstitutiv in Rechnung zu stellen, will man es verstehen. In den folgenden Überlegungen werden wir dieser zweiten Antwort auf die Frage nach der Unmöglichkeit nachgehen und gehen also davon aus, dass der ganze *Fatzer* notwendig unmöglich ist. Zu Beginn können wir das Wort Fredric Jamesons aufnehmen, der einmal anmerkte, dass Brechts Arbeiten immer einen „good deal of genuine incompleteness" enthalten.[4] Für *Fatzer* trifft dies in besonderem Maße zu, und wir machen es uns zur Aufgabe, genau diese Unvollständigkeit, diese notwendige Unmöglichkeit des Ganzen als eine systematische zu deuten und zu klären.

4 Fredric Jameson: *Brecht and Method*. London / New York: Verso 2000, S. 45.

Wie eine solche Klärung beginnen? Erneut kann man sich dazu an eine Beobachtung Jamesons erinnern, der Brechts Leben als ein in vielerlei Hinsicht für das letzte Jahrhundert emblematisches Leben charakterisiert hat. Brechts Biographie koinzidiert in ihrem Verlauf nicht nur historisch mit entscheidenden Momenten und Diskontinuitäten des letzten Jahrhunderts (Jameson nennt unter anderem die Weimarer Zeit, das nationalsozialistische Deutschland, die Idee kollektiver Arbeit, die Russische Revolution und ihre Folgen, McCarthys Amerika), es lässt sich sogar behaupten, dass sein Leben das ‚Leben' des 20. Jahrhunderts und seine Geschichte verkörpert.[5] „Brecht" ist „by way of his discontinuities and his deeper fragmentation"[6] ein paradigmatischer Name für das letzte Jahrhundert überhaupt und dies gilt ebenso für seine Stücke, die mit Diskontinuitäten, Brüchen, Verfremdungseffekten angefüllt sind, genauer: sie zur Darstellung bringen. Für den früh entworfenen *Fatzer* kann dies in besonderem Maße schon allein deshalb geltend gemacht werden, da die wiederholte und wiederholt abgebrochene Arbeit daran nahezu Brechts gesamtes ‚Jahrhundert-Leben' durchzieht. Vor diesem Hintergrund lässt sich Heiner Müllers Qualifizierung des *Fatzer* als einem „Jahrhunderttext"[7] ihr Recht zusprechen, genauer: sie kann aus einem anderen Blickwinkel klarer konturiert werden.

Hierzu ist eine Charakterisierung des vergangenen Jahrhunderts, die sich bei dem französischen Philosophen Alain Badiou findet, instruktiv. Dieser hat nicht nur ebenfalls Brecht als eine für das Jahrhundert emblematische Figur hervorgehoben, er verknüpft überdies das Emblematische an Brecht mit dem, was er als das entscheidende Moment des 20. Jahrhunderts ausmacht und als ‚Passion des Realen' fasst.[8] Badiou führt diesen Begriff ein, um zu konstatieren, dass das gesamte Jahrhundert – nicht nur in der Kunst, auch in Politik oder Wissenschaft – von der Sehnsucht geprägt ist, einen neuen Anfang, etwas wirklich Neues hervorzubringen oder ausfindig zu machen. Es handelt sich bei der Passion des Realen um eine Leidenschaft, die sich zentral auf die Erneuerung, auf etwas

5 Vgl. Jameson: *Brecht and Method*, S. 3–30, bes. S. 7.

6 Ebd., S. 6.

7 Heiner Müller: „Fatzer-Material". In: Ders.: *Krieg ohne Schlacht. Leben in zwei Diktaturen*. 5. Aufl. Köln: Kiepenheuer & Witsch 2003, S. 309–318, hier S. 309.

8 Vgl. Alain Badiou: *Das Jahrhundert*. Zürich / Berlin: Diaphanes 2006, hier v. a. S. 53–75.

Noch-Nie-Dagewesenes, etwas wirklich Neues richtet – und zwar auf ein Neues, das hier und jetzt wirklich werden soll. Um aber Neues zu schaffen, so die Idee, muss man alles Alte hinter sich lassen – es bedarf eines wirklichen Neubeginns der Geschichte.

Brecht verkörpert für Badiou gerade diesen Gedanken in paradigmatischer Weise, weil er das Theater als eine Operationsform verstanden hat, „das Reale zu demaskieren, weil das Theater par excellence die Kunst der Maske, des Scheinbaren ist."[9] Auch Brechts Stücke können verstanden werden als ein Ausdruck dieser Sehnsucht, die sich auf dasjenige richtet, das erscheint, wenn alle Masken und Idealisierungen,[10] alles, was bloße Erscheinung ist, weggeräumt wurde. In diesem Verständnis ist das Reale dasjenige, das nicht täuscht, nicht täuschen kann, weil es das ist, was übrig bleibt, wenn aller Schein, alle Ideologien beseitigt sind und sich der Blick auf die Wirklichkeit, so wie sie wirklich ist, eröffnet. Die Passion des Realen speist sich aus der Überzeugung, dass es jenseits des Scheins etwas Neues gibt oder zumindest einen Punkt gibt, von dem aus ein Neues erkenntlich wird, das mehr als nur neuer Schein ist, nämlich eine neue Wirklichkeit, gereinigt von jeglicher Dimension der Täuschung.

Diese Bestimmung des Realen, gereinigt von „der Realität, die es verhüllt und verdunkelt"[11], macht bereits verständlich, warum die benannte Passion des Realen im letzten Jahrhundert vor allem destruktive Artikulationen angenommen hat: Das Neue und damit Wirkliche wurde als Resultat der Zerstörung des Scheins und der Erscheinungen verstanden[12] und führt so zugleich notwendig den

9 Badiou: *Jahrhundert*, S. 62.

10 Dies lässt sich ebenso plausibilisieren, wenn man an die klassische Marxistische Theorie des Klassenbewusstseins der Arbeiter denkt, das mit allem Lug und Trug der bürgerlichen Ideologie bricht und sich endlich auf die wirklichen Verhältnisse richtet, die – wenn denn einmal als solche erkannt – durch diesen Akt selbst verändert werden würden. Im *Fatzer* taucht diese Dimension auf, wenn etwa der Chor ausruft: „Dies erst / Ist eure wirkliche Lage / Jetzt aber kannst Du / Erkennen, was zu tun ist für euch und alle Soldaten / Welche Gehorchende sind auch / Gegen euch. Wendet euch um und / Verwandelt den Krieg der Völker in / Den Krieg der Klassen." (Bertolt Brecht: *Fatzer*. In: Ders.: *Werke. Große Kommentierte Berliner und Frankfurter Ausgabe*, Bd. 10.1. Berlin / Frankfurt am Main: Aufbau / Suhrkamp 1997, S. 387–529, hier S. 478.)

11 Badiou: *Jahrhundert*, S. 82.

12 Daraus erklärt sich für Badiou auch die Faszination des Jahrhunderts mit dem Tod, als der einzigen Angelegenheit, die sich nicht vortäuschen lässt. Diese destruktive, purifizierende Form der Passion des Realen besitzt somit Züge, die Walter Benjamin dem „destruktiven Charakter" zugeschrieben hat, der „nur eine

Gedanken des absoluten Antagonismus, des Krieges zwischen Alt und Neu mit sich.

Fatzer scheint in dieser Hinsicht zweifellos ein für das Jahrhundert beispielhafter Text zu sein. Zum einen nimmt er seinen Ausgang vor dem Hintergrund des Ersten Weltkriegs und enthält Verweise auf den Versuch der Russischen Oktoberrevolution, althergebrachte, staatliche Formen sozialer und politischer Organisation hinter sich zu lassen. Zum anderen bildet das Thema des Krieges nicht nur den Ausgangspunkt, sondern bedingt auch das im Text verhandelte Geschichtsverständnis, wie es sich etwa in einer der deutlichen Formulierungen des Chors wiederfinden lässt: „die Zeit spaltet / Sich in alt und neu"[13]. Diese dem Jahrhundert typische Spaltungsbewegung der Geschichte hängt, wie der Chor an anderer Stelle, aber gleichfalls emblematisch festhält, mit dem Erscheinen eines neuen Menschen zusammen: „denn jetzt bald / Tritt hervor das neue Tier, das / Geboren wird, den Menschen aus- / zulösen."[14] Das Neue spaltet die Zeit in eine wirkliche Geschichte eines neuen Subjekts auf der einen und eine bloße Vorgeschichte, die überwunden werden muss, auf der anderen Seite. Doch diese Überwindung betrifft jeden einzelnen auf innige Weise, denn – wie die Figur Koch an einer Stelle formuliert: „alles ändert sich, wir aber sollen uns nicht ändern?"[15] Wenn durch die Zerstörung des Alten eine neue Zeit anbricht, dann stellt sich nicht nur die Frage, wie mit Vertretern der alten Ordnung zu verfahren ist, sondern umso dringlicher, was mit der (alten) Konstitution und Verfasstheit der Akteure geschieht, die sich dem Neuen verschrieben haben. Gilt für diese, was der Charakter „Büsching" an einer Stelle formuliert: „Der Mensch ist der Feind und muß aufhörn"[16]? Hier lässt

Parole" kennt: „Platz schaffen; nur eine Tätigkeit: räumen." (Vgl. Walter Benjamin: Der destruktive Charakter. In: Ders.: *Gesammelte Schriften* Bd. IV.1, hrsg. v. Rolf Tiedemann / Hermann Schweppenhäuser. Frankfurt am Main: Suhrkamp 1981, S. 396–398, hier S. 396.)

13 Brecht: Fatzer, S. 439. Fatzer selbst spricht dies ebenfalls, wenngleich in der Folge mit einer anderen Wendung aus, wenn er festhält: „Aber ich hab die / Augen offen gehabt und gesehen, daß / Eine neue Zeit anfängt und / Mit dem Volk / Etwas und was noch nie war" (ebd., S. 409). An anderer Stelle wird deutlich, dass auch althergebrachte Differenzierungen überkommen werden sollen und alles dem ultimativen Antagonismus von ‚Alt' und ‚Neu' weichen muss: „Arm und reich sind immer gewesen / Aber sie sollen nicht immer sein." (Ebd., S. 496.)

14 Ebd., S. 427–428.

15 Ebd., S. 388.

16 Ebd., S. 452. Man findet dies paradigmatisch bei Mao formuliert, nachdem er im bereits kommunistischen China die Frage stellt: Wo findet man jetzt (d. h. nach

sich deutlich das Problem erkennen, das sich mit der destruktiven Passion für das Reale konstitutiv ergibt, nämlich das der Kriterien, die es zu bemessen erlaubten, wann etwas Reales erreicht ist, d.h. wann jegliche Täuschung überkommen ist. Anders gesagt: wenn es im *Fatzer* darum geht, von dem, was es gibt – vom Gegebenen, Alten – wegzugehen,[17] vom Krieg der Staaten zu desertieren („Laß alles Alte liegen und / beschließe sogleich Neues / Nämlich den vollkommenen Umsturz."[18]), dann konfrontiert der Text den Leser inhaltlich mit dem Problem, wie man es mit dem Alten in einem selbst hält, das man in gleicher Weise hinter sich zu lassen versucht. Die Frage des Weggehens ist auf diese Weise intim mit der Frage des eigenen „Untergang[s]"[19] liiert. *Fatzer* führt vor, wie das Hintersichlassen des Gegebenen, das Überkommen der alten Herrschafts- und Kriegsideologien und die Suche nach dem Neuen hinter den Illusionen und dem Schein, letztlich nicht zu etwas Neuem, sondern allein in die zerstörerischen Effekte führt, die mit dem, was vorgibt, kein Schein zu sein, verbunden sind. Dem Willen zum Neuen, der das Alte zerstört, folgt so die notwendige Unmöglichkeit des Neuen auf dem Fuße. *Fatzer* verdeutlicht dies, indem er zeigt, wie hinter dem Schein das Ego (eines jeden) lauert, das – wie Fatzer selbst – mit einem „Hang zum Nehmen"[20] geboren wurde. Was hinter dem zerstörten Schein übrig bleibt, ist damit selbst nichts als die zerstörerische Habgier, womit der Gedanke, dass „Unter" dem Schein etwas Reales liegt, zu dem der „-gang" führt, selbst zu einem Weg, zu einer Erscheinung der Zerstörung wird. *Fatzer* stellt dann zunächst auf der Ebene des Inhalts dar, dass und inwiefern jegliches kollektive oder den Anspruch auf (potentielle)

der Revolution) die Bourgeoisie? Sie ist in der kommunistischen Partei. Daraus folgt dann für Mao, dass man gerade diese von den bürgerlichen Elementen reinigen muss; eine Idee, die zu gewalttätigsten Konsequenzen geführt hat.

17 Vgl. ebd., S. 405.

18 Ebd., S. 481.

19 Man sollte hier ebenfalls anmerken, dass bereits der „Untergang", der im Titel des Textes erscheint, eine weitere – leicht überinterpretierende – Deutung zulässt: Fatzer geht unter und das meint, dass er „unter" die bloßen Erscheinungen, „unter" den Schein geht, um das zu finden, was wirklich-wirklich ist und nicht bloß Täuschung, Ideologie oder Trug. Die Deutung, die wir im Folgenden anbringen werden, lässt sich bereits mit einer Frage antizipieren: Was erscheint, wenn noch das untergeht, was der „Untergang", das Hinter-die-Erscheinung-Gehen, hervorgebracht hat, nämlich das Ego des Egoisten Fatzer? Doch dort liegt gerade nicht die Antwort auf die entscheidende Frage, die Brecht selbst im Kommentar formuliert: „wozu lebst du, Mensch?" (Ebd., S. 513.)

20 Vgl. etwa ebd., S. 496.

Verallgemeinerbarkeit stellende Unternehmen,[21] das mit dem Gegebenen brechen und zum Neuen, Anderen vorstoßen will, notwendig zerstörerisch und mehr noch: selbst-zerstörerisch ist – selbst die Universalie des Egoismus.[22] Will man etwa den Schein von Freiheit (im Kampf für die Freiheit in der Armee im Ersten Weltkrieg) schlicht gegen die wirkliche Freiheit hinter dem Schein (die Verwirklichung der eignen Sehnsüchte) eintauschen, so endet dieses Unternehmen in Zerstörung und damit erneut im Schein (von Freiheit), das einzig Reale, das sich zeigt, ist das der Destruktion. Das ist, was *Fatzer* inhaltlich vorführt: *Fatzer*, in dieser Hinsicht ein Text des Jahrhunderts, ist ein Text der destruktiven Passion des Realen und der ihr eigenen Unmöglichkeit.

Wie aber verhält sich diese inhaltliche Ebene zur Frage der – von uns behaupteten – notwendig-unmöglichen *Form* des Textes? Wie deutet man den Umstand, dass es sich bei dem Text um ein „fragment in progress"[23] handelt? Vor dem Hintergrund des eingangs zitierten Kommentars Brechts, das ganze Stücke sei nicht nur „ohne Realität", sondern vor allem zu „zerschmeißen", gehen wir davon aus, dass Brecht auf der Ebene der Form den Inhalt – also die angezeigte destruktive Passion des Realen – wiederholt, sie verdoppelt. Die (Selbst-)Zerstörung, der Untergang, der den Inhalt prägt, manifestiert sich auch als Zerstörung (des Ganzen) der Form. Dabei mag man an den Fragmentcharakter des Textes im

21 Wie eine der Figuren gegen den Egoisten behauptet: „So schlecht, Fatzer, ist eben unsere Lage, daß / Weniger als die ganze Welt uns nicht helfen kann. / Also muss ein Plan, uns zu helfen / Der ganzen Welt helfen." (Brecht: Fatzer, S. 492.) Oder wie Brecht den Verlauf selbst kommentiert: „Sie gehen daran zugrund, daß sie Solidarität anwenden auf einen, der sie nicht hat. Für sie ist es selbstverständlich: nur alle zusammen heraus oder keiner." (Ebd., S. 468–469.)

22 Auch wenn man an dieser Stelle festhalten kann, dass der Egoismus Fatzers dennoch einen ersten emanzipatorischen Schritt gegen die Dimension staatlicher Ideologien in die richtige Richtung markiert. Vgl. dazu auch die Pointierung Mladen Dolars, der festgehalten hat, wie Brecht – zumindest in seinen Lehrstücken – zeigt, dass der erste Schritt jeglicher Emanzipation darin besteht, das eigene Interesse ohne moralische Illusionen und Rechtfertigungen gegen die bestehenden Moralismen und Legitimationen anzuführen. Die Brechtsche Formel des ersten Moments der Emanzipation wäre folglich: gegen die Moral und die Ideologie im Namen des Eigeninteresses. Doch ein Schritt genügt nicht. Zum zweiten und damit verbundenen Schritt, kommen wir im Folgenden. Vgl. Mladen Dolar: Brecht's Gesture. In: *Theory & Event* 5,4 (2012), o. P.

23 Judith Wilke: The Making of a Document: An Approach To Brecht's Fatzer Fragment. In: *TDR* 43,4 (1999), S. 122–128, hier S. 122.

Allgemeinen denken,[24] an die Vervielfältigung und Zersplitterung der Figuren[25] oder daran, dass Brecht noch die Form des Chors als eine (in rechten und linken) gespaltene einführt.[26] Für die Form gilt grundsätzlich, was Brecht im Kommentar festhält: „Ich, der Schreibende, muß nichts fertigmachen“[27], es gibt hier nichts Fertiges, keine Ganzheit.

Worauf deutet aber nun diese eigentümliche Verdopplung des Dargestellten auf der Ebene der Darstellung hin? Inwiefern haben wir es hier tatsächlich mit einer notwendigen Unmöglichkeit zu tun, welche die Form betrifft?

An dieser Stelle ist es hilfreich, einen Gedanken von Slavoj Žižek aufzunehmen. Žižek hat den systematischen Übergang von Kant zu Hegel mehrfach als eine analoge Verdopplungsbewegung beschrieben, die zugleich ins Herz der Bestimmung der Unmöglichkeit führt und sich wie folgt rekonstruieren lässt:[28] Wenn Kant die Sphäre der Erscheinung selbst als von derjenigen des Noumenalen, des Dings an sich, abgetrennt denkt, so impliziert er damit zugleich drei Dinge: 1. Dass es etwas Reales hinter den Erscheinungen (Phänomenen) gibt und sich dieses Reale (das Noumenale) 2. nur so denken lässt, dass es ein von den Erscheinungen gereinigtes Reales, d. h. etwas ist, das sich nicht in Begriffen der Anschauung oder Vorstellung bestimmen lässt (das Ding an sich ist deswegen

24 Etwa an den komplexen Verweischarakter des Kommentars, der den Text zum Dokument erklärt und ihn etwa mit Überlegungen zum Nutzen des Theaters und der Kunst verbindet und mit anderen Texten in Beziehung setzt.

25 Etwa an die Figur Kochs, die im Laufe der Zeit selbst noch ihren Namen ändert und zu Keuner wird. Zudem gilt schon für Fatzer, was Brecht später festhält: „Die Einheit der Figur [wird…] nämlich durch die Art gebildet, in der sich ihre einzelnen Eigenschaften widersprechen.“ (Bertolt Brecht: Kleines Organon für das Theater. In: Ders.: *Werke. Große Kommentierte Berliner und Frankfurter Ausgabe*, Bd. 23. Berlin / Frankfurt am Main: Aufbau / Suhrkamp 1993, S. 65–97, hier S. 86.)

26 Dies ließe sich mit einer Funktionsbestimmung des epischen Theaters verbinden, für das gilt, dass es in ihm keine Neutralität geben kann. Seine Stücke spalten das Publikum (und sollen dies auch); man ist entweder für es oder gegen es (dass dies deutlich wird, ist ein Effekt des epischen Theaters selbst). An der angeführten Stelle spaltet sich allerdings nicht das Publikum (in alte Reaktionäre und die, die das Neue wollen), sondern die Spaltung tritt auf der Ebene der Figuren sowie der Darstellung selbst auf (etwas, was Brecht ebenfalls später immer mehr entwickeln wird). Der *Fatzer* führt nun in der Spaltung des Chors zwei antagonistische Seiten in ihrer formalen Inkommensurabilität vor. Vgl. etwa Brecht: Fatzer, S. 496–497.

27 Ebd., S. 514.

28 Vgl. u. a. Slavoj Žižek:,: *Verweilen beim Negativen. Psychoanalyse und deutscher Idealismus II.* Wien: Turia + Kant 1995, v. a. S. 9–13, 103–145.

konstitutiv unbestimmt). Deswegen kann man aber 3. das Ding an sich, das Reale hinter den Erscheinungen, nicht als solches denken (oder erkennen); es entzieht sich unserem Erkenntnisvermögen und somit müssen wir es als ein unmöglich zu Erreichendes postulieren. Kant wäre in dieser Hinsicht ein Philosoph der Passion des Realen, der letzteres nur als gereinigtes, von den Erscheinungen purifiziertes kennt. Zugleich verbindet er das Reale implizit mit einer Unmöglichkeit: Das Reale ist das, was unser Erkenntnisvermögen übersteigt, hinter den Erscheinungen liegt und daher unmöglich zu erkennen (d. h. zu wissen) ist. Die Unmöglichkeit ist hier auf unser absolutes Unvermögen bezogen, hinter die Erscheinungen zu kommen; die Unmöglichkeit ist eine des Erkennens und Wissens, des Zugangs.

Hegel kritisiert in Žižeks Rekonstruktion Kants These von der erkenntnistheoretischen Begrenztheit des Menschen, indem er, so pointieren wir, der Unmöglichkeit einen anderen Platz zuweist. Unmöglich ist es nicht, das Ding an sich zu erkennen, das Ding an sich ist die Unmöglichkeit, die uns überhaupt etwas erkennen lässt. „In other words, the task is to think this impossibility not as a limit, but as a positive fact […]“[29].

Wenn also Kant behauptet, dass unser Zugang zum Ding an sich schon immer durch unseren Erkenntnisapparat, durch unseren begrifflichen Zugang zur Welt verstellt ist, so wendet Hegel diese erkenntnistheoretische Bestimmung (unserer Unmöglichkeit) so, dass gerade unser begrifflicher Zugang zur Welt auf eine Weise (ontologisch) inkonsistent ist, die es möglich macht, dass wir einen Zugang zum Ding an sich haben, dass wir, kurz gesagt, nicht von der Dimension des Realen abgetrennt sind, sondern diese vielmehr, in Hegels Vokabular, „bei uns“ ist.[30] Sie ist „bei uns“, indem wir etwa gerade in dem Moment, in dem wir akzeptieren, dass es nichts als Erscheinungen gibt, notwendig gezwungen sind, durch Verdopplungen der Erscheinungen (in der Kunst oder dem Wissen,

29 Slavoj Žižek: *Less than Nothing. Hegel and the Shadow of Dialectical Materialism*. London / New York: Verso 2012, S. 239.

30 G. W. F. Hegel: *Die Phänomenologie des Geistes*. Frankfurt am Main: Suhrkamp 1986, S. 56. An dieser Stelle kann man ebenfalls an die Qualifizierung des Realen bei Jacques Lacan denken; etwa wenn dieser statuiert: „La structure, c’est donc réel. Ça se détermine en général par convergence vers une impossibilité. C’est par ça que c’est réel.“ (Jacques Lacan: *Le Séminaire. Livre XVI D’un Autre à l’autre. 1968–1969*. Paris: Seuil 2006, S. 30.)

dass es nichts gibt als Erscheinungen, etwa) anzuerkennen, dass eine andere Dimension *in* den Erscheinungen auftaucht.
Ließe sich an dieser Stelle in Bezug auf *Fatzer* nicht behaupten, dass der Übergang von der Passion des Realen auf der Ebene des Inhalts zu ihrer Wiederholung auf der Ebene der Form, dem Übergang von Kant zu Hegel gleicht? Wir haben bereits gezeigt, dass für Brecht im *Fatzer* die Annahme, dass es etwas Reales hinter dem Schein gibt, in die Erscheinung der Zerstörung führt, d.h. umso tiefer in den Schein der Freiheit (den Egoismus) führt. Dies haben wir als inhaltliche Darstellung der Passion des Realen qualifiziert. Die Dopplung des Inhalts auf der Ebene der Form kann man so lesen, dass gerade die Inkonsistenz der Darstellung selbst etwas hervorbringt, was die bloße Zerstörung, den „Untergang" übersteigt. Dieser Shift lässt sich aber noch deutlicher entwickeln, wenn man einerseits bedenkt, dass Žižek diesen Übergang auch als einen von Purifikation zu Subtraktion beschreibt.[31] Unsere Lesart des *Fatzer* hat somit in entscheidender Weise mit dem Verhältnis der beiden, mit dem Verhältnis von Destruktion (Purifikation) und Subtraktion zu tun. Was aber nennen wir hier subtraktiv? Anders als die bereits erläuterte destruktive Passion des Realen, kann deren subtraktive Form mittels einer bestimmten Form der Verdopplung tatsächlich etwas Reales hervorbringen; Reales, das nicht das Reale der Zerstörung ist, sondern einen grundsätzlich anderen Status hat. Man denke hier etwa an Malewitschs Gemälde *Weißes Quadrat auf weißem Grund*. Das Bild, dessen Titel bereits dessen Beschreibung ist (und es somit in gewisser Weise auch auf dieser Ebene doppelt), zeigt ein weißes Quadrat, das kaum von dem Grund, auf dem es erscheint, verschieden ist. Es markiert so eine minimale Differenz zwischen dem Grund und dem, was auf demselben erscheint. Es markiert eine eigentümliche Form der Wiederholung, der Dopplung, welche es möglich macht, eine Differenz zwischen einem weißen Quadrat (Grund) und einem weißen Quadrat zu denken. Der Mangel an spezifischer (funktioneller) Differenz (zwischen Figur und Grund) wird so genau zu einer Verkörperung der Differenz (zwischen dem Ort und seinen Elementen) in reiner Form. Die subtraktive Passion des Realen verfährt gerade durch diese

31 Vgl. auch Slavoj Žižek: *Die Puppe und der Zwerg. Das Christentum zwischen Perversion und Subversion*. Frankfurt am Main: Suhrkamp 2003, S. 68ff., und Badiou: *Jahrhundert*, S. 70ff.

eigentümliche Verdopplungsoperation, durch die Hervorbringung einer minimalen, reinen Differenz, die es vermag, etwas Reales zur Darstellung zu bringen.[32]

Lassen sich aber diese Überlegungen auf *Fatzer* anwenden? Verhält sich der Inhalt zur Form wie das weiße Quadrat zum weißen Grund? Unsere These ist, dass gerade die Wiederholung des destruktiven Typs der Passion des Realen in der Form und nicht nur im Inhalt, d.h. der notwendige Fragmentcharakter des Textes den Blick auf etwas anderes als nur auf die zerstörerische Dimension dieser Passion frei gibt. Brechts *Fatzer* schreiben wir in dieser Hinsicht eine subtraktive Dimension zu, da es gerade die Wiederholung, die Verdopplung von Inhalt in der Form (eine Art Verfremdungseffekt vor der Erfindung des Verfremdungseffekts) ist, die es erlaubt, diesen Text nicht schlicht als misslungen, gescheitert etc. (zufällig durch Brechts eigene Begrenzungen unmöglich gemacht) anzusehen, sondern ihm eine immanente Wahrheit und Bedeutung zuzusprechen (die einen anderen Umgang mit der Unmöglichkeit impliziert). Genauer gesagt: nur durch die Wiederholung des Inhalts auf der Ebene der Form erscheint die minimale Differenz zwischen beiden. In anderen Begriffen kann man dies auch so fassen, dass wir es hier nicht einfach nur mit einer Repräsentation der Passion des Realen im Inhalt zu tun haben. Geht es der Passion des Realen auch immer um die Abschaffung jeglichen Repräsentationsverhältnisses (der Idealisierungen, Erscheinungen etc.), dann ist die zersplitterte Repräsentation des zerstörerischen Versuchs der Abschaffung der Repräsentation nicht bloß nur eine weitere Repräsentation, vielmehr taucht durch sie noch im Inhalt etwas auf, das allein über die Wiederholung in der Form sichtbar werden kann. Dies geht dann nicht nur vom allgemeinen Fragmentcharakter des Textes aus, sondern betrifft gerade auch die anderen bereits angezeigten formalen Ausformungen der Wiederholungen, wie etwa die Schichtung der verschiedenen Arbeitsphasen, die Verdopplung des Chors sowie das komplexe Verhältnis von Dokument und Kommentar.[33]

32 Vgl. Badiou: *Jahrhundert*, S. 70ff.

33 An dieser Stelle müsste man zudem nach dem Status des „Fatzerdokuments" fragen und genauer den Begriff des Dokumentarischen untersuchen, der im *Fatzer* am Werk ist. Wir belassen es aus Platzgründen an dieser Stelle bei dieser Bemerkung und verweisen auf die Untersuchung Georges Didi-Hubermans, der eine analoge Konstellation anhand der Montage von Zeitungsdokumenten und deren Kommentierung in Brechts *Kriegsfibel* analysiert hat, vgl. ders.: *Wenn die Bilder Position beziehen. Das Auge der Geschichte I.* München: Fink 2011, hier v. a. S. 36ff.

Hinsichtlich Letzterem hat Judith Wilke richtig bemerkt: „In the *Fatzer* fragment the 'document' is a construction rather than a depiction. Its testimony refers to something that lies beyond representation."[34] Nur darf man eben das Jenseits der Repräsentation, wie *Fatzer* zugleich vorführt, nicht als etwas „hinter" und „unter" der Repräsentation Liegendes verstehen, sondern als etwas, das *nur* durch eine Verdopplung, eine Wiederholung innerhalb derselben aufscheinen kann.

Dass man es in dieser Wiederholungsstruktur schließlich mit etwas zu tun hat, das nicht in der Repräsentation aufgeht, manifestiert sich überdies in der mehrfach gedoppelten Struktur des Chors.[35] Zitieren wir, um diesen Punkt deutlich zu machen, eine längere Stelle aus dem Fragment:

> ZWEI CHÖRE:
> Aber als alles geschehen war, war da
> Unordnung. Und ein Zimmer
> Welches völlig zerstört war, und darinnen
> Vier tote Männer und
> Ein Name! Und eine Tür, auf der stand
> Unverständliches.
> Ihr aber seht jetzt
> Das Ganze. Was alles vorging, wir
> Haben es aufgestellt
> In der Zeit nach genauer
> Folge an den genauen Orten und
> Mit den genauen Worten, die
> Gefallen sind. Und was immer ihr sehen werdet, am Schluß werdet ihr sehn, was wir sahn:
> Unordnung. Und ein Zimmer
> Welches völlig zerstört ist, und darinnen
> Vier tote Männer und
> Ein Name. Und aufgebaut haben wir es, damit
> Ihr entscheiden sollt
> Durch das Sprechen der Wörter und
> Das Anhören der Chöre
> Was eigentlich los war, denn
> Wir waren uneinig.[36]

34 Wilke: Making of a Document, S. 124.

35 Brecht selbst kommentiert den Status der Chöre als „zum Dokument gehörend" (Brecht zit. nach Herausgeberkommentar zu *Fatzer*, S. 1134), wozu Wilke bemerkt: „But these choruses themselves appear as commentators on documents, testifying unbelievable events." (Wilke: Making of a Document, S. 124.) Es wird deutlich, dass sich die Dopplungsstruktur auf verschiedenen Ebenen fortsetzt.

36 Brecht: Fatzer, S. 477.

Das gedoppelte, wiederholte Sprechen des Chors führt eine minimale Differenz in dasselbe ein, eine Uneinigkeit. Wir haben es also mit einem Kommentar zu tun, der selber keine objektive Beschreibung der Situation gibt; vielmehr scheint es hier so, dass nur durch die verdoppelte Beschreibung, genauer durch zwei Beschreibungen, die miteinander nicht in Einklang gebracht werden können, eine wirkliche Bestimmung der Situation, mit der wir es zu tun haben, erfolgt. Anders gesagt: weder wird eine mögliche erste Beschreibung einer Situation durch eine mögliche zweite Beschreibung als unzureichend, beschränkt sichtbar, sondern gerade die Inkommensurabilität der beiden Beschreibungen, ihre Uneinigkeit, d. h. der sie voneinander trennende Spalt *ist* die Situation, in welcher man selbst Position zu beziehen hat. Der Spalt zwischen Passion des Realen in Inhalt und in der Form *ist* das Reale des Textes, seine eigentümliche notwendige Unmöglichkeit.

Wieso kann man sagen, dass hier etwas hervorgebracht wird, was mehr ist als Zerstörung?[37] Erneut können wir hier auf eine Bemerkung Jamesons verweisen, der einmal Brechts Methode als „rigorously non-formalistic"[38] charakterisiert hat. Aus unserer Perspektive kann man diese Bestimmung sogar noch weiter treiben und sagen, dass seine Methode der Verdopplung des Inhalts in der Form und so als Spaltung der Form selbst durch weitere Wiederholungen rigoros nicht-formalisierbar ist.[39] So paradox dies klingen mag (eine Verdopplung auf der Ebene der Form, die sich nicht formalisieren lässt), so sehr liegt doch gerade in diesem Paradox der Kern einer Bestimmung des Realen jenseits seiner destruktiven

37 Diesen Punkt kann man auch anders formulieren, wenn man als eine mögliche Beschreibung des Verfremdungseffekts das Beispiel eines daher laufenden Fußgängers anführt, dessen Gang von einem in der Kunst der Verfremdung geübten Schauspieler nachgeahmt wird. Die Nachahmung der Art und Weise, in der der Fußgänger läuft, ist mehr als nur eine schlichte Verdopplung oder Nachahmung eines bereits Gegebenen. Sie produziert vielmehr retroaktiv eine Dimension, die es nur aufgrund der Wiederholung und der Verdopplung gibt. Etwa wirkt der Gang des Fußgängers komisch, aber nur deswegen komisch, weil seine Gangart nachgeahmt wurde.

38 Jameson: *Brecht and Method*, S. 28.

39 Hier sollte deutlich werden, wieso wir auf das Reale verweisen. Lacan hat dieses genau an dem Punkt situiert, an dem man durch eine Formalisierung (eine Arbeit an der Form) zu einer Sackgasse der Formalisierung gelangt und in dieser Art und Weise dieselbe als nicht formalisierbar formalisiert. Dies ist genau, was wir in Bezug auf Brecht zu zeigen versuchen. Vgl. dazu Jacques Lacan: L'Étourdit. In: *Scilicet* 4 (1973), S. 5–52.

Passion. Brechts Methode der Darstellung (sowohl beim *Fatzer* als auch bei späteren Texten) ist selbstverständlich eine Arbeit an der Form (der Darstellung); aber die Arbeit an der Form, diese ‚Formalisierung' aller Elemente der Darstellung ist beständig selbst davon angetrieben, durch die Form etwas hervorzubringen, was *nicht* Form, *nicht* Inhalt, *sondern* etwas Reales ist.[40] Man denke hier nur an Brechts Formulierung: „Fatzer, du musst / Eine Rechnung machen / Mit aller Weisheit und Erfahrung / Deines Alters, die / Nicht aufgeht./"[41] Dies nennen wir, Brechts Beschreibung der eigenen Methode als einer des „Nicht-Sondern" aufnehmend, die *Formel des nicht-nicht-sondern*.[42]

Fatzer thematisiert die eigene Unmöglichkeit (der Geschlossenheit der Form durch die Verdopplung der Zerstörung, die im Inhalt erscheint) und zwar als eine, die notwendig ist. Eine notwendige Unmöglichkeit, die nicht länger als eine Beschränktheit verstanden wird, sondern als ein Experiment. Ein Experiment ohne Realität, das dennoch zur Selbstverständigung taugt. Denn in ihm geht es um die Wirksamkeit, die Effekte einer nicht formalisierbaren Methode, deren Voraussetzung (und Resultat) das Zerschmeißen des Ganzen ist, die notwendige Unmöglichkeit des Ganzen. *Fatzer* ist ein Experiment ohne Realität, das dennoch etwas Reales hervorbringt. Doch dieses Reale – deswegen ist es als Unmöglichkeit qualifiziert – erscheint nicht, oder genauer: erscheint als Nichts im Text. „Was ist da? / Nichts. Komm heraus! / Was sagst du? / Hier ist nichts!"[43] Der ganze, un-ganze Text ruft immer wieder in dieser Weise dieses Nichts, dieses Stück des Realen an und damit auch die unmögliche Frage auf, die Brecht im Kommentar formuliert und die selbst von einer eigentümlichen Verdopplung zeugt: „Wann ist der Gang des Fatzer durch die Stadt Mühlheim eine Wirklichkeit – obwohl kein

40 Hier liegt der Ansatzpunkt, von dem aus ein anderes Verständnis (nicht nur) des Brechtschen Realismus entwickelt werden kann. Dies ist Ziel der Arbeit, die Eva Heubach aktuell unter dem Titel „Das Reale des Realismus" unternimmt.

41 Brecht: Fatzer, S. 390.

42 Hier machen wir uns eine skeptische Einsicht zunutze, die sich wie folgt formulieren ließe: Ist es die Form oder der Inhalt, der entscheidend ist bei *Fatzer*? Unsere Antwort: Beide sind es nicht, sondern es ist deren eigentümliches Verhältnis. Im Text taucht diese Dimension auf, da sich Fatzer in dem Zwischenraum zwischen einem „noch nicht" und einem „schon nicht mehr" bewegt (ebd., S. 440). Wir lesen dies so, dass es „schon nicht mehr" der Inhalt und die Form sind, aber noch nicht etwas anderes. Diese flüchtige Dimension ist das, was wir als etwas Reales (etwas vom Realen) qualifizieren.

43 Ebd., S. 388.

Mann Fatzer durch die Stadt Mühlheim gegangen ist?"[44] Man mag antworten: Wenn die notwendige Unmöglichkeit des Ganzen selbst als Genese einer neuen Möglichkeit verstanden wird, als eine permanente und notwendig wiederholte, wiederholende Arbeit an der Konversion des notwendig Unmöglichen in ein vorab inexistentes Mögliches. In genau diesem Sinne zeugt die notwendige Unmöglichkeit *Fatzers* von dieser grundsätzlichen Geste Brechts, die auf etwas Reales zielt.

44 Brecht: Fatzer, S. 516.

Fatzer besetzen!

Vermischte Bemerkungen zu Brechts *Fatzer*-Fragment – eine Territorialisierung

Christine Standfest

> Die Schlacht hat uns
> Nicht umgebracht, aber
> Bei ruhiger Luft im stillen Zimmer
> Bringen wir uns selber um.[1]

Berlin Biennale 2012, Kunstwerke Auguststraße, Berlin-Mitte. Ein morgendlicher, einsamer Besuch des großen Saals, der Zelte der *Occcupy*-Aktivisten und ihre musealisierten Widerstandszeichen versammelt … ein plötzliches Schnarchen aus einem der Zelte wie ein allzu peinlicher Einbruch des Realen in das Geheg(t)e.

„zerstörung des zimmers / der zeit."[2]

Occupy Fatzer – so lautete der Arbeitstitel meines Beitrags zum Symposium der Zweiten Fatzer Tage, welches sich mit der Frage von Räumen, Orten, und Kollektiven in Brechts „unmöglichem" „Experiment zur Selbstverständigung"[3] auseinandersetzte. *Occupy Fatzer* – was mich zu dem Zeitpunkt (und auch heute noch) beschäftigte, waren einerseits Fragen an (m)eine Praxis im Feld der Performing Arts und des Theaters vor dem Hintergrund der politischen und gesellschaftlichen Krisen in Europa und den Umbrüchen in Nordafrika, verbunden mit einer „Re-"Reflektion der Kategorie von politischer Subjektivität und ihren Auftrittsformen in den verschiedenen Feldern.[4] Die Einladung zum Symposium war in dieser

1 Bertolt Brecht: *Der Untergang des Egoisten Johann Fatzer. Bühnenfassung von Heiner Müller*. Frankfurt am Main: Suhrkamp 1994, S. 61.

2 Akademie der Künste, Berlin, Bertolt-Brecht-Archiv 109/59.

3 „Das ganze Stück, *da ja unmöglich*, einfach zerschmeißen für Experiment ohne Realität! Zur ‚*Selbstverständigung*'" (Bertolt Brecht zit. nach Herausgeberkommentar zu Fatzer. In: Bertolt Brecht: *Werke. Große kommentierte Berliner und Frankfurter Ausgabe*, Bd. 10.2. Berlin / Frankfurt am Main: Aufbau / Suhrkamp 1997, S. 1114–1150, hier S. 1120).

4 Vgl. dazu auch die Artikel: Christine Standfest: Surabaya Johnny reverberating. In: *Maske und Kothurn* 1/2012, S. 77–88, und dies.: Fatzer Point. Some Random Scenarios Considering Resistance in Performance. In: *Maska – Performing Arts*

Hinsicht auch Anlass einer Art Re-Lektüre von aktuellen Beispielen aus Choreografie, Performance und Bildender Kunst in Wien, Berlin und Kairo, an denen ich zum Teil in unterschiedlicher Funktion beteiligt war, durch Modelle des Topografischen im *Fatzer*-Fragment. Dabei interessierten mich neben den textimmanenten (wenn man angesichts des Fragments überhaupt von einer „Immanenz" sprechen will oder kann) Topografien v. a. die Anrufungen und die Potentiale der Aktivierung dieses „Steinbruchs" an Material für AkteurInnen, PerformerInnen, DarstellerInnen … anders gesagt: an Konfigurationen von Sprechakten.

Der Punkt ist Fatzer

Der Titel beinhaltete damals, im Juli 2012, insofern auch einen Rückzug: in eine Anspielung, in ein Zitat. „Occupy": eine Anspielung auf Vermischungen oder Neu-Konstellierungen zwischen dem Feld des politischen Aktivismus und der Kunst, die mit zunehmender Dringlichkeit auch Theater und Performance bestimmten und bestimmen. Fragen wie die nach „Gesten des Widerstands"[5], der Rolle des Körpers in politischen Bewegungen, der Krise des Öffentlichen als Raum- und Darstellungskrise und des kollektiven Diskurses prägten Formate und Festivals.[6] Die *Occupy*-Bewegung war spätestens im Rahmen der Berlin Biennale buchstäblich angekommen im Museum (Kunstwerke, Berlin[7]), die politischen Umstürze in Nordafrika hallten immer noch unter dem poetischen Titel „Arab Spring" (ein Titel wie geschaffen für postkoloniale Designerdüfte) als demokratisches Versprechen durch den westlichen Social Media- und Blätterwald, während in Syrien bereits klar war, dass da kein Versprechen mehr war, nirgends.

Und doch. Gepaart mit dem auch in Europa zunehmenden Bewusstsein einer ökonomischen und gesellschaftlichen Krise, die nicht mehr einzuhegen war in Oppositionen wie Finanz- vs.

Journal XXVII,151–152 (2012), S. 54–59.

5 Vgl. *Maska – Performing Arts Journal* XXVII,151–152 (2012).

6 Ein prominentes Beispiel unter vielen anderen ist hier *Truth is concrete*, ein 7-Tage/24-Stunden Marathon-Camp zu künstlerischen Strategien in der Politik und politischen Strategien in der Kunst im Rahmen des steirischen herbstes 2012, http://truthisconcrete.org/ (Zugriff am 11.06.2013).

7 Vgl. Berlin Biennale: http://www.berlinbiennale.de/blog/wp-content/uploads/2012/04/7BerlinBiennale_Pressemappe.pdf (Zugriff am 11.06.2013) und, als exemplarische Kritik: Catrin Lorch: Occupy geht immer. In: *Süddeutsche Zeitung*, 26.04.2012. http://www.sueddeutsche.de/kultur/berlin-biennale-occupy-geht-immer-1.1342990 (Zugriff am 11.06.2013).

„schaffendes" Kapital, lag es in der Luft, das Gefühl und das Begehren nach Aufstand. Neue Organisierungsformen bildeten sich, auch durch eine Rückeroberung der Straßen und Plätze als Orte des Politischen, als Handlungs- und Verhandlungsräume nicht nur von „Inhalten" und Forderungen, sondern auch von Auftrittsformen des Politischen und damit des Kollektiven. Anders formuliert: eine neue Suche nach politischer Handlungsfähigkeit im Zeitalter von Globalisierung und Social Media fand und findet statt, und ich würde dies immer noch, wieder, eine Suche nach politischer Subjektivität nennen. Subjektivität im Sinne einer Subjektkonstitution, die um ihre Positionierung zwischen Kontingenz und Konstruiertheit weiß und dennoch nicht ablässt, sich und die Terrains, in oder auf denen Bewegung stattfindet, als Schauplätze zu begreifen, die von AkteurInnen konstituiert, durchkreuzt, geschaffen, verändert werden, in einem permanenten Prozess von Veränderung und Selbst-Veränderung. Bleibt die Frage nach einer Verständigung über dieses „Selbst", ohne in den Dialektiken zwischen „atomischer Subjektivität" (Julia Kristeva) und Rückzug in Repräsentationsformen still gestellt zu werden.

Der Rest ist *Fatzer*

Und so ist „Occupy" Fatzer nicht nur eine Anspielung, sondern auch eine Fragestellung, eine Behauptung, ein Appell und eine Abgrenzung gegen allzu bereite Versöhnungen oder Aufhebungen von Differenzen – von Politik und Kunst z.B., auch von Aktivismus und Theater.

B 20

CHOR nach I

So verlassen die Besten, ist an ei-
nem Punkt der Erdoberfläche
Eine Idee aufgetaucht, s o f o r t die
Position und n i c h t s
Hält sie zurück, die Zeit spaltet
Sich in alt und neu, sie tun nichts
Altes mehr.
Aber die Zeit rollt noch weiter.[8]

Heute, im Moment des Schreibens (im Juni 2013), liegt halb Deutschland unter Wasser, in Istanbul und Ankara kommt es zu

8 Bertolt Brecht: Fatzer. In: Ders.: *Werke. Große kommentierte Berliner und Frankfurter Ausgabe*, Bd. 10.1. Berlin / Frankfurt am Main: Aufbau / Suhrkamp 1997, S. 387–529, hier S. 439.

Protesten, die von der Regierung massiv bekämpft werden, in Syrien erobern die Assad-Truppen Territorien zurück, während die UNO die ihrigen aus dem Golan abzieht, in Ägypten wiederum werden 46 westliche NGOs aus dem Land geworfen. In Deutschland hat endlich der NSU-Prozess begonnen, Uli Hoeneß laboriert an einer Selbstanzeige wegen einiger Millionen Steuerhinterziehung und hinter all dem wird die Tatsache, dass die Frankfurter Polizei eine „Blockupy"-Demonstration gewalttätig zum Schweigen bringt, eher schamvoll verhüllt.
Schauplätze, fast beliebig aufgezählt, zwischen Territorium und Geopolitik, zwischen Staat und Gesellschaft(en). Wie handeln? Vor welchem Horizont? In welchem Feld, mit welcher „Bestimmung"?

Zurück zu *Fatzer*

Räume und Orte in *Fatzer* sind auf einer Ebene des Texts immer seltsam konkret. Es sind Schauplätze von Situationen, Handlungen Begebenheiten – die „falsche Gegend"[9], in der die vier landen und den Krieg beenden – ein verwüstetes Schlachtfeld, irgendwo neben der Front im Westen. Da ist nichts mehr. Eine Stadt, „Mühlheim", in die nicht der Zufall, sondern die geografische Nähe und die Tatsache, dass einer der vier dort noch ein „Zuhause" hat, sie verschlägt. Das „Zuhause" eine Kellerwohnung, klaustrophobisch gezeichnet, die neben dieser symbolischen Aufladung aber höchst konkret Klassen- und Gender-Verhältnisse verortet; die Straße als Raum von Fatzers Spaziergängen zur Erkundung der Bedingungen für einen Aufstand ebenso wie als Raum, in dem – wie die Instrumentalisierung der Kellerwohnung und der Frau für Sex/Prostitution zu Reproduktions- und Recherche-/Spionagezwecken – Nahrungsmittel beschafft werden sollen; die Straßenecke als Treffpunkt und Ort des Kampfes. Alle diese Orte und Räume sind antagonistisch strategisch besetzt, es sind Schauplätze und Austragungsorte (klassen-)kämpferischer Strukturen, innerhalb derer alle Verhältnisse ausgehandelt und umkämpft werden – politischer Kampf, Reproduktion, Arbeit, Sexualität, die Ordnung der Leidenschaften und Gefühle, das Private, das Politische. Eine Shakespeare'sche Dramaturgie unvermittelt wechselnder Orte und Szenen, die sich aber bekanntermaßen nicht zu einem dramatischen oder tragischen Plot gefügt haben.

9 Brecht: Fatzer, S. 388.

B 56

[…] nachdenkend seit
Zwei Jahren über meine Lage und Verwendung, suche ich
Eine Art, mir selber zu zeigen, was mit mir ist:
Aber seit gestern erinnere ich mich
Einer kleinen Zeichnung, welche ich
Gesehen habe in einem Buch
So eine
Will ich auch anlegen.
Der Punkt bedeutet
Fatzer.

Wir wollen nichts lernen

[…]
Das bin ich und hier ist gegen mich
Unabsehbar eine Linie, das sind
Soldaten wie ich, aber mein Feind
Hier aber sehe ich
Plötzlich eine andere
Linie, die ist hinter mir und die ist
Auch gegen mich, was ist das.[10]

Daneben aber existiert eine ganz andere Dramaturgie, die vielleicht besser als Kartografie zu bezeichnen wäre – Aufzeichnungssystem einer Vielzahl von Topografien der Bewegung, der Strategie und Taktik; ein Feld des Geopolitischen, in dem wiederum in einer fast umgekehrten Bewegung konkrete Räume und Orte in eine Fläche, in einen abstrakten (bisweilen zweidimensionalen, jedenfalls geordneten) Raum globaler politischer Bewegungen und Haltungen eingetragen werden. Es ist dies ein zugleich geografisch-taktischer wie geometrisch-imaginärer Raum der „Linien“ und „Seiten“, der „Punkte“ und „Visionen“. Ein Raum der „Posten“, der Wachposten ebenso wie der (politischen) Positionen. Es ist auch der politische Raum eines Dafür und Dagegen, ein geometrisch (militärisch) gezeichneter Raum der unterschiedlichen Koalitionen und Lager, der im Fortlauf des Fragments zunehmend zu einem diskursiven Raum der Chöre und Gegenchöre und damit auch zu einem Raum der kollektiven Verlautbarung, der Argumentationen und des Sprechens wird.

Und mit dieser Verschiebung hin zur Kartografie des Sprechens und der Frage nach der Verteilung der Körper im Raum (des Texts), vielmehr genau angesichts der Überlagerung dieser unterschiedlichen Dramaturgien und Konstellationen des Raums im *Fatzer*-Fragment,

10 Ebd., S. 476–477.

eröffnet sich ein doppelter Raum der und für die Performance/Darstellung: die Frage nämlich nach dem imaginären, analytischen, narrativen Ort der Rede(n) ebenso wie die Frage nach der physisch-mentalen Ver-Ortung der DarstellerInnen im Sprechakt, nach der je situativen Haltung zu den Fragmenten und Reden im Agieren jenseits von Figur, Charakter, Narrativ: Dies ist der je aktualisierte Verhandlungsraum zwischen Darstellung und Publikum – „Spiel" und Öffentlichkeit – im Moment der Sprechakte, der notwendig dann entsteht, wenn das Fragment nicht zu einem Plot gefügt, das Material nicht in die Parabel gezwungen wird. Denn dann kommt es zu seltsamen Kollisionen zwischen dem, was die Zeit der Entstehung des Fragments und Brecht umtreibt, und der Gegenwart. Historische, politische, gesellschaftliche Versprechen, Mühen der Ebenen, eingelöst, gescheitert, mörderisch oder brutal triumphierend, uneingelöst, „wildharrend" (Hölderlin / Heiner Müller). Und das Sprechen, oder die Versuche, zu sprechen und zu handeln, konfrontieren sich auf eine geschärfte Weise mit der „Realität" – oder besser, mit den Fragmenten aus Information, Erfahrung, Alltagsbewusstsein, Vermittlungen und Repräsentationen – kurz, Diskursformationen – die selbige als solche zur Erscheinung bringen. Eine Konfrontation von Kunst und Welt als praktische (performative) Kritik, die ein Wechselspiel eröffnet, inmitten von Ungleichzeitigkeiten, zwischen dem So- und Anders-Sein.

B 11
Über die Abhängigkeit des Menschen von der Natur

Immer
Denkt der Mensch er steht
In der Welt unveränderlich. Die Luft kann
Einmal voll Feuer sein, den Boden
Hat er gesehn, wie er wankte. Er stand
Ohne Änderung der nämliche und neben sich
War er gewohnt, zu sehn
Den Menschen ganz unverändert. Falsch
Boden blieb Boden bald
Luft blieb Luft, aber der Mensch
Schrumpfte hinweg vor Furcht und dehnte
Sich vor Torheit aus[11]

Das *Fatzer*-Fragment: Ein „Experiment zur Selbstverständigung", ein Text-Steinbruch zum Einüben von Konstellationen zwischen Haltung und Körper, Körper und Sprechen, Körper, Sprechen und

11 Brecht: Fatzer, S. 399.

Raum, als permanent beweglicher „Corpus", in dem eine simple Opposition zwischen einem individuellen und einem kollektiven Selbst qua fragmentarischer Struktur aufgehoben ist; eine Einübung in Autonomie, die „Selbstbestimmung" als kollektiven Verhandlungsakt begreift und – als Suche, als Versuche – in Szene setzt. So verstanden (und nicht zufällig der Lehrstücktheorie folgend), wäre das *Fatzer*-Fragment tatsächlich ein Text-Corpus, zugleich Körper und Szene, zum (Ein)Üben und Ausprobieren von Konstellationen, die es ermöglichen, andauernd und beweglich nach einer „Position" und Positionierung zu suchen: im doppelten Sinne einer körperlichen „Verortung" des Sprechens, einer Verortung des Körpers also, aber auch der mentalen Haltung zu einem Konflikt. Es ist zugleich die Suche nach einer „Position" und eine Untersuchung der Geste der „Positionierung" – und damit verbunden der Subjektkonstitution – als solcher.
Auf einer ersten Ebene findet diese Suche bereits auf der narrativen Ebene des Texts statt: Die vier, gesetzlose und kriminalisierte Deserteure, suchen permanent nach einem Platz: um schlicht „wo zu sein", um zu überleben, einen Aufstand zu initiieren, Teil der erwarteten Revolution zu werden, um Sabotage zu treiben, Sex zu haben, mit „den Leuten" zu kommunizieren. Und an jedem dieser Orte suchen sie nach „den Linien", nach den Punkten, von denen aus sie agieren, analytisch oder politisch ebenso wie räumlich.
Zudem – wie bereits häufiger angemerkt – ist Brecht selbst permanent auf der Suche: „Das ganze Stück, *da ja unmöglich*, einfach zerschmeißen für Experiment ohne Realität! Zur *„Selbstverständigung*""[12]. Auch der Autor befindet sich in permanenter Bewegung, niemals nur am Ort der Autorschaft, bei dieser Produktion größtenteils äußerst präzisen, wenn auch unverbundenen Materials. Und diese Bewegung der „Selbstverständigung" – des Autors, des Texts, des Performens –, seine noch in die Grammatik und den Rhythmus der Verse und Prosaabschnitte eingelassene, immanent performative Selbstwidersprüchlichkeit ist womöglich eine der präzisesten Gesten des Politischen, genauer: des Widerständigen und Zeitgenössischen, die heute im Theater zu haben sind:
Im Darstellen und v. a. beim Sprechen dieser Verse wird die „Geste" des Wider-Stehens ebenso körperlich wie mental. Es ist ein Widerstand gegen den Fluss der Zeilen, die skandiert werden durch den Vers; ein Bewusstmachen der (eigenen) Stimme im ständigen

12 Bertolt Brecht zit. nach Herausgeberkommentar zu Fatzer, S. 1120.

Aushandeln zwischen Artikulation, Konvention, Grammatik, Gedanke und Adressierung, und – vor allem – ein Widerstand – ein „Re-Sistieren“ – gegen „die Bühne“ (wie immer diese aussehen mag) als solche: gegen die Bühne als vorausgesetzten und als selbstverständlich akzeptierten Ort des Erscheinens, des Auftritts, der Simulation von Realität, des Realismus, der Öffentlichkeit, der Staatsapparate und ihrer Anrufungen. Das *Fatzer*-Fragment attackiert in gewisser Weise den Ort des Sprechakts selbst und den Ort der Körper der Akteure im Verhältnis zu den anderen und dem Publikum. Diese Orte sind nicht einfach da, es ist eine ständige Aktivität, sie einzuräumen und einzunehmen, auch: sie zu teilen.

Der Punkt ist Fatzer

Diese Aktivität des Einräumens in einem Akt, der zugleich selbstreferentiell wie nach außen gerichtet ist, möchte ich den „Fatzer-Punkt“ nennen – diese andauernde performative (und als solche nicht-individuelle) Suche nach einer Verortung des Sprechakts, die nichtsdestotrotz eines Subjekts als Agenten bedarf und dieses im und durch das Tun zugleich herstellt und herausfordert. Deshalb auch: Fatzer, the character. Sein A-Soziales als Störfall, sein Nicht-Einverständnis ins Opferkalkül eine Notwendigkeit, kein „Anderes“; eine Figur als Handlungsort im Nicht-Repräsentativen und doch immer auch Einverleibten und Einverleibenden der und in die Begehren und Projektionen der Gegenüber.

Diese spezielle performative oder theatrale „Aktivität“ ist zurzeit im Feld der Choreografie und der Performance vielleicht sogar konturierter zu finden als im Feld des Theaters. Zum einen fragt (avancierte) Choreografie genau nach Ver-körperung und der Verortung der Körper in Konstellationen im Verhältnis zum Raum. Performanceformate und Choreografie beschäftigen sich intensivst mit der (szenischen oder performativen) Konstruktion von Narrativen jenseits vorausgesetzter Konfiguration wie Plot, Figur, Rolle … und weil in der Performance qua Selbstverständnis Präsenzen, Konfigurationen und Konstellationen vielleicht immer von einem „Nullpunkt“ der Form ausgehen und weil sie von ihrer Produktionsseite her auch internationaler und nomadischer sind als Theater, zumindest das institutionalisierte im deutschsprachigen Raum, sind sie vielleicht auch „verwirrter“. Deshalb aber ist vielleicht auch jede einigermaßen interessante Performancearbeit eine Konfrontation mit der Provokation: Der Punkt ist Fatzer! Dabei

geht es nicht um Experimente der Form, sondern um die Suche nach einer Sprache, die Welt enthält und eine eigene Ethik ihres Tuns gegenüber dieser Welt entwickelt – frei paraphrasiert: Nachdenken über Lage und Verwendung und eine Art, uns selber zu zeigen, was mit uns ist.
Denn wie ist überhaupt dieser Ort zu finden, von dem aus zu sprechen wäre, in der Performance, in der Kunst, im Feld des Politischen – inmitten und im Kampf mit Medien und Konstellationen aus Propaganda, Ausbeutung, Kriegen usw.?

> C 8
> THEATER
>
> Um seine Gedanken zu ordnen, liest der Denkende ein Buch, das ihm bekannt ist. In der Schreibweise des Buches denkt er.
> Wenn einer am Abend eine Rede zu halten hat, geht er am Morgen in das Pädagogium und redet die drei Reden des Johann Fatzer. Dadurch ordnet er seine Bewegungen, seine Gedanken und seine Wünsche.
> Weiter: wenn einer am Morgen einen Verrat ausüben will, dann geht er am Morgen in das Pädagogium und spielt die Szene durch, in der ein Verrat ausgeübt wird. Wenn einer abends essen will, dann geht er abends in das Pädagogium und spielt die Szene durch, in der gegessen wird.[13]

Am Ende möchte ich kurz drei Beispiele aus dem Performancefeld erwähnen, die einzelne Aspekte dieser Suche beleuchten:
Wien, 2012. Im Juni schickt sich eine Gruppe junger Tänzerinnen/Choreografinnen und ein Musiker unter dem charmant retrohaften Namen Kunststoff an, ein Tanzstück zu machen, das, ohne sich des 1980er-Jahre-Zitats bewusst zu sein, *Krawalle und Hiebe* (Tanzquartier Wien 2012/2013) heißt.[14] Es geht um eine choreografische Untersuchung von Gesten des Widerstands und unserem Verhältnis zu ihrer Medialisierung. Die drei tanzen an, permanent und andauernd mit dem Rücken zum Publikum, gegen „etwas" vor ihnen – vor ihnen ist der schwarze Studiovorhang, der den Wandspiegel verdeckt. Ist das Bedürfnis nach einer Linie – im auf- und abgeklärten Performance/Kunstbetrieb schon wieder eine Provokation? Die vollkommene Unbestimmtheit des „Punktes Fatzer" in Zeiten von „Religions"- und Bürgerkriegen und ihrer medialisierten Kenntnisnahme … gilt es noch, das „davor" oder „dahinter"? Und: „Was ist das?" Sie rennen, stampfen, wechseln ihre Positionen, zeichnen Skizzen ihrer Bewegungen und Ortswechsel mit Kreide auf den Tanzboden. Sie eröffnen die Linie, den Horizont,

13 Brecht: Fatzer, S. 517.

14 Vgl. Ute Scheub: *Krawalle und Liebe. Geschichte aus Berlin*. Reinbek: Rowohlt 1983.

die „andere Seite“. Was oder wer das ist auf dieser anderen Seite, wird nicht enthüllt, erklärt oder imaginiert. Aber was hier „dargestellt“, was transportiert wird, ist ihre Energie, und ihr Gebrauch von Kraft, Einsatz, Ausdauer, Wachheit; ihr Bestehen darauf, „nicht aufzugeben“ … und ihr Versuch, sich als den „beweglichen“ Teil des Publikums zu setzen. Trotzdem, sie „repräsentieren“ uns nicht, denn da ist keine Repräsentation der „anderen Seite“. Was, noch mal gesagt, sich vermittelt, ist ihre und unsere physische Involviertheit in den Ausnahmezustand, in dem die Welt sich befindet (selbst wenn Wien ein recht sicherer Ort ist). Eine empathische Beziehung entsteht jenseits von Identifikation, und so erinnern sie uns daran, dass wir diese Qualitäten (Kraft, Unruhe, Ruhe) womöglich auch nötig haben und sie benutzen sollten, immer und immer wieder, in der Öffentlichkeit, auf den Straßen, wo auch immer, ohne Widerstand zu „spielen“.

Das andere Beispiel ist ein Projekt, das von dem Berliner Choreografen, Performer, Regisseur und Kurator Peter Stamer zusammen mit der holländisch/schwedischen Tänzerin und Performerin Sybrig Dokter und Frank Willens, US-amerikanischer Performer und Choreograf in Berlin, initiiert wurde – eine Performancereihe mit dem Titel *For Your Eyes Only* (Uferstudio Berlin, 2011/12, Tanzquartier Wien, 2012, Peter Stamer/FYEO). Es geht darum, gemeinsam Narrative zu konstruieren – jemand beginnt, ein/e andere/r schreibt die Situation fort, usw., und zwar mit geschlossenen Augen. Während die Erzählung einer Begebenheit sich entfaltet – durchaus auch vor dem Hintergrund von Brechts „Straßenszene“ zu verstehen –, spielen die PerformerInnen das, was gesagt wird; im Sprechen „zeichnen“ sie das, was geschieht, vor ihr eigenes und das (innere) Auge der ZuschauerInnen. Gleichzeitig „agieren“ sie, egal wer gerade spricht, physisch und gestisch die berichtete Handlung. Dafür entwickelten die PerformerInnen Methoden des Storytelling und benutzten Mittel wie Zooming-In und Point-of-View-Techniken, immer in der 1. Person Singular. Die Szenen und Stories waren weitestgehend improvisiert, nur der Schauplatz der letzten Szene war jeweils vereinbart: 2011 war dies der Tahrir Platz in Kairo, 2012 bei den Vorstellungen im Tanzquartier Wien und in den Berliner Uferstudios waren es verschiedene Städte in Syrien. Und so, würde ich sagen, waren wir in dieser Performance mit einer anderen Version des „Fatzer-Punkts“ konfrontiert: Die Darstellung/Erzählung einer 1.-Person-Singular-Perspektive einer Situation, in der der

Akteur z. B. in den Gewehrlauf eines Snipers in Damaskus blickt, enthüllt plötzlich den Skandal nicht nur der dargestellten „Tat“, sondern auch jenen, wie unsere medienvermittelte Vorstellung davon konstruiert ist und wie kulturelle Agenten an der Produktion dieser Bilder und ihrer ökonomischen und politischen Ausbeutung durch falsche Identifikation arbeiten. Romantischer Voyeurismus. Um es noch einmal zu sagen – hier sind es die wechselnde, die schweifende, konstruktive Aktivität der PerformerInnen auf der Suche nach narrativen Konstruktionen in Echtzeit und die Verdreifachung der „Verkörperung“, die die ZuschauerInnen ebenso schweifen lässt in ihrer Wahl der Blicke und Aufmerksamkeiten. Körperliche Nähe und Distanzverhältnisse in diesem geteilten Raum von PerformerInnen und Publikum verschieben sich permanent und durch die starke Behauptung der 1.-Person-Singular-Perspektive wird diese als Fiktionalisierung von Subjektivität ebenso attackiert, wie sie qua ausgestellter Gemachtheit niemals die Linie zwischen Kunst und Politik verschwimmen lässt.

B 15

FATZER

Das brauchst du nicht.
Morgen geht es noch nicht los
Und so lange bleiben wir hier bei
Dir, friß es gleich und
Mach keine Versuche! Es nützt
Nichts! Was für eine Zeit ist
Jetzt? Frühjahr! Das kann
Noch dauern. Aber ich hab die
Augen offen gehabt und gesehn, daß
Eine neue Zeit anfängt und
Mit dem Volk
Etwas und was noch nie war
Und man sieht Leute herumgehn, die
Man sonst nie gesehn hat, das
Kommt
Weil alles, was unten ist
Heraufkommt
Wo früher
Ein Mensch war und ein anderer
Da ist jetzt die Masse, ein
Massemensch und es bleibt alles
Zusammen
Und geht nicht mehr in die Häuser
Und haben genug Essen für dich
Kaumann, und für dich geht es

Richtig, Koch, weil du diese Leidenschaft hast, daß es richtig gehen
Soll.
Und das ist nicht,
Weil es einen Gott gibt, den gibt
Es nicht, sondern
Weil der Mensch vordringt zu
Der Kenntnis
Daß zuerst das Essen kommt.
[…]
Denn jetzt stehn wir
An der Schwelle von dem Land
Das uns gehört.[15]

Kairo, Herbst 2012. Im Rahmen des freien Tanz- und Performancefestivals TransDance bin ich eingeladen, einen Workshop im Centre for Contemporary Dance mit den dortigen Studierenden und anderen TeilnehmerInnen zu halten.[16] Eine kleine Geschichte, ein naiver Versuch: das „Theater als Pädagogium", wie es von Brecht in *Fatzer* skizziert ist, einfach buchstäblich umsetzen mit den „drei Reden des Johann Fatzer". Ich schwanke zwischen Neugier und Selbstzweifel – wie hybrid kann es sein, mit dieser Rede (s. o.) in einer Situation anzukommen, in der die TeilnehmerInnen Monate eines politischen Umsturzes, auch Erfahrungen von Gewalt und aktuell die eines gigantischen Backlashs hinter sich haben. Dass der „eigentliche" Skandal, oder die Konfrontation, dieses Texts im Oktober 2012 in Kairo tatsächlich in der Aussage: „ Und das ist nicht, / Weil es einen Gott gibt, den gibt / Es nicht" liegt, wird mir tatsächlich auch erst vor Ort klar. Und plötzlich sind sie da – all diese Fragen nach Legitimität von Sprechakten, den Verhältnissen zwischen Text und DarstellerInnen, den Hierarchien der Produktion und der Ethik, Verantwortung und „Selbstbestimmung" aller Beteiligten – denn ich weiß, es gibt einige, für die das Aussprechen dieser Worte eine Ebene von „Wahrheit" tangiert, die zwischen Kriminalisierung, Befreiung, Sakrileg und Selbstverleugnung changiert. Ein womöglich über-plakatives Beispiel für jene oben angeführten Kollisionen und Momente performativer Kritik, initiiert durch den Text-als-Steinbruch und Pädagogium. Und doch:

15 Brecht: Fatzer, S. 409–410.

16 Die Einladung erfolgte im Rahmen des Projekts *A Future Archeology* – ein internationales Raum-Performanceprojekt in Berlin / Wien / Kairo initiiert von Silke Bake, Ismael Fayed, Adham Hafez und Peter Stamer, vgl. http://peterstamer.com/now/a-future-archeology_berlin-vienna-cairo und www.impulstanz.com/afuturearcheology (Zugriff am 24.06.2013).

plötzlich ist auch der Ort der Kunst und des Theaters wieder da. Inmitten von Kairo üben diese jungen Menschen zeitgenössischen Tanz und Performance, und auf meine Frage warum, könnte ich ihre Antworten nun auch mit einem *Fatzer*-Zitat zusammenfassen:

> Es ist gut, dass wir durch den Zufall an eine Stelle der Welt gekommen sind, wo wir drei Minuten überlegen konnten.[17]

Und so denke ich, im wie auch immer spielerisch (und das ist u. U. bitter ernst gemeint) zu gestaltenden Abstand zwischen Kunst und Politik liegt denn auch die Kraft des Theaters.

17 Ebd., S. 388–389.

Ein Laboratorium des Kollektiven und des Politischen

Skizzen zu *Fatzer*

Michael Wehren

Probleme mit dem Untergang

Enden sollte *Fatzer* mit dem Untergang seines Protagonisten, mit der Verurteilung und Hinrichtung des „Egoisten" durch seine „Kameraden" sowie mit deren anschließendem Tod im Kugelhagel. Dieses anvisierte Ende hatte für die Rezeptionsgeschichte eine entscheidende Bedeutung: der Konflikt zwischen dem Kollektiv bzw. der Gemeinschaft einerseits und dem asozialen Individuum Fatzer andererseits wurde ein klassischer Topos der Brecht-Forschung, der bis heute in diversen Varianten weiterwirkt (so z. B. als Konflikt zwischen Egoismus und kollektiver Moral oder Leninismus und Anarchismus).[1] Für mehrere Generationen von *Fatzer*-LeserInnen war schließlich Heiner Müllers Interpretation des Fragments als RAF-Kommentar über Gruppengewalt prägend:

> Der Schlußteil liest sich wie ein Kommentar zur Geschichte der RAF, das Verhältnis des Kollektivs, der Disziplin, zu den Abweichlern. Es gab ja immer wieder Situationen in der Geschichte der RAF, in denen ein Abweichler exekutiert wurde.[2]

Doch weder der Stückplan noch die Exekution Fatzers wurden von Brecht ausgeführt. Während eine Vielzahl von Entwürfen auf Fatzers „Tod", „Exekution" oder „Vernichtung" hinweist,[3] bricht die einzige näher ausgeführte Fassung der „LETZTE[N] SZENE" mitten auf ihrem Höhepunkt ab. Fatzer ist „[f]reiwillig" zur Gruppe zurückgekehrt und will noch einmal mit ihr fliehen – doch

1 Vgl. Judith Wilkes Zusammenfassung dieser Ansätze in dies.: *Brechts „Fatzer"-Fragment. Lektüren zum Verhältnis von Dokument und Kommentar*. Bielefeld: Aisthesis 1998, S. 15, 135–136.

2 Heiner Müller: *Krieg ohne Schlacht. Leben in zwei Diktaturen*. 4. Aufl. Köln: Kiepenheuer & Witsch 1999, S. 311. Müllers *Fatzer*-Interpretation als „Ganze" geht über diesen Aspekt jedoch hinaus.

3 Vgl. Bertolt Brecht: Fatzer. In: Ders.: *Werke. Große kommentierte Berliner und Frankfurter Ausgabe*, Bd. 10.1. Berlin / Frankfurt am Main: Aufbau / Suhrkamp 1997, S. 387–529, hierzu u. a. S. 397, 399, 432, 459.

Kaumann und Büsching stimmen dieser Option nicht zu.[4] Man fesselt ihn und will nun ein Exempel am „krank geworden[en]"[5] Fatzer statuieren:

> BÜSCHING
> Drum sollst du hingerichtet
> Werden nach dem Beschluß
> Von drei Menschen und einem
> Toten, ohne Aufschub!
> Sag, daß du einverstanden bist.
> FATZER
> Büsching! Was redest du!
> Unsere Schlächter
> Kommen schon auf uns
> Alle zu? […]
> Ich will nicht!
> Bind mich los, Büsching!
> Ich mach mir nichts draus
> Ob ich Furcht zeig, ich
> Will nicht verrecken!
> Jetzt noch nicht! Und
> Nie so!
> Ich bin der Fatzer
> Usw.[6]

Brechts „Usw." kann als die Spur und die Geste eines Zauderns oder Zögerns gelesen werden, welches Fatzers Rede sowie die sie rahmende Exekutionsszene unterbricht und aussetzt. Es eröffnet damit „die Zwischenzeit und die Epoche, mit der das Zaudern eine Phantomtat produziert: eine endlose Verhandlung und ein fortlaufender Bestimmungsprozess."[7] Tatsächlich tritt in *Fatzer* an die Stelle der Ausführung von Stückplan und Exekution eine Textpraxis der Umarbeitung und Variierung, welche als Desertion aus dem Werk von Text, Theater und Gemeinschaft verstanden werden kann.[8] Die Umschriften, Änderungen und Varianten, welche Brechts Textpraxis auszeichnen, eröffnen eine Theatrographie, ein Theater der Schrift,[9] in dem die dramatische Form und

4 Ebd., S. 445–449.

5 Ebd., S. 448.

6 Ebd., S. 448–449.

7 Joseph Vogl: *Über das Zaudern*. Zürich: Diaphanes 2007, S. 32.

8 Vgl. hierzu auch Michael Wehren: „Das ganze Stück, *da ja unmöglich*, einfach zerschmeissen". Notizen zum *Fatzer*-Projekt des Spinnwerk Leipzig. In: Alexander Karschnia / Michael Wehren (Hrsg.): *Kommando Johann Fatzer. Mülheimer Fatzerbücher 1*. Berlin: Neofelis 2012, S. 192–203.

9 Vgl. ebd., S. 192–193.

das dramatisch-letale Muster einer Figuration von Einzelnem und Kollektiv aufs Spiel gesetzt werden. Durch diese Arbeit am Material wird *Fatzer* zu einem *Laboratorium des Kollektiven und des Politischen*, diesseits bekannter Ordnungen und Modelle. An die Stelle des dominanten Konflikts zwischen Individuum und Gruppe und seiner ebenso katastrophalen wie vorhersehbaren Lösung tritt auf der Ebene der Darstellung wie auch des Dargestellten eine *Erprobung und Erkundung unterschiedlicher Formen bzw. Modelle des Kollektiven.* Der vorliegende Text verschiebt in diesem Sinne skizzenhaft (ohne Anspruch auf Vollständigkeit) die Perspektive auf das Fragment: anstatt einer Fixierung auf den Widerstreit von egoistischem Individuum und Gemeinschaft rückt so die Asozialität der Gemeinschaft sowie Brechts Versuch einer revolutionären Umschrift derselben in den Fokus. Das *Fatzer*-Fragment vollzieht diesen Prozess einer Politisierung als einen szenischen und reflektiert ihn damit theatral. Gegentendenzen und Gegenpole zu dieser Konstituierung eines disziplinierten, revolutionären Kollektivs artikulieren sich u. a. in Brechts Schreiben der Masse und des Pöbels sowie seiner Arbeit an der Institution des Theaters wie bspw. im *Fatzerkommentar*. In den Varianten des Textes zeigen sich dabei zugleich die Prozesse, Schnitte und Einsätze der Konstitution kollektiver Formen mit ihren Brüchen, Rissen und Wiederholungen als *Spur des Kollektiven.* So wird die Heterogenität und Vielgestaltigkeit des Fragments als Manifestation der „Vielen als Viele“[10] lesbar, welche sich gerade in der Auflösung tradierter literarischer, politischer und theatraler Repräsentationsformen des Kollektiven artikuliert. *Fatzer* ist als Laboratorium des Kollektiven und Politischen zugleich auch ein *Laboratorium des Theatralen* und seiner Darstellungsformen.

Gemeinschaft, asozial

Der Ausstieg Fatzers und seiner „Kameraden“ aus dem Tank und damit aus dem nationalen Kollektivkörper in Gestalt des Heeres[11] führt die Gruppe von der Weite des Schlachtfeldes und seiner

10 Paolo Virno: *Grammatik der Multitude. Mit einem Anhang: Die Engel und der General Intellect.* Wien: Turia + Kant 2008, S. 26.

11 Matthias Naumann hat den Kollektivkörper der Nation als *„politische Gemeinschaft des Mitmachens“* bzw. „politische Gemeinschaft der Mitläufer“ und damit als das „in Deutschland wohl erfolgreichste Modell politischer Gemeinschaft“ beschrieben, vgl. ders: Der Moment Fatzer. Kriegsdiskurs und Theater, Gemeinschaft und Verrat. In: Karschnia / Wehren (Hrsg.): *Kommando Johann Fatzer,* S. 51–61, hier S. 54.

Mondlandschaft[12] in die Enge und Nähe ihres im Text zwischen Wohnung und Rattenhöhle oszillierenden Verstecks.[13] Bis auf den Kontakt zu Kaumanns Frau weitestgehend isoliert, wartet die hungernde Gruppe dort auf das Ende des Krieges bzw. den Beginn eines Aufstands. In der Extremsituation der Isolierung und des Hungers wird jedes einzelne Gruppenmitglied zum potentiellen Verräter an den anderen. Büsching bringt es gegenüber Koch auf den Punkt:

BÜSCHING *plötzlich:*
Ich sag dir, Koch, ich denk
Nicht gut von uns, dir, mir und
Keinem, alle sind wir
Für Fleisch zu kaufen, drum noch
Nicht verächtlich, aber wenn dieser
Fatzer uns verrät, dann muß er
Hin sein.[14]

Wenn Fatzer nach Walter Benjamin als Egoist und Asozialer erscheint,[15] so konstituiert dies allerdings kaum eine wesentliche Differenz zur Gruppe der restlichen Deserteure, zeigen die Szenen des Fragments doch die anderen Mitglieder der „Männerbande" deutlich bzgl. „Gewaltpotential" und „Asozialität" als mindestens ebenbürtig.[16] Nicht zufällig ist in diesem Zusammenhang auch auf die Verbindung des *Fatzer*-Personals zu Fememördern und Freikorpsmännern verwiesen worden.[17] Tatsächlich erinnern bspw. die Gewaltphantasien Kochs, aber auch eine Gestalt wie Büsching an die Figur des „soldatischen Mannes", wie sie Klaus Theweleit in Auseinandersetzung mit den literarischen Zeugnissen

12 Vgl. u.a. Brecht: Fatzer, S. 388: „Y Es ist wirklich still hier. Wir sind auf den Mond gekommen!"

13 So beschreibt Brecht das Versteck als „Stube" in „einem Kellergeschoß" (ebd., S. 469). Koch kommentiert die Situation vor Ort wie folgt: „Jetzt / Laufen wir wie Ratten in dieser / Höhle herum, die keinen Proviant / Haben." (Ebd., S. 416.)

14 Ebd., S. 445.

15 Vgl. Walter Benjamin: Bert Brecht. In: Ders: *Gesammelte Schriften* II.2, hrsg. v. Rolf Tiedemann / Hermann Schweppenhäuser. Frankfurt am Main: Suhrkamp 1991, S. 660–667, hier S. 665.

16 Zum Motiv der Gruppe als Bande vgl. Judith Wilke: *Brechts „Fatzer"-Fragment*, S. 151–167. Hierbei greift sie u. a. zurück auf Boris Singermann: Zur Ästhetik der Montage. In: Werner Hecht (Hrsg.): *Brechts Dreigroschenoper. Materialien.* Frankfurt am Main: Suhrkamp 1985, S. 225–245.

17 Vgl. Stephan Bock: Die Tage des Büsching. Brechts „Garbe" – ein deutsches Lehrstück. In: Ulrich Profitlich (Hrsg.): *Dramatik der DDR. Materialien.* Frankfurt am Main: Suhrkamp 1987, S. 19–39.

der Freikorpssoldaten entwickelt hat.[18] In dieser Männerbande bleiben Therese Kaumann und Fatzer in gewisser Weise stets Randfiguren, ambivalent und nicht hundertprozentig in der Ökonomie des Textes positionierbar. Von Hunger und Begehren dem Verfolgungswahn nahe gebracht, immer auf der Hut vor den anderen Gruppenmitgliedern, welche nur noch als potentielle Gefahr erscheinen, erweist sich die Zeit des Wartens auf den Aufstand wie bspw. in der folgenden Szene als Zerreißprobe der Gemeinschaft:

KOCH
Was hat es genutzt? Jetzt
Laufen wir wie Ratten in dieser
Höhle herum, die keinen Proviant
Haben. So werden sie uns noch
Herausziehen. wir können uns
Nicht halten gegen alle.
BÜSCHING
So nicht.
KAUMANN *bringt ein Paket:*
Da sind Dotschen.
BÜSCHING
Kochen! Wo ist die Frau?
KOCH
Arbeiten. Koch selber!
BÜSCHING
Her!
KAUMANN
Ich versuche, ob sie frisch sind!
Beißt in eine.
BÜSCHING
Da sind zwei angefressen.
Hast du das gemacht?
KAUMANN
Sie waren schon.
BÜSCHING
Dreck waren sie. D u
H a s t s i e a n g e f r e s s e n.
KAUMANN
Wenn ich sie auftreib!
KOCH
Heißt das, du darfst sie auf-
fressen! Spuck aus, was du im
Mund hast!

18 Vgl. Klaus Theweleit: *Männerphantasien*, 2 Bde. Reinbek: Rowohlt 1980. Zu Kochs Gewaltphantasien gegen seinen „Freund" Fatzer vgl. u. a. Brecht: Fatzer, S. 458.

KAUMANN
Hol dir's!
BÜSCHING *biegt ihm den Kopf hinter:*
Spucks aus!
KOCH
Es ist wegen dem Prinzip!
KAUMANN *spuckt es Büsching ins Gesicht:*
Da hast du!
FATZER *hat angefangen mit essen:*
Ihr paßt zusammen![19]

Brechts Text vermisst detailliert den Zerfall der Gruppe, deren Gemeinschaft sich andererseits immer wieder in Ritualen des *Male Bonding* wie „Verbrüderung“ und „Blutsbrüderschaft“ ihrer selbst als eines Männerbundes versichern muss.[20] Eine solche „Blutsbrüderschaft“ kann sich jederzeit „wegen Betrugs, Täuschung oder Eifersucht in eine ‚blutige Brüderschaft‘“ verwandeln, wenn die latente Doppelgängerschaft des „br-‚other‘“ sich zeigt: „Der ‚andere‘ wird in diesem Fall sowohl zu einem geliebten wie auch gehassten ‚Spiegel‘ oder Selbstbild.“[21] Brüder und Freunde[22] werden so zu Kippfiguren – hinter denen jederzeit der andere als Feind oder als monströser Doppelgänger erscheinen kann:

FRÜHHAUPT
Ihr Teufel! Ihr seid schuld! Ihr
Seid meine Feinde, niemand sonst. Ihr
Bringt mich um![23]

Fatzer unterzieht die Gemeinschaftsideologie des Brüder- und Männerbundes in der Extremsituation der Isolation und des Hungers einer ‚materialistischen‘ Relektüre. In ihr zeigt sich die Gemeinschaft der soldatischen Männer als ebenso gewalttätig wie im Kern mörderisch. So notiert Brecht:

Kaumann läuft mit dem Messer herum
Büsching daraufhin desgleichen
Fatzer mag die Frau nicht mehr anrühren[24]

19 Brecht: Fatzer, S. 416–417.

20 Vgl. ebd., S. 431.

21 Igor Krstić: *Wunden der symbolischen Ordnung. Subjekt zwischen Trauma und Phantasma in serbischen Filmen der 1990er Jahre*. Wien: Turia + Kant 2009, S. 161–162.

22 Vgl. Brecht: Fatzer, S. 426: „Gutartige Unterredung Fatzer – Koch: das sind Freunde.“

23 Ebd., S. 493.

24 Ebd., S. 422.

Das *Fatzer*-Fragment führt mitten hinein in die Phase eines paranoiden Gruppenzusammenbruchs, der konsequent auf den Blackout bzw. die Implosion der Gemeinschaft hinleitet.[25] Ihr Zentrum ist die „Polarisierung der Gewalt auf ein versöhnendes Opfer"[26] – ein Opfer, dessen Name Fatzer lautet. In dieser Perspektive wäre *Fatzer* weniger vom dramatischen Konflikt zwischen Egoist und Gruppe aus zu denken. Vielmehr erscheint dieser Konflikt selbst bereits als problematische Antwort auf eine tiefer gehende Spaltung der Gemeinschaft.

Ideologische Anrufung, Konstitution des Kollektivs

Bekannt ist die Formulierung Benjamins, Brecht wolle mit Figuren wie Fatzer den „Asozialen, den Hooligan als virtuellen Revolutionär […] zeichnen"[27] – sie führt zu der Feststellung: „Brecht [will] den Revolutionär in der Retorte aus Niedrigkeit und Gemeinheit entwickeln."[28] Davon abgesehen, dass diese Bewegung eher an der Umarbeitung des destruktiven Koch zum rationalen Keuner nachzuweisen ist,[29] stellt die Schreibarbeit an *Fatzer* jedoch nicht zuletzt den Versuch dar, aus der letalen Männergemeinschaft – und nicht nur stellvertretend aus Fatzer oder Keuner – ein revolutionäres Kollektiv zu entwickeln. Hierdurch wird die Politisierung des Stoffes ein wesentlicher Einsatz des Brechtschen Schreibens. Insbesondere ab der 2. Arbeitsphase arbeitet Koch nun aktiv – jedoch alleine – auf eine „Revolutionierung" der Gruppe hin:

> Während der Hunger sie anfällt, geht das Dach über ihren Köpfen weg, verläßt sie ihr bester Kamerad und spaltet sie der Sexus.
>
> Hin und her schwankende Entschlüsse. Anarchie. Verwilderung.
> Dann konstituiert sich eine Art Sowjet.
> Die Uneinigkeit führt zum System der Stimmenmehrheit: „Zu schwach uns zu verteidigen, gehen wir zum Angriff über." Unter dieser Devise kämpft Koch angesichts des drohenden Interesses der Umwelt für sie immer verzweifelter für revolutionäre Tätigkeit.[30]

25 Ich orientiere mich in der Analyse der Gruppendynamik an Klaus Theweleit: Bemerkungen zum RAF-Gespenst. „Abstrakter Radikalismus" und Kunst. In: Ders.: *Ghosts. Drei leicht inkorrekte Vorträge*. Frankfurt am Main / Basel: Stroemfeld / Roter Stern 1998, S. 17–99, hier bes. S. 47–48.

26 René Girard: *Das Heilige und die Gewalt*. Frankfurt am Main: Fischer 1999, S. 234.

27 Benjamin: Bert Brecht, S. 665.

28 Ebd.

29 Vgl. Wilke: *Brechts „Fatzer"-Fragment*, S. 149–150.

30 Brecht: Fatzer, S. 428.

Die Politisierung des Materials manifestiert sich allerdings nicht allein durch die Einführung neuer Inhalte oder ideologische Korrekturen – vielmehr werden diese Prozesse in *Fatzer* selbst szenisch. Dies geschieht bspw. in Szenen der Korrektur Fatzers durch Koch: „Der Satz, den sie auf den Tank schrieben: ‚wir hören auf', wird (Literaturcharakter!) jetzt von Koch verbessert in ‚wir hören den Krieg auf' an die Wand des Zimmers geschrieben."[31] Darüber hinaus wird der Prozess der Politisierung in Form eines szenischen Anschlusses an die kollektive Instanz eines Chores selbst theatralisch entworfen:

> Verzweiflung des Fatzer.
> Fatzers anarchistische Folgerungen: es ist alles gleich.
> Der Chor widerspricht wiederum und ruft Koch an, er ernennt Koch zu einer Art Liquidationsverwalter und trägt ihm auf, den Typus Fatzer zu liquidieren.
>
> – Gehe jetzt jeglicher in seine Stadt und
> Überlasset den Fatzer seinem Untergang und
> Verwandelt den Krieg in einen Bürgerkrieg
> Welches eure Aufgabe ist in jedem Krieg
> Der sein wird von jetzt bis zum
> Ende aller Kriege.[32]

Die Theaterszene wird damit zum ambivalenten Ort einer direkten ideologischen Anrufung Kochs durch den Chor.[33] Mit der von dieser geforderten Verwandlung des Krieges in einen Bürgerkrieg geht die anvisierte Umschrift der Blutsbrüder-Gemeinschaft zum Kollektiv einher. Der anvisierte Bürgerkrieg soll nicht nur an die Stelle des bisherigen Krieges treten, sondern auch den bislang den *Fatzer*-Stoff dominierenden Konflikt im Inneren der Gruppe beenden – er ersetzt alle privaten Feindbestimmungen durch die Bestimmung eines politischen Feindes, um die herum sich das Kollektiv versammeln kann. Bereits Carl Schmitt beschrieb bekanntermaßen die „Unterscheidung von *Freund* und *Feind*" als die „spezifisch politische Unterscheidung".[34] Dabei hebt er hervor:

> Feind ist nur der *öffentliche* Feind […] Die deutsche Sprache, wie auch andere Sprachen, unterscheidet nicht zwischen dem privaten und dem politischem

31 Ebd., S. 468. Zur szenischen Reflexion der Textpraxis *Fatzer* vgl. auch Wehren: „Das ganze Stück, *da ja unmöglich*, einfach zerschmeissen", S. 195–197.

32 Brecht: Fatzer, S. 475–476.

33 Grundlegend zum Begriff der Anrufung: Louis Althusser: Ideologie und ideologische Staatsapparate. In: Ders.: *Gesammelte Schriften*, hrsg. v. Frieder Otto Wolf. Hamburg: VSA 2010, S. 37–102.

34 Carl Schmitt: *Der Begriff des Politischen*. Text von 1932 mit einem Vorwort und drei Corollarien. Berlin: Duncker & Humblot 2002, S. 26.

„Feind", so daß hier viele Mißverständnisse und Fälschungen möglich sind. […] Den Feind im politischen Sinne braucht man nicht persönlich zu hassen, und erst in der Sphäre des Privaten hat es einen Sinn, seinen „Feind", d.h. seinen Gegner, zu lieben.[35]

In diesem Kontext ist eine Notiz Brechts interessant, in welcher er ausführt, dass „Fatzers Schädlichkeit (als Typ) dadurch sichtbar wird, als er alle andern drei in Privates verwickelt"[36]. Fatzers Blick und Verhalten destabilisieren offenbar die Fundierung eines disziplinierten revolutionären Kollektivs durch Feinderklärung ebenso wie die Ideologie einer ‚sauberen' Trennung unterschiedlicher Feindschaften:

Ich will aufpassen, was sie machen
Denn
Es ist Methode drin, die sie nicht kennen
Ich aber kenn sie
(Als sie sich säubern wollen für ihren Klassenkampf)[37]

Die von Fatzer beobachtete Methode ist nicht zuletzt die der Politisierung selbst. So trägt der Anschluss an den Chor zur ‚Reinigung' der Koch-Figur, ihres überschüssigen affektiven Potentials und ihrer körperlich-imaginären Instabilität, also zur Entwicklung der Keuner-Figur bei. Es sind die Schwäche und der Mangel im Kern des Politischen und der politischen Identifikation, welche Fatzer ohne Unterlass markiert, indem er auf den Körper der Scham hinter der Geste der Politisierung verweist:

– Euer Finger, mit dem ihr
Auf das Unrecht der Welt zeigt, ist
Schon faul: ein schwarzer Finger!
Und euer klagender Arm
Fällt schon aus dem Gelenk![38]

Fatzer erinnert mit seinen Worten an den zerstückelten, fragmentierten Körper, von welchem der zeigende Körper ablenken will, indem er den Blick auf das angeklagte Gegenüber leitet. Dieser

35 Schmitt: *Begriff des Politischen*, S. 29.

36 Brecht: Fatzer, S. 468.

37 Ebd., S. 463–464.

38 Ebd., S. 463. Zum Verhältnis von Scham und Theater allgemein vgl. Hans-Thies Lehmann: Das Welttheater der Scham. 30 Annäherungen an den Entzug der Darstellung. In: Ders.: *Das Politische Schreiben*. Berlin: Theater der Zeit 2002, S. 39–58. Zur Geste der Scham im Besonderen Günther Heeg: Die Geste der Scham als Grundgeste des Theaters. In: Bernhard Streck (Hrsg.): *Die gezeigte und die verborgene Kultur*. Wiesbaden: Harrassowitz 2007, S. 69–80. Im Folgenden greife ich Motive des zweiten Textes auf.

Körper scheint weniger Individual- oder Kollektivleib, sondern wird immer schon von anderen Körpern affiziert oder angesteckt, ‚verunreinigt', und ist damit das Erste, was in der Darstellung (und nicht nur in dieser) des souveränen Kollektivs zu opfern ist. Fatzers defigurativer Blick fragmentiert – vielleicht liegt hierin seine tiefere Asozialität – den zeigenden bzw. bedeutenden politischen Körper, egal ob individuell oder kollektiv, und damit die von Brecht in *Fatzer* erprobte Ästhetik des Gestischen. Brechts Versuch einer politisierenden Umschrift der „virtuelle[n] Revolutionär[e]"[39] bleibt, wie in der Fatzer-Figur reflektiert, problematisch. Spätere Szenenentwürfe reagieren auf diese fortdauernde Schwierigkeit, die Gruppe in ein Kollektiv mit der Entwicklung einer Alternative umzuschreiben. Sie ziehen die Konsequenz aus Fatzers „Schädlichkeit" und setzen die Erkenntnis – „richtig wäre es für sie, abzuhauen und dem Typ Fatzer die Beachtung zu versagen"[40] – in die Tat um. Die Anrufung Keuners durch den Chor zielt nun einerseits auf das Verlassen Fatzers, andererseits auf die Auflösung bzw. das Verlassen der Männergemeinschaft und ihre Ersetzung durch ein neu zu konstituierendes Kollektiv, welches aus neuen, erst noch zu findenden Subjekten gebildet wird:

> – Stehe auf, Keuner, und gehe
> Durch die Stadt und
> Untersuche du, ob es
> Nichts besseres gibt als
> Eure Sache, den Fatzer.
> Betrachte alle, die dir begegnen, und
> Prüfe jeden! […]
> Denn wenn es gäbe nur fünf
> In der ganzen Stadt
> Welche bereit sind und fähig
> Zu machen den Umsturz, dann
> Geselle dich ihnen sogleich
> Laß alles Alte liegen und
> Beschließe sogleich Neues
> Nämlich den vollkommenen Umsturz.[41]

Im-Namen-des-Chors zitiert Keuner Fatzers weitaus bekannteren „Rundgang durch die Stadt Mülheim"[42] und sucht nach geeigneten Kandidaten für eine neu zu konstituierende Gruppe. Als das

39 Benjamin: Bert Brecht, S. 665.

40 Brecht: Fatzer, S. 468.

41 Ebd., S. 480–481.

42 Ebd., S. 499.

„Alte“, welches es zurückzulassen gilt, erscheinen dagegen Fatzer sowie die anderen Deserteure. Nach der ersten, von Fatzer angeführten Desertion von der Front und aus dem Krieg gerät damit eine zweite Desertion in den Blick. Sie führt aus der Gemeinschaft der „blutigen Brüder“, des Hungers und der Isolation hinaus auf die Szene des Politischen und der Revolution. Die Option einer solchen zweiten Desertion tauchte bereits zuvor in den Entwürfen zur letzten Szene auf: „Da Koch weg ist, sind es nur mehr drei (mit der Frau), die Fatzer verurteilen.“[43] Auch ist in der bereits oben erwähnten „LETZTE[N] SZENE“ kein einziges Mal von Koch oder Keuner die Rede. Fatzer soll vielmehr laut Büsching „nach dem Beschluß / Von drei Menschen und einem / Toten“[44], hingerichtet werden. Fatzers Exekution wäre in diesem Sinne eine Art Testamentsvollstreckung durch den Rest der Gruppe sowie die „Frau“. Die Dramatisierung eines ‚Endkampfes‘ zwischen Koch und der Gruppe gegen Fatzer stammt demnach nicht von Brecht, sondern verdankt sich Heiner Müllers Überarbeitung des Materials.[45]
Keuners Rundgang jedenfalls erscheint zumindest teilweise erfolgreich und eröffnet eine neue Perspektive im *Fatzer*-Material:

> Keuner zurück: er hat drei gefunden.
> Chor berichtet von der russischen Revolution
> – Höre jetzt Keuner: deine drei
> Reichen.
> Gestern noch verlangten wir fünf, aber jetzt[46]

Mit diesen drei, die zugleich wie Doubles der drei anderen Gruppenmitglieder wirken, beginnt eine neue, ebenfalls nicht zu Ende geführte Entwicklung im *Fatzer*-Fragment. Die Arbeiter – denn „Nur Arbeiter kommen in Frage“[47] – verschieben die Machtverhältnisse und die Möglichkeiten einer Politisierung der Gruppe. „Keuner liest den dreien das kommunistische Manifest vor“, streitet nun aktiv mit Fatzer (wobei Keuner abgelehnt wird – unklar bleibt, durch welche Gruppe dies geschieht), er arbeitet und „bekämpft

43 Brecht: Fatzer, S. 428.

44 Ebd., S. 448. Dass es sich hierbei um Koch handelt, legt ein anderer Entwurf nahe: „– Ich weis euch hin auf diese zwei / Lücken am Tisch / Da unser Kamerad, der wohl / Besser reden könnt als ich, nicht mehr da ist / Jetzt wohl schon nicht mehr / Unter den Lebendigen ist, muß ich / Jetzt weiterreden.“ (Ebd., S. 428.)

45 Vgl. Bertolt Brecht: *Der Untergang des Egoisten Johann Fatzer. Bühnenfassung von Heiner Müller.* Frankfurt am Main: Suhrkamp 1994, S. 111–115.

46 Brecht: Fatzer, S. 491.

47 Ebd.

Anarchismus, Radikalismus und Opportunismus", die sich offenbar in den drei alten Gruppenmitgliedern repräsentieren.[48] Er distanziert sich von Teilen der Gruppe – „Keuner auf Büsching deutend: Das ist ein Dummkopf!!" – und die „Frau bringt Arbeiter".[49] Brecht eröffnet in diesen Skizzen einen weiteren Schauplatz einer „Schlacht um das Politische"[50], auf dem er die Möglichkeit der Konstituierung eines politischen Kollektivs erprobt. Dabei wiederholt er schreibend Motive, die von Fatzer auf Keuner übertragen werden – wie bspw. der Vorschlag der Heimarbeit und das Anlocken von Arbeitern durch Therese Kaumann.[51]

Gespenstische Theatralität: Kollektiv, Geister, Visionen

Der szenische Anschluss an den Chor verbindet Koch/Keuner mit einem außerhalb der Gruppe lokalisierten Dritten, in dessen Namen er im Folgenden agieren kann. Keuner wird von diesem Chor direkt angesprochen, er handelt in seinem Auftrag und interagiert sogar mit ihm.[52] Diese Interventionen des Chores und die sich mit ihnen szenisch vollziehende Politisierung des *Fatzer*-Materials bleiben jedoch zutiefst ambivalent. Dem Chor und der Anrufung durch diesen ist eine unhintergehbare Unheimlichkeit und gespenstische Dimension eigen, die ihn in die Nähe von Fatzers „Visionen" und „Gesichten" rückt.[53] So löst sich bspw. unter der Leitung des Chores das diachronische Nacheinander von Text und Geschichte geradezu halluzinativ auf:

> – Du Keuner, verstopf dein Ohr
> Dem Lärm der Kanonen und sieh nicht
> Die Geschosse, die auf dich zukommen, sondern
> Im Wechsel der Monate auf dem

48 Ebd., S. 491–492.

49 Ebd., S. 492.

50 Jacques Derrida: *Politik der Freundschaft.* Frankfurt am Main: Suhrkamp 2002, S. 132.

51 „Übrigens fügt Fatzer seinem Vorschlag Heimarbeit zu leisten, also sich auf lange Belagerung einzurichten, noch die Anregung hinzu, das Weib (das er eben genommen hat) dazu zu verwenden (‚das sagst du, weil du von ihr satt bist'), Arbeiter anzulocken, ‚teils um die Bewohner dieses Hauses, das wir von jetzt geraume Zeit bewohnen werden, an fremde Gesichter zu gewöhnen. Sie werden sagen, die gehen zur Kaumann. Sie hurt, teils um von diesen zu erfahren, wie unzufrieden die Fabriken sind, und ihre Unzufriedenheit zu stärken, wovon viel abhängt'" (Brecht: Fatzer, S. 436). In Keuners Version der politischen Arbeit Therese Kaumanns ist diese sexuelle Dimension verschwunden.

52 Vgl. ebd., S. 478.

53 Ebd., S. 527, 465.

Gefährlichen Weg zurück, erkenne
Den Fehler, den ihr gemacht habt
Noch einmal trete
An die Tankwand und verbessere
Eurer Lage Zeichnung [...]
Verwandelt den Krieg der Völker
Den Krieg der Klassen und
Den Weltkrieg in den
Bürgerkrieg, also bleibet beisammen und tragt
Den Krieg in euer eigenes Land, denn vor
Ihr euer Bürgertum nicht vertilgt habt, werden
Kriege nicht aufhören

KEUNER
Also hätten wir
Müssen dableiben

CHOR
Richtig, da ihr aber
Weggegangen seid von der Masse und also
Falsch gehandelt habt, ist euer
Untergang voraussehbar[54]

Diese unheimliche Verschiebung und Überlagerung der Zeiten, die Verschiebungen der Raum-Zeit bis hin zu ihrer Umkehrbarkeit, spielt im *Fatzer*-Fragment eine zentrale Rolle. Vor allem Fatzer selbst ist für seine „lähmenden Gesichte" und „Visionen" bekannt, in denen Geister „aus [der] Zukunft" umgehen.[55] Das Gespenstische trägt eine Differenz in die Gegenwart ein, ver-rückt und doubelt in Fatzers Augen die Handlungen der Gruppe. So „*hört* [Fatzer] *die drei über sich reden und sieht hinter ihnen eine große Menge reden*"[56] und hält dementsprechend gegenüber ihnen fest: „Wenn ihr redet, hinter euch / Reden immer andere!"[57] Diese Visionen und Gesichte Fatzers figurieren auf der Ebene der Handlung eine Qualität, die Brecht bereits zu Beginn der Arbeit an *Fatzer* mit Bezug auf die Szene und die Theatersituation skizziert hat: „Die Situation muß so halluzinativ sein wie gestellt, schon in der Vision vorher geschaut, *aufgebaut* und ihre Zustimmung mechanisch, schon von Anbeginn ab vorgesehen, *einstudiert.*"[58] Auf der Szene des *Fatzer* manifestiert sich damit eine immer schon latent gespenstische, soufflierende Ordnung des Theaters. Vor diesem Hintergrund besteht keine

54 Brecht: Fatzer, S. 477–478.
55 Ebd., S. 465.
56 Ebd., S. 441.
57 Ebd., S. 445.
58 Ebd., S. 387.

eindeutige Möglichkeit, die ideologische Anrufung Kochs oder Keuners von den „Visionen“ und „Gesichten“ Fatzers zu trennen. Insofern als die Identität und Sprecherposition des Chores letztlich gespenstisch offen bleibt, worauf Brechts „WER IST DER CHOR?“[59] unmissverständlich hinweist, ist es möglich, in ihm eine Manifestation jener Geister aus der Zukunft (oder Vergangenheit) zu sehen, von denen Fatzer spricht. Mit der Theatralisierung und szenischen Gestaltung des Politisierungsprozesses durch ein offenbar nur akustisch erscheinendes Kollektiv geht eine Ausstellung des Gespenstischen einher, welches „im Politischen selbst um[geht]“[60]. Da eine endgültige Rahmung des *Fatzer*-Materials ausblieb, gibt es im Bezug auf diejenigen, deren Anrufung zu hören ist, keine letzte Sicherheit im Anderen.

Während die Anrufungs-Chöre die Instituierung eines disziplinierten Kollektivs erproben, rückt Brecht in Fatzers Visionen und seinen Reden die Potentiale der Masse in den Vordergrund.[61] Der „Geist des Massemenschen“ lähmt Fatzer, der ihn als „mechanisch“ und „[m]ittelpunktlos“ beschreibt.[62] Dieser „Massemensch“ zeigt sich als ein Gespenst aus der Zukunft, welches die Gegenwart heimsucht und dessen Spuren sich doch schon – bspw. im Krieg[63] – in der Gegenwart zeigen. *Fatzer* erkundet das Feld von Masse und Massemensch als „Komplex mit starken imaginären Anteilen“ und Angst einflößendem Potential.[64] Während das *Fatzer*-Material einerseits in marxistischer Tradition an der Produktion eines disziplinierten Kollektivs arbeitet und sich in diesem Kontext als „Regulationsmedium“ der Masse zeigt,[65] erkundet es andererseits die sich der Repräsentation und Symbolisierung immer wieder entziehenden Möglichkeiten der Menge und der Masse. Mit ihnen ist

59 Ebd., S. 439.

60 Derrida: *Politik der Freundschaft*, S. 190.

61 Vgl. hierzu allgemein Wilke: *Brechts „Fatzer“-Fragment*, S. 171ff.

62 Brecht: Fatzer, S. 465–466.

63 Vgl. u. a. ebd., S. 477.

64 Ich beziehe mich hier auf Michael Gampers Ausführungen zur Massen-Dichtung allgemein: Ders.: Dichtung als Medium der Menschenmenge. Literatur und ihre Funktion für den ‚Masse‘-Diskurs. In: Susanne Lüdemann / Uwe Hebekus (Hrsg.): *Massenfassungen. Beiträge zur Diskurs- und Mediengeschichte der Menschenmenge.* München: Fink 2010, S. 89–106, hier S. 97–98.

65 Ebd., S. 100. Vgl. auch: „Doch gerade auch in der marxistischen Tradition ist die Tendenz stark, geordnete, gerichtete, sich ihrer Lage bewußte Kollektive zu erzeugen, ein Vorhaben, das die irrationalen und chaotischen Aspekte der ‚Masse‘ eliminieren soll.“ (Ebd., S. 100.)

eher der Aufstand als die Revolution verbunden, eher der „Pöbel", das „unterste Volk, die Breite der Masse"[66] als eine bewusste Arbeiterklasse oder das national codierte Volk[67]. Brecht folgt in *Fatzer* nicht umstandslos dem Marx'schen „Übergang vom Pöbel zum Proletariat"[68], sondern erprobt den politischen Möglichkeitsraum von Masse, Pöbel und Volk sowie seine Gefahren.

Plebs, Pöbel

Für Fatzer hat der Krieg einen Blick auf den sozialen Antagonismus in Form der Menge und des „Volks" als „Pöbel" geöffnet:

> […] Aber ich hab die
> Augen offen gehabt und gesehn, daß
> Eine neue Zeit anfängt und
> Mit dem Volk
> Etwas und was noch nie war
> Und man sieht Leute herumgehen, die
> Man sonst nie gesehn hat, das
> Kommt
> Weil alles, was unten ist
> Heraufkommt
> Wo früher
> Ein Mensch war und ein anderer
> Da ist jetzt die Masse, ein
> Massemensch und es bleibt alles
> Zusammen[69]

Zu diesen Leuten, die man nun herumgehen sieht, zählt auch Fatzer selbst – ihn nur als egoistische Figur und Solitär zu begreifen, unterschlägt, dass er, mit Benjamin gesprochen, Teil einer „ganze[n] Horde von Hooligans und Verbrechern" ist, „die […] [Brechts] Stücke bevölkern".[70] Diese gewaltbereiten und gefährlichen Typen

66 Brecht: Fatzer, S. 482.

67 Der Begriff „Volk" bezeichnet nach Giorgio Agamben immer die „Gesamtheit *Volk [Popolo]* als dem integralen politischen Körper auf der einen, der untergeordneten Gesamtheit *Volk [popolo]* als der fragmentarischen Vielheit bedürftiger und ausgeschlossener Körper auf der anderen Seite" (Giorgio Agamben: Was ist ein Volk? In: Ders.: *Mittel ohne Zweck. Noten zur Politik*. Zürich: Diaphanes 2001, S. 35–42, hier S. 36). Der gleiche Konflikt artikuliert sich bei Antonio Negri und Michael Hardt in einer etwas abweichenden Begrifflichkeit und zwar als Widerstreit zwischen Menge und Volk: „Jede Nation muss […] die Menge zu einem Volk machen." (Michael Hardt / Antonio Negri: *Empire. Die neue Weltordnung*. Frankfurt am Main / New York: Campus 2002, S. 116.)

68 Frank Ruda: *Hegels Pöbel. Eine Untersuchung der „Grundlinien der Philosophie des Rechts"*. Konstanz: Konstanz University Press 2011, S. 24.

69 Brecht: Fatzer, S. 409–410.

70 Benjamin: Bert Brecht, S. 665.

sind Teil jener „*multitude vile*“[71], in der die Vielen im Politischen der Moderne fortwirken. In den Städten, auf der Straße ist die Plebs als das Andere des Staatsvolkes, aber auch als das Andere des Partei-Kollektivs zu finden: als „Pöbel“, „Menge“, „Verbrecherbande“, in Gestalt aufständischer Frauen und nicht bürgerlicher bzw. nicht sozialistisch-disziplinierter Frauen (so im *Fatzer* bspw. die „Hure Fanny“[72]), „als Volk der Gewalt und schrillen Töne“[73], das, so Alain Brossat, im Aufstand und der Revolte mit seiner „plebejische[n] Geste, die […] politische (symbolische…) Ordnung zerreißt“[74]. Ihre Aufstände finden im Zeichen der Gewalt, situativ und spontan als „wilde Heterotopie[n]“[75] statt, nicht unter dem universellen Zeichen der Weltrevolution.[76] Im *Fatzer*-Fragment zeigt sich die Plebs bspw. in den Schreien und den aufrührerischen Klagen der Soldaten-Frauen:

THERESE KAUMANN *schreit:*
Wo sind sie?
Drei Jahre
Sind zu viele Jahre!
Warum kommt er nicht
Und legt sich auf mich drauf?
Heute habe ich beschlossen, mein Fleisch
Zu befriedigen. […]
DIE ZWEI FRAUEN
Schreie! […]
THERESE KAUMANN
Ich frage euch
Warum ist er fort?
Ich brauche ihn!
Warum kommt er nicht zurück?
Hier fehlt er!
DIE FRAUEN:
Weil sie ihn mitnehmen, ist er fort

71 Virno: *Grammatik der Multitude*, S. 11.

72 Brecht: Fatzer, S. 433.

73 Alain Brossat: Pierre Rivière, die Plebs. Zur Einleitung. In: Ders.: *Plebs Invicta*. Berlin: August 2012, S. 7–36, hier S. 30.

74 Ebd., S. 35.

75 Ebd., S. 12.

76 In diesem Sinne ist die folgende Passage aus dem *Fatzerkommentar* symptomatisch für den Widerstreit zwischen unterschiedlichen Formen von Kollektivität: „M = MASSE Wie aber wird abgeschafft, daß es zweierlei Arten von Menschen gibt? / L = LEHRE Durch die Gewalt wird abgeschafft, daß es zweierlei Arten von Menschen gibt / M Wer aber wendet Gewalt an? / L Ihr, die große unteilbare und unzerstörbare Masse […] (Lacis: nur der organisierte Teil!?)“ (Brecht: Fatzer, S. 522).

Und weil sie ihn halten
Kommt er nicht.
THERESE KAUMANN
Was geht's mich an
Was mit ihm gemacht wird.
Soll er verrecken.
Wenn ein Mensch ein Ais hat
Verreckt er
Er kann nichts dafür, aber
Ich auch nicht![77]

In der Klage bzw. im Lärm Therese Kaumanns und des Frauenchors artikuliert sich eine Infragestellung des Krieges und seiner Macher („sie") sowie zeitgleich eine Aggression gegen die patriarchale Ordnung in Gestalt des Ehemanns („er"). Mit ihren Schreien, ihren „schrillen Tönen" schreibt die Plebs die Gegenwart von Körper, Gewalt und Sexualität in den Raum des Politischen ein und behauptet ihn als einen Anspruch, dessen Aktualität keinen Aufschub duldet. Fatzers Rundgang durch die Stadt Mülheim erscheint vor diesem Hintergrund nicht nur als singuläres Abschweifen oder als Sondierung der Lage, sondern auch als Suche nach der Plebs und ihrem aufrührerischen Potential zur Revolte. Vor einem Bäckerladen trifft er auf „VIER WEIBER":

VIER WEIBER *schreiend:*
Gebt das Mehl heraus!
Gebt das Mehl heraus!
FATZER
Warum schreit ihr so?
DIE WEIBER
Wir haben einen Schein
Auf dem steht, daß wir Mehl kriegen
Aber immer, wenn wir zum Bäcker kommen
Ist die Türe verschlossen und
Kein Mehl für uns da.
Aber wir wissen es
Daß hinter der Tür Mehl ist.
FATZER
Warum bekommt ihr's nicht?
DIE WEIBER
Die Oberen fressen es!
Was das Heer nicht frißt, fressen die Oberen.
Wir aber und unsere Kinder
Bekommen die Kleie.[78]

77 Brecht: Fatzer, S. 484–485.
78 Ebd., S. 501–502.

In der Imaginationsgeschichte des Aufstands und der Masse kommt angstbesetzten „Männerphantasien“ eine zentrale Bedeutung zu. Bereits während der Französischen Revolution, doch auch in den Beschreibungen der deutschen Gegenrevolution erscheinen proletarische Frauen, Prostituierte, Kannibalinnen als wesentlicher Bestandteil der revoltierenden Menge und Masse.[79] Soldatischen Männern – und aus diesen ist Brechts „Gemeinschaft der blutigen Brüder“ zusammengesetzt – gilt die „‚Proletarische Frau‘ [als] […] Name für einen Schrecken, der in der Sprache des soldatischen Mannes keinen Namen hat.“[80] Die Kopplung „proletarische […] Frau/Hure“[81] ist aus den Beschreibungen der revolutionären Masse – insbesondere im Rahmen der Nachkriegskämpfe, die in *Fatzer* noch ausstehen – nicht wegzudenken. So liegt es nahe, dass „der Sexus“ auch einen Teil des „Furchtzentrum[s] des Stücks“ bildet.[82] Das Lärmen der „WEIBER“ – und diese polemisch-pejorative Begrifflichkeit Brechts scheint exakt auf das Furchtzentrum soldatischer Männer zu zielen – auf der Straße ist die Szene einer potentiell aufrührerischen Öffentlichkeit, welche dem Raum der Kellerwohnung diametral entgegengesetzt ist. Fatzer sucht die Nähe zu dieser Situation, doch das Potential der Menge bleibt ambivalent. Sein Versuch, die Frauen zum Aufstand zu provozieren, aktiviert eine andere Dimension des Volkes, welche diesem nach Agamben[83] ebenfalls immer zu eigen ist:

FATZER
Warum schlagt ihr die Tür nicht ein?
Schlagt die Tür ein und holt das Mehl.
DIE WEIBER
Das ist auch einer, der's mit dem Maul macht
So einen wie dich sollte man totschießen!
Warum ist er nicht im Feld, wo er hingehört?
Die Engländer sind es, die uns das Essen nicht gönnen
Und die Franzosen bringen unsere Männer um

79 Vgl. hierzu u. a. Michael Gamper: *Masse lesen, Masse schreiben. Eine Diskurs- und Imaginationsgeschichte der Menschenmenge 1765–1930*. München: Fink 2007, S.150ff., sowie insgesamt: Theweleit : *Männerphantasien*.

80 Theweleit: *Männerphantasien*, Bd. 1, S. 77.

81 Ebd., S. 85.

82 Brecht: Fatzer, S. 428. Im Anschluss an Lehmann wäre hier noch einmal genauer zu untersuchen, wie Brecht diese Phantasmen und Schreckbilder schreibt und auf welche Weise in der Textpraxis *Fatzer* die Schreibmaske des Weiblichen eine Rolle spielt. Vgl. Hans-Thies Lehmann: Sexualität: Ein „Furchtzentrum“ in Brechts Werk. In: Ders.: *Das Politische Schreiben*, S. 238–249.

83 Vgl. Anm. 67.

Und da ist einer, der's mit dem Feind hält!
Seht den Hetzer an!
Jetzt verzieht er sich!
FATZER *weitergehend zum Soldaten:*
Das Volk ist zu dumm! Da kann der Krieg
Nie aufhören.[84]

Innerhalb ein und derselben Szene kann das Volk sich von einer Figur des spontanen Aufstands in den Träger eines Staatsvolk-Diskurses und seiner nationalistischen Ressentiments verwandeln. Mit dieser Ambivalenz erkundet das *Fatzer*-Material „eine Spaltung, die ursprünglicher ist als jene von Freund und Feind, einen nicht endenden Bürgerkrieg", kurz gesagt, den „Klassenkampf".[85] Diese Spaltung hält sich hartnäckig. Noch in der sogenannten 4. Arbeitsphase steht so das Modell einer von Keuner vertretenen Revolution, in der gilt: „Sie müssen Bücher lesen, dann kommt Revolution!"[86], neben dem Modell des Aufstands: „da ihre einzige Aussicht darin bestand, daß ein allgemeiner Aufstand des Volkes den sinnlosen Krieg beende und Desertion gutheiße. Zu viert hofften sie in diesem *von ihnen erwarteten Aufstand* mithelfen zu können."[87] Vielleicht stellen Fatzers Rundgang durch die Stadt Mülheim, seine Provokation der „WEIBER" vor dem Bäckerladen sowie der von ihm angezettelte Kampf mit den Fleischern einen Versuch dar, nicht in dieser falschen Alternative zwischen einer disziplinierten Revolution und einem ‚Aufstand der anderen' (auf den vergeblich gewartet wird) zu verharren.

Text-Multitude, Theater

Brechts Erprobung und Erkundung unterschiedlicher Formen des Kollektiven und Politischen sowie die dazu gehörige Textpraxis der Umschrift, Variation und Umarbeitung führten weder zu einer eindeutigen Lösung noch zu einem ‚vollendeten' Werk. Vielmehr stehen die unterschiedlichen Strebungen, Pole und Formen des Kollektiven im *Fatzer*-Material fragmentiert nebeneinander – sie bilden, mit Adorno gesprochen, einen Prozess „im Stillstand"[88],

84 Brecht: Fatzer, S. 502.

85 Agamben: Was ist ein Volk?, S. 37.

86 Brecht: Fatzer, S. 492.

87 Ebd., S. 468.

88 Für das Fragment würde damit emphatisch gelten, was Adorno für das Kunstwerk allgemein entwickelt hat: „Das Resultat des Prozesses sowohl wie er selbst im Stillstand ist das Kunstwerk." (Theodor W. Adorno: *Ästhetische Theorie*. Frankfurt am Main: Suhrkamp 1973, S. 268.)

der mit jeder Lektüre und jeder künstlerischen Auseinandersetzung wieder aufgenommen wird. Die Schreibarbeit an *Fatzer*, das experimentierende Schreiben des Kollektiven und Politischen, zersetzt die theatrale und dramatische Form und damit auch die in ihr „geronnene[n] kollektive[n] Erfahrungsmuster“[89]. Mit dem Aufbrechen der dramatischen Form geht im *Fatzer*-Material nicht nur eine Ver- und Zersammlung unterschiedlicher Formen des Kollektiven, sondern auch unterschiedlichster Schreibweisen, Textsorten, Stile und Formate einher: „Gerade mit Blick auf Fatzer ist das Paradigma des Fragments als eines abgebrochenen Teils oder verstümmelten Körpers aber zu erweitern auf das Rhizom, ein enthierarchisiertes Wuchern neu kombinierbarer Textteile.“[90]

Die Gestensammlung ohne festen symbolischen Rahmen, als die *Fatzer* begriffen werden kann,[91] eröffnet, „weil Brecht im Prozeß des Schreibens auch die Rolle einer auktorialen Kontrollinstanz aufs Spiel gesetzt hat“[92], den Text als Ort eines Schreibens des Kollektiven, in dessen Unterbrechungen sich eine nicht-repräsentierbare Vielheit zeigt. So erscheint das vielgestaltige Textmaterial *Fatzer* nicht allein als Aufgabe des Autor-Subjekts und seine Desertion aus Werk und Gemeinschaft, sondern darüber hinaus als Spur des Kollektivs, als Spur und Manifestation dessen, was mit Antonio Negri, Michael Hardt und Paolo Virno „Multitude“ genannt werden kann: das Kollektive und seine Formen sind ebenso zerrissen wie der Textkörper des Fragments selbst. Dabei zeigt sich diese Spur der unhintergehbaren „Vielen als Viele“ gerade in dieser Zersplitterung und Zerfaserung des Materials, als das „Zerbrechen von Darstellungsordnungen“[93], welches einen anderen Erfahrungsraum des Kollektiven (und nicht nur neue Bilder desselben) eröffnet. Die

89 Hans-Thies Lehmann: *Postdramatisches Theater*, 3. Aufl. Frankfurt am Main: Verlag der Autoren 2005, S. 462.

90 Patrick Primavesi: Tragödie, Fragment und Theater. In: Anton Briel / Gerald Siegmund / Christoph Meneghetti / Clemens Schuster (Hrsg.): *Theater des Fragments. Performative Strategien im Theater zwischen Antike und Postmoderne*. Bielefeld: Transcript 2009, S. 147–164, hier S. 163.

91 Vgl. hierzu mit Bezug auf Benjamins Kafka-Aufsatz Wehren: „Das ganze Stück, *da ja unmöglich*, einfach zerschmeissen“, S. 193–194. Vgl. auch: Walter Benjamin: Franz Kafka. Zur zehnten Wiederkehr seines Todestages. In: Ders.: *Gesammelte Schriften* II.2, hrsg. v. Rolf Tiedemann / Hermann Schweppenhäuser. Frankfurt am Main: Suhrkamp 1977, S. 409–438.

92 Wilke: *Brechts „Fatzer“-Fragment*, S. 11.

93 Susanne Lüdemann / Uwe Hebekus: Einleitung. In: Dies. (Hrsg.): *Massenfassungen*, S. 7–23, hier S. 20.

Einschreibung des Kollektiven zeigt sich in den Abbrüchen, Lücken, Unterbrechungen sowie der Heterogenität des Textmaterials und der Darstellung, der Vervielfältigung der Stile und Schreibweisen, in der Zersplitterung und Zersetzung überkommener Formen der Repräsentation des Kollektiven – gleichsam zwischen den Texten, als Vervielfältigung oder Teilung und als Entzug.

Dass der Text damit neben einem Schreiben und Lesen des Kollektiven auch ein kollektives Lesen bzw. Schreiben herausfordert, reflektieren nicht zuletzt der *Fatzerkommentar* sowie die Arbeit Brechts an der theatralen Form des Stücks. Denn *Fatzer* ist auch ein theatrales Versuchslabor, in welchem Brecht mit Formen kollektiver Darstellung, ihrer kollektiven Erprobung und kollektiven Kritik experimentiert – die an dieser Stelle zumindest kurz skizziert werden sollen. Insbesondere im Kommentar vollzieht sich die Reflexion der Textpraxis als Theaterpraxis, welche die Deutungshoheit des Autors über das fertige Werk einklammert: „Ich, der Schreibende, muß nichts fertig machen. Es genügt, daß ich mich unterrichte. Ich leite lediglich die Untersuchung und meine Methode dabei ist es, die der Zuschauer untersuchen kann."[94] Einem „unwissenden Lehrmeister" vergleichbar, entzieht sich Brecht der „Ordnung des Erklärens" bzw. des Unterrichtens.[95] Verschiedene Ansätze der *Fatzer*-Arbeit versuchen, diesen Rückzug fruchtbar zu machen, und zielen auf das Theater als Ort der Verhandlung des Kollektiven bzw. als Ort einer kollektiven Verhandlung. So versetzt ein Entwurf die Zuschauer in die Rolle von Hörenden und selbst Sprechenden, denen die Entscheidung darüber, „was eigentlich los war", übertragen wird:

ZWEI CHÖRE:
Aber als alles geschehen war, war da
Unordnung. Und ein Zimmer
Welches völlig zerstört war, und darinnen
Vier tote Männer und
Ein Name! Und eine Tür auf der stand
Unverständliches
Ihr aber seht jetzt
Das Ganze. Was alles vorging, wir
Haben es aufgestellt
In der Zeit nach genauer

94 Brecht: Fatzer, S. 514.

95 Zur Figur des Lehrmeisters und der Ordnung des Erklärens sowie ihrer Aufhebung vgl. Jacques Rancière: *Der unwissende Lehrmeister. Fünf Lektionen über die intellektuelle Emanzipation*, 2. überarb. Aufl. Wien: Passagen 2009.

Folge an den genauen Orten und
Mit den genauen Worten, die
Gefallen sind. Und was immer ihr sehen werdet, am Schluß werdet ihr
sehn, was wir sahn:
Unordnung. Und ein Zimmer
Welches völlig zerstört ist, und darinnen
Vier tote Männer und
Ein Name. Und aufgebaut haben wir es, damit
Ihr entscheiden sollt
Durch das Sprechen der Wörter und
Das Anhören der Chöre
Was eigentlich los war, denn
Wir waren uneinig.[96]

Während in den etwa zur gleichen Zeit entworfenen Anrufungs-Szenen immer *ein* Chor Keuner adressiert, werden die Zuschauer hier von *zwei* „uneinigen" Chören angesprochen. Damit stehen im *Fatzer*-Fragment zwei Chormodelle der Anrufung nebeneinander, wobei sich nicht sagen lässt, ob sie sich ergänzen oder ob sie einander ausschließen. Es finden sich weitere Chorpassagen, welche die Zuschauer mit unterschiedlichen, sich im Widerstreit befindenden Haltungen zum Geschehen konfrontieren bzw. sie zu unterschiedlichen Haltungen auffordern und ihnen somit Entscheidungen abverlangen. So rät ein Chor „DEM ZUSCHAUER DIE FERNEREN GESCHICKE DER VIER NICHT MEHR ZU BEACHTEN" während ein „GEGENCHOR [...] AUF DAS VORHANDENSEIN VIELER INTERESSENTEN AN DEM GESCHICK DER VIER" verweist, denn „viel wichtiger für euch / Ist, was sie sagen, als / Für sie selber".[97] Entscheiden müssen die Zuschauer aufgrund widerstreitender Aussagen und Stellungnahmen, wie in der oben zitierten Passage angesichts eines Tableaus, welches die Zerstörung seiner eigenen Lesbarkeit ausstellt und dessen Aufstellung an den von Brecht intendierten halluzinativen Charakter der Situation erinnert. Gleichzeitig scheinen die Zuschauer selbst als Sprecher in das Geschehen involviert, wobei dieses Sprechen als ein wichtiger Bestandteil des Entscheidungsprozesses begriffen wird. Bereits die Wörter zu sprechen, heißt Entscheidungen zu fällen, nicht erst eine distanzierte Reflexion auf das Gesprochene. Diese Tendenzen zu einer kollektiven Entscheidungsfindung und Darstellung bzw. als Darstellung hat Brecht in einem Text zum *Fatzerkommentar* weiter in

96 Brecht: Fatzer, S. 477.

97 Ebd., S. 479–480. An anderer Stelle schreibt Brecht: „Vielleicht Gegenchöre / Der rechte empört sich, der linke schildert einfach unaufhaltsam" (ebd., S. 456).

Richtung einer kollektiven Praxis der Darstellung, ihrer kollektiven Kritik und eines kollektiven Schreibens entwickelt:

> Zum Fatzerdokument gehört das Fatzerkommentar. Das Fatzerkommentar enthält zweierlei Anleitungen für die Spieler: solche, die die Darstellung, und solche, die den Sinn und die Anwendung des Dokuments betreffen. […] Die Darstellung soll von den Studierenden nach jener der ersten Künstler ihrer Zeit nachgeahmt werden. Diese Darstellung durch die ersten Künstler der Zeit soll von den Studierenden mündlich und schriftlich kritisiert, aber in jedem Fall so lange nachgeahmt werden, bis die Kritik sie abgeändert hat. Vorschläge für Abänderungen von Gesten oder Tonfällen sollen schriftlich gemacht werden; sie dürfen die Übungen selbst nicht beeinträchtigen.[98]

In Brechts Schreiben des Kollektiven zeichnet sich damit die Dimension eines Sprechens, Entscheidens, Hörens und Schreibens ab, welche die Schrift als Medium einer Auseinandersetzung und als kollektiven Prozess begreift. Die Aufführung selbst erscheint in diesem Zusammenhang als Übung – ein Begriff den Brecht nicht zuletzt im Kontext der Lehrstückarbeiten prominent verwendete. In dieser Übung ist die Darstellung selbst Fokus einer mimetischen und kritischen Praxis. Es liegt nahe, diese Übung als lediglich ein Moment einer fortgesetzten Auseinandersetzung mit einem Theater zu sehen, dessen institutionelle Neubestimmung Brecht auch mit dem Begriff „Pädagogium" bezeichnet und an anderen Stellen des Kommentars als Ritus entwickelt hat.[99] Alle diese Versuche entwerfen Szenen des Spielens, des Darstellens, des Schreibens, des Hörens und des Sprechens – nicht als gemeinschaftliche Praxis im Sinne imaginärer Eigentlichkeit und selbstgegenwärtiger Gemeinschaft,[100] sondern als kollektive Erfahrung, Erprobung, Verhandlung und Umschrift eines symbolischen Dritten, einer unhintergehbaren Vermittlung[101] (wie Schreibweise, Darstellung, Spielanordnung etc.) und ihrer Bodenlosigkeit. Brechts ‚Theaterutopie' sowie seine Ausführungen zum Pädagogium als Ort einer anderen sozialen und theatralen Praxis maßen sich jedoch keine ästhetische Souveränität an, vielmehr bleiben sie stets ambivalent und abgründig, wie in der folgenden Beschreibung, die vor dem Hintergrund des Hunger-Motivs im *Fatzer* gelesen werden müsste:

98 Brecht: Fatzer, S. 515. Eine weitere Szene kollektiven Schreibens entwickelt Brecht im Fragment C3 (ebd., S. 514).

99 Vgl. u. a. ebd., S. 523, 526.

100 Vgl. zu diesem Modell der Theaterreformatoren Jaques Rancière: *Der emanzipierte Zuschauer*. Wien: Passagen 2010, S. 16.

101 Vgl. hierzu ebd., S. 26.

[…] wenn einer am Morgen einen Verrat ausüben will, dann geht er am Morgen in das Pädagogium und spielt die Szene durch, in der ein Verrat ausgeübt wird. Wenn einer abends essen will, dann geht er abends in das Pädagogium und spielt die Szene durch, in der gegessen wird.[102]

102 Brecht: Fatzer, S. 517.

Unterwegs zum Untergang
Fatzers Gänge

Ralph Fischer

„Was heißt das: einem Gespenst folgen?“[1] Diese Frage, die Jacques Derrida in seinem Werk *Marx' Gespenster* stellt, bildet den Leitfaden meiner Auseinandersetzung mit den Gängen in Bertolt Brechts *Fatzer*, die ich im Folgenden als Gänge durch eine Topographie des Gespenstischen lesen will, als Wanderung durch einen spektralen Zwischenraum, der sowohl von seiner Vergangenheit als auch von seiner Zukunft heimgesucht wird. Dabei versuche ich, Brechts *Fatzer* in Referenz zu Jacques Derridas Hantologie, der Lehre des Gespenstischen, zu setzen. Bei meiner Auseinandersetzung mit *Fatzer* beziehe ich mich auf die 1978 entstandene Bühnenfassung von Heiner Müller: *Der Untergang des Egoisten Johann Fatzer*.[2]

Im *Fatzer* wird die Aufmerksamkeit immer wieder auf die simple Körpertechnik des Gehens gelenkt: Gehen als ein Akt des aktiven Verweigerns, des Ausstiegs aus der Vernichtungsmaschinerie des Krieges, als ein Abtreten von der Schlachtbank der Geschichte. Gehen als Suchbewegung – auf der Suche nach einem Ausweg aus der Topographie des Krieges, als Suche nach Nahrung und Obdach, aber auch als Suche nach der Revolution, die nicht einsetzt, einer neuen Gemeinschaft, die nicht aufscheint. Gehen als sozialer Gestus, anhand dessen der Gang der historischen Ereignisse lesbar wird. Fatzers Gänge können aber zugleich auch als Bewegung eines Wiedergängers gelesen werden, der aus dem stählernen Sarg eines Tanks zum zweiten Mal geboren wird, den die Würfel bereits als tot erklärt haben und der dennoch nicht aufhört, unter den Lebenden zu wandeln, und mit jedem Schritt eine gespenstische Spaltung in die topographische Ordnung schreibt. In diesen Spaltungen und Lücken in Zeit und Raum, von denen in Brechts *Fatzer* die Rede ist, in jenen aus den Fugen geratenen Zwischenräumen formiert und

1 Jacques Derrida: *Marx' Gespenster: der verschuldete Staat, die Trauerarbeit und die neue Internationale*. Frankfurt am Main: Fischer 2004, S. 24.

2 Bertolt Brecht: *Der Untergang des Egoisten Johann Fatzer. Bühnenfassung von Heiner Müller*. Frankfurt am Main: Suhrkamp 1994.

artikuliert sich das Gespenstische: Als Geister einer ungewissen Zukunft, die nicht einsetzt, und als Gespenst der Vergangenheit, die nicht endet. Die Zeit, in der sich Fatzer und seine Kameraden wiederfinden, hat einen Riss, der seine topographische Übersetzung in dem von der Feuerkraft der Materialschlacht frei gesprengten Trichtertal findet: Ein Gelände „[w]ie nach der Sintflut“[3], eine Topographie des Gespenstischen, die sich aus den Trümmern des Alten und aus den Leerstellen des noch nicht anwesenden Neuen zusammensetzt.

Brechts *Fatzer*-Fragment scheint selbst gespenstisch aufgeladen: In den Jahren 1927, 1928 und 1929 widmet sich Brecht immer wieder dem Stoff, ohne den Prozess abzuschließen und die Fülle des Materials in eine feste dramatische Form gießen zu können. Immer wieder wendet er sich seinem Fragment zu, ohne sich zu einer finalen Form entschließen zu können. Seitdem geistert dieser „Jahrhunderttext“ (Heiner Müller) durch Theorie und Praxis, als etwas, das seinen Ort sucht, keine Ruhe findet, Unruhe stiftet, da es sich konventionellen Paradigmen entzieht und sich dennoch Gehör verschafft. Als ein unzeitiger Text, der das Theater heimsucht, um einen Schauplatz und Spielraum zu finden.

I. Geisterstimmen

Doch was ist eigentlich ein Gespenst? Im Althochdeutschen erscheint das Wort *gispensti* als *Eingebung* und *Beredung*, das Wort *spanst* bedeutet dagegen *Lockung* und *Verlockung*. Insbesondere im Zuge der Reformation wurde von Gespenstern im Sinne eines Blendwerks des Teufels geredet. Die Etymologie des Wortes markiert den ambivalenten Charakter des Gespenstischen: Wer einem Gespenst folgt, um erneut Derridas Frage aufzugreifen, erliegt womöglich einem Trugbild. Zugleich können Geister aber auch als mahnende Instanzen auftreten, die die Täuschungen, denen die Lebenden verfallen sind, entlarven: So verweist etwa die Erscheinung von Hamlets Geist auf die Fäulnis im Staate Dänemark.

Gespenster tauchen bevorzugt im Kontext von Krisenherden auf, nämlich dann, wenn die soziokulturelle, politische und ökonomische Realität nicht mehr nach klaren Definitionen, Kategorien und Bezugssystemen erfasst werden kann. Das Gespenstische operiert im Spannungsfeld des Unverfügbaren, jenem Bereich, der sich dem

3 Ebd., S. 18.

aktiven Zugriff des Willens entzieht und dem auch der Tod, als radikalste Form der Unverfügbarkeit, angehört.
Jaques Derrida entwickelt in seinem Werk *Marx' Gespenster* (1993) die Lehre der *Hantologie* (von frz. *hanter*: heimsuchen), die Logik der Heimsuchung, die er in kritische Opposition zur *Ontologie*, der traditionellen Seinslehre der westlichen Philosophie, setzt. Mit der Entwicklung des *Gespenstischen* als Denkmodell liefert Derrida einen bedeutenden Impuls für die Diskurse von Theorie und Ästhetik. Derrida bezeichnet ein Gespenst als das „Anwesende ohne Anwesenheit"[4], das „Dasein eines Abwesenden oder eines Entschwundenen"[5]. Das Gespenstige hat „weder Substanz noch Essenz, noch Existenz […]"[6] und es ist „*niemals als solches präsent* […]"[7]. Auf Basis der Denkfigur des Gespensts, die eine Suspension der tradierten Oppositionen von Präsenz und Absenz, Sein und Nicht-Sein, Leben und Tod ermöglicht, generiert Derrida eine neue Ethik, die sowohl die Toten als auch die zukünftigen Generationen in ihr Denken einbezieht.
Brechts *Fatzer* adressiert ebenfalls ein Denkmodell, das Vergangenheit und Zukunft, Tote und Nachgeborene integriert: Das Fragment entfaltet sich in einem aus den Fugen geratenen Zeitraum, in dem die Geister einer unbestimmten Zukunft umgehen – ungreifbar, substanzlos und dennoch von machtvoller Präsenz.
In der „Rede vom Massenmenschen" heißt es:

> Wie früher Geister kamen aus Vergangenheit
> So jetzt aus Zukunft, ebenso
> Klagend, beschwörend, lähmend und ungreifbar
> Einzig bestehend aus Stoff seines eigenen Geists
> Seiner Furcht zuvorderst, denn immer Furcht
> Zeigt an, was kommt, direkt vom Aug
> Geht ein Strang zu Furcht. Dieser Geist des Massenmenschen
> Lähmt mich besonders.
> Seine Art ist mechanisch
> Einzig durch Bewegung zeigt er sich.
> Jedes Glied auswechselbar, selbst die Person
> Mittelpunktlos.[8]

Brechts Text spielt mit der Ambivalenz des Wortes *Geist*, das sich aus seiner ursprünglichen Bedeutung „Erregung, Ergriffenheit" in

4 Derrida: *Marx' Gespenster*, S. 20.
5 Ebd.
6 Ebd.
7 Ebd., S. 10.
8 Brecht: *Der Untergang des Egoisten Johann Fatzer*, S. 73.

die beiden Bedeutungsfelder „Geist, Seele, Gemüt" und „Gespenst, Totengeist" spaltet. Brecht lässt diese eigentümliche Spaltung des Wortes „Geist" in der *Rede vom Massemenschen* erfahrbar werden. Der Geist kehrt als Gespenst wieder, als Geisterschar aus der Zukunft, die Wellen von Furcht verbreitet: „Das vierte Kapitel ist das der lähmenden Gesichte. Das Kommen großer Veränderungen im Geist der Menschheit kündigt sich durch Furcht an"[9], heißt es im *Fatzerkommentar*. Der menschliche Geist entwickelt sich offenbar in Auseinandersetzung mit den Geistern und „lähmenden Gesichten", die ihn heimsuchen: „Klagend, beschwörend, lähmend und ungreifbar"[10].

Denn Veränderungen sind nicht möglich, dies betont die Rede des Chors, ohne die Konfrontation mit der Furcht. „Nur wenn es ein Furchtzentrum ist, kann es ein Kraftzentrum werden"[11], so lautet eine zentrale Aussage Heiner Müllers, der die zentrale Bedeutung der Furcht als ästhetische Kraft und Motor politischer Prozesse wesentlich in Auseinandersetzung mit Brechts *Fatzer* entwickelt.

Die gespenstische Dimension des Textes wird forciert durch die Präsenz des Chores als eine Sprechinstanz, deren Äußerungen nicht als Sprechakt eines einzelnen, klar definierten Subjekts identifiziert werden können, sondern als polyphone Rede. Das chorische Sprechen erscheint eigentümlich ortlos – es entspringt keinem klar umrissenen Subjekt, sondern einer unbestimmten Masse: „Jedes Glied auswechselbar, selbst die Person / Mittelpunktlos."[12] Das chorische Sprechen formiert sich als eine spektrale Resonanz, als heimgesuchter Klang-Raum: Der Text artikuliert sich durch die Sprechorgane hindurch, tönt aus den Mündern der Sprechinstanzen heraus, okkupiert Stimmen, ohne mit den Sprecherinnen und Sprechern identisch zu sein. Der Chor entwendet die Stimme des Subjekts zugunsten einer kollektiven Chor-Stimme, mittels derer sich eine unbestimmte Instanz artikuliert. „Klagend, beschwörend, lähmend und ungreifbar"[13] unterläuft diese gespenstische Chor-Stimme das Dispositiv des Visuellen, wendet sich an den Hörsinn,

9 Ebd., S. 71.

10 Ebd., S. 73.

11 Heiner Müller: Ein Gespräch zwischen Wolfgang Heise und Heiner Müller. In: Ders.: *Gesammelte Irrtümer 2. Interviews und Gespräche.* Frankfurt am Main: Verlag der Autoren 1990, S. 50–70, hier S. 56.

12 Brecht: *Der Untergang des Egoisten Johann Fatzer*, S. 73.

13 Ebd.

dringt ins Ohr, jenes Organ, das im Gegensatz zum Auge nicht geschlossen werden kann.

II. Nach der Schlacht – nichts als Gespenster

„Spuk findet stets zur Unzeit statt“[14]. Das Gespenstische formiert sich stets in gespaltenen, aus den Fugen geratenen Zeit-Räumen. Jacques Derrida schreibt: „Per definitionem gehen sie durch die Wand, diese Wiedergänger, sie täuschen das Bewusstsein und überspringen Generationen“[15]. Diese Unzeit des Gespenstischen formiert sich in Brechts *Fatzer* als ein Zeitraum nach der Schlacht. Schlachtfelder sind bevorzugte Nährböden des Gespenstischen[16]: Eine Topographie der Schuld und des Todes, in der die Opfer historischer Prozesse ein unwürdiges Begräbnis gefunden haben. Eine (Un-)Ruhestätte der Untoten, auf den Trümmern des alten Europa, inmitten eines zersprengten Wertesystems und einer aus den Fugen geratenen Zeit. Schauplatz der Szene „Liquidierung des ersten Weltkriegs durch Johann Fatzer 1“ ist ein von Geschützen frei gesprengtes Niemandsland, „[w]ie nach der Sintflut“[17], auf dem lediglich ein halber Baum an die Landschaft erinnert, die vorher dort Bestand hatte. In einem Trichtertal steht ein Tank, aus dessen Inneren steigen die Soldaten Fatzer, Nauke, Schmitt und Mellermann.

Ort- und zeitlos scheinen die vier Protagonisten, geboren in einer Materialschlacht, die sowohl in der Luft, auf dem Wasser als auch unter der Erde geführt wurde und alles Vorherige ausgelöscht hat in Gewittern aus Stahl und Feuer. „Unsere Mutter ist ein Tank, aus dem / Wir herausschießen, wenn er in ein Loch fällt / Fragt keiner nach uns, wir sind / Verloren“[18]. So beschreibt der Soldat Koch die offenbar ausweglose Situation. Aus dem Kriegsgerät heraus neu geboren, finden die vier keinen Ort außerhalb des stählernen Mutterschoßes, der beinahe ihr Grab geworden wäre, denn „Überall / Ist der Mensch“[19], in die Luft und auf das Wasser hat er den Tod

14 Zum Begriff der Unzeit vgl. Hans Thies-Lehmann: Müllers Gespenster. In: Ders.: *Das politische Schreiben.* Berlin: Theater der Zeit 2002, S. 283–300.

15 Derrida: *Marx' Gespenster*, S. 50.

16 Zum Zusammenhang zwischen Krieg und Gespenstern vgl. Elisabeth Bronfen: Das Gespenstische in der Kultur. http://www.bronfen.info/index.php/writing/38-writing/79-Das-Gespenstische-in-der-Kultur.html (Zugriff am 27.02.2013).

17 Brecht: *Der Untergang des Egoisten Johann Fatzer*, S. 18.

18 Ebd., S. 16.

19 Ebd., S. 17.

getragen und selbst das Eingraben in die Erde bietet keinen angemessenen Schutz, „denn sie schießen“, so Koch, „zehn Meter / unter den Erdboden“[20]. „Der Mensch ist der Feind und muß / Aufhören“[21], so lautet Büschings radikale Schlussfolgerung, der er ein Plädoyer zur radikalen Entleerung des Bestehenden anschließt: „Denn alles muß abrasiert sein / Daß es leer ist.“[22] Doch die alte Zeit ist nicht vorbei, sie fristet vielmehr eine untote Zwischenexistenz. Das Bestehende ist nicht vergangen, denn die Trümmer des Alten stehen noch, versperren dem Neuen den Weg, und der Flächenbrand des Krieges schwelt weiter. Fatzer und seine Kameraden wandeln durch eine Topographie der Vernichtung, in der jeder Schritt in den Untergang führen kann. Wo ist der Ausweg aus dem Schlachtkessel? Wohin lenkt man seine Schritte, wenn der Mensch, der zugleich auch der Feind ist, überall lauert? Fatzer befragt die Würfel:

> Seht hier, ich will würfeln
> Mit diesem hellen und diesem dunklen Stein
> Ob ich aus dieser Höll herauskomm noch
> Wenn weiß, komm ich heraus
> Wenn schwarz, nicht mehr.[23]

Als Fatzer schwarz würfelt, lachen die anderen. Nun bedrängt Fatzer seine Kameraden, selbst zu würfeln: „Jetzt, wo ich weiß, ich sterb bald / Möcht ich auch wissen, ob ihr leben sollt / Würfelt auch.“[24] Als die Soldaten einer nach dem anderen ebenfalls schwarz würfeln, hat Fatzer das Lachen auf seiner Seite. Die Geste des Lachens lässt etwas sichtbar werden, das Brecht als sozialen Gestus bezeichnet. Das Lachen markiert ein soziales Gefüge, das nicht auf Solidarität, sondern auf das Verwirklichen von Einzelinteressen ausgerichtet ist. Fatzer und seine Kameraden würfeln in einem durchkälteten sozialen Raum und vielleicht sind es nicht die Würfel, sondern vielmehr die egoistische Grundhaltung der Protagonisten, die ihren Untergang bereits zu Beginn des Stückes besiegelt.

Doch gerade das Wissen um seinen bevorstehenden Untergang gibt Fatzer den entscheidenden Impuls zum produktiven Ungehorsam:

20 Ebd., S. 16.
21 Ebd., S. 17.
22 Ebd., S. 22.
23 Ebd., S. 19.
24 Ebd., S. 20.

FATZER *lacht laut:*
Schwarz
Alle schwarz, jetzt können wir wieder
Freund sein. Gib her
Mellermann, deinen Tabak. Ich rauch ihn
Der dein letzter ist, weil wir
Wieder Freunde sind, denn jetzt
Ist es bestimmt, dass wir bald
Nicht mehr rauchen oder solch einen
Halben Baum sehn
Ich mache
Keinen Krieg mehr, sondern ich gehe
Jetzt heim gradewegs, ich scheiße
Auf die Ordnung der Welt. Ich bin
Verloren.[25]

Fatzer geht nicht allein: Die Soldaten Koch, Büsching und Kaumann verlassen ebenfalls ihre Posten und steigen aus der Vernichtungsmaschinerie des Krieges aus, doch sie finden keinen Platz in der Ordnung der Dinge.

Ihr Gang führt sie – Schritt für Schritt – ihrem Untergang entgegen. Sie wandeln als Wiedergänger, die in einem Tank zum zweiten Mal geboren worden sind, im unbestimmten Zwischen von Leben und Tod, Aufstieg und Untergang, Altem und Neuem. Wie Gespenster, deren Erscheinen darauf hinweist, dass die Zeit aus den Fugen geraten ist, marschieren die vier durch eine Landschaft, deren Konturen in der Schlacht zerstört worden sind. Ein frei gesprengter Leerraum, der auf ein unbestimmtes Morgen wartet. Eine Topographie des Dazwischen, die sowohl von den Gespenstern der alten Welt als auch von den Geistern der Zukunft heimgesucht wird. Die Zeit, in der sich die vier Protagonisten wiederfinden, ist eine Zeit des Dazwischen: „Die Zeit spaltet / Sich in alt und neu“[26], heißt es in einer Chorpassage. Fatzer, Büsching, Koch und Kaumann verweigern sich der Handlungsmechanik der alten Ordnung: Sie desertieren, „tun nichts / Altes mehr“[27], wie es im Kommentar des Chores heißt, doch das Neue lässt auf sich warten.

Wohin lenkt man also seine Schritte in einem Raum, der sich aus den Trümmern der alten Welt und den noch nicht gefüllten Leerräumen des Neuen zusammensetzt? Wie durchquert man einen

25 Brecht: *Der Untergang des Egoisten Johann Fatzer*, S. 21.
26 Ebd., S. 26.
27 Ebd.

fragmentierten Zwischenraum, der nicht umsonst an den Limbus, den Warteraum der Hölle, erinnert?

> FATZER
> [...]
> Und jetzt vorwärts!
> KOCH
> Wohin vorwärts?
> Rechts ist alles rot
> Und im Rücken brennt auch alles
> Und vorn ist es still
> Was am schlimmsten ist.
> FATZER
> Links! Ihr Arschlöcher!
> Und wenn uns einer begegnet
> Den schlagen wir nieder.[28]

Fatzer und seine Kameraden verlassen das Schlachtfeld, sie folgen einer Hoffnung, die sich als gespenstisches Trugbild entpuppen sollte: Die Hoffnung auf den Umsturz der Verhältnisse.

Der Weg führt schließlich in die Stadt Mülheim an der Ruhr, die Fatzer auf seinen Gängen erkundet, mit seinen Schritten durchmisst, auf der Suche nach Nahrung, aber auch getrieben vom Willen zur Revolte, die den Weg ebnen soll für die neue Zeit. Doch Fatzer verfängt sich zunehmend in den Fallstricken der Ordnungsmächte und seines eigenen Egoismus.

III. Neue Geister auf altem Grund

Im unbestimmten Dazwischen von Neu und Alt, Vergangen und Zukünftig suchen die vier Protagonisten nach einer Topographie jenseits des Krieges, einem Ort, der vielleicht Schauplatz des gesellschaftlichen Umsturzes und Keimzelle einer neuen Gemeinschaft sein könnte. Doch dieser Ort hat noch nicht zu existieren begonnen: Ist Utopie, ein unbestimmtes Nirgendwo, dessen Absenz eine klaffende Lücke im Nährboden der Gesellschaft öffnet und den öffentlichen Raum der Stadt zu einem gefährlichen Territorium werden lässt.

Der Alltag im kriegsgebeutelten Mülheim ist durchzogen von einer Kultur der Kälte, des Misstrauens, der Bespitzelung. Auf der Suche nach Proviant beobachten die Deserteure die vorbeigehenden Passant_innen. Gang und Mimik artikulieren ein Klima der Feindseligkeit, das die Alltagswirklichkeit beherrscht.

28 Ebd., S. 25–26.

KEUNER

Je mehr man hinsieht, desto weniger
Erscheint ein Mensch als Mensch, keiner von allen
Die hier vorbeigingen, erschien einem wie einer, der
Uns, wenns nottut, beisteht.[29]

Die Utopie erscheint als Atopie, als Nicht-Ort, dem jegliches visionäres Potential beraubt worden ist. Die Bewegung in diesem atopischen Zwischen ist gefährlich, mit Trittlöchern und Stolperfallen muss gerechnet werden, denn die Trümmer der alten Zeit sind noch nicht fortgeschafft und das Neue hat sich noch nicht verfestigt. Der Gehende muss dem Raum, den er durchquert, misstrauen, seinen Fuß vorsichtig aufsetzen, um sicherzugehen, dass der Boden nicht einbricht, und er darf nach Möglichkeit keine verräterischen Spuren hinterlassen. Doch Fatzer hinterlässt Spuren, wo immer er seinen Fuß aufsetzt, er polarisiert und provoziert, wo immer er auftaucht.

Die vier Deserteure halten sich nach ihrer Ankunft in Mülheim in einem Keller versteckt, dessen räumliche Begrenztheit an die Enge des stählernen Tanks erinnert. Die Schlacht ist vorbei, doch der Krieg dauert an. Der Ausweg aus dem Schlachtkessel ist noch nicht gefunden. Fatzer beschreibt diesen Zustand wie folgt:

FATZER

Mich lähmt das Morgen und
Dies unverbindliche Heut!
So sitzend
Zwischen noch nicht und schon nicht mehr
Glaub ich nicht, was ich denk!
Sicher ists ein Irrtum, schon morgen
Klar! Warum also heut reden?[30]

Fatzers Rede ist geprägt vom Bewusstsein der Vorläufigkeit: Sowohl die politische Situation als auch seine eigene Identität erscheinen ihm vorläufig, überschattet von einer ungewissen Zukunft, die sich bereits schemenhaft am Horizont der zerstörten Landschaft des Ersten Weltkriegs abzeichnet. Fatzer misstraut seinen eigenen Gedanken und Worten.

Was kann man in einer Topographie, die sich im unbestimmten Dazwischen von „noch nicht“ und „schon nicht mehr“ entfaltet, eigentlich tun, außer umherzuwandern? Sich Schritt für Schritt des Raumes, der Zeit und des eigenen Körpers zu vergewissern?

29 Brecht: *Der Untergang des Egoisten Johann Fatzer*, S. 37.
30 Ebd., S. 54.

Wer geht, tritt in Kontakt mit der unmittelbaren räumlichen Umgebung und beginnt, sich den Raum anzueignen und zu gestalten. Wer dagegen keinen Fuß auf den Boden bekommt, kann seinen Worten und Handlungen kein Gewicht verleihen. Er hinterlässt keine Spuren in den Räumen, die er durchquert. Er ist wie ein Geist, oszillierend im unbestimmten Zwischenraum von Leben und Tod, Anwesenheit und Abwesenheit.

Michel de Certeau zufolge ist der Raum „ein Ort, mit dem man etwas macht"[31]. Ein Raum wird durch Bewegungen, Handlungen und Interaktionen performativ hervorgebracht. Michel de Certeau widmet dem Gehen als kinetischem Grundelement des Raumes ein ganzes Traktat, wobei er sich insbesondere für das Gehen in der Stadt, die Bewegung im politisch aufgeladenen öffentlichen Raum der Straßen und Plätze interessiert. „Die Geschichte beginnt zu ebener Erde, mit den Schritten"[32], schreibt Michel de Certeau. „Die Spiele der Schritte sind Gestaltungen von Räumen. Sie weben die Grundstruktur von Orten"[33]. Die Fußgänger bringen also den Raum überhaupt erst hervor oder sie erfinden innerhalb des vorgegebenen topographischen Systems neue räumliche Wendungen etwa durch Variationen und Abkürzungen, so dass sie die räumliche Anordnung mit ihren flüchtigen Bewegungen allmählich umstrukturieren.

Das Gehen wird oft als Metapher für Aufbruch, Neuanfang und Veränderung gebraucht. Ein erster Schritt, mit dem der Gehende seine Position verlässt, sich aus seinem sicheren Standpunkt herauswagt, dem Neuen entgegenstrebt und über dem Abgrund, der mit jedem seiner Schritte aufklafft, zu balancieren beginnt. Denn jede Bewegung ist am Rande des Scheiterns angesiedelt. Die Verlagerung von Körpergewicht könnte jederzeit in einen Sturz münden. Und zwischen Aufbruch und Untergang liegt oft nur ein kleiner Fehltritt, der das große Ganze aus dem Gleichgewicht bringt. Gehen im öffentlichen Raum kann Ausdruck von Protest und Widerstand sein, als ein auf die Straße Gehen für oder gegen etwas. „Der Aufstand beginnt als Spaziergang"[34], schreibt Heiner Müller in der *Hamletmaschine*. Auch Fatzer spaziert durch eine Topographie,

31 Michel de Certeau: *Kunst des Handelns*. Berlin: Merve 1988, S. 218.

32 Ebd., S. 188.

33 Ebd.

34 Heiner Müller: Die Hamletmaschine. In: Ders.: *Werke* 4: *Die Stücke 2*, hrsg. v. Frank Hörnigk. Frankfurt am Main: Suhrkamp 2001, S. 545–554, hier S. 550.

die hohes revolutionäres Potential zu bergen scheint, dessen Zeit allerdings noch nicht gekommen ist. In Betrachtung der Gänge der anderen Passant_innen vermag Fatzer den Gang der Geschichte abzulesen. Er erkennt die Entwicklung der politischen Verhältnisse und den Gleichschritt von Krieg und Geschäft.
In der Szene „Rundgang des Fatzer durch die Stadt Mülheim" lesen wir:

FATZER
[…] Dieser Krieg geht
In schlechtem Schuhwerk; da geht er
Also nicht lang. […]
Gut auch, daß da bald Winter wird, das
Zehrt am Krieg, wenn das Volk friert.
Jetzt sitzen schon fünfzehn
In jedem Mauerspalt, weil
Nicht mehr gebaut wird, und je mehr
Beisammensitzen, desto
Vernünftiger werden sie.[35]

Doch als Fatzer die Szenerie weiter beobachtet, muss er seine Meinung revidieren:

Und die laufen hinter ihren Weibern her
Wie in alter Zeit mit einem so gierigen Ausdruck
Als hätten sie keine andere Sorge, als auf sie
Hinaufzukommen. Das ist nicht gut.
Sie sind nicht recht geschwächt genug
Oder schlimmer:
Sie sind die blutige Zeit gewöhnt.
Alles geht weiter.[36]

Der Akt des Gehens lässt den sozialen Gestus, die Haltung des Weitermachens sichtbar werden. Der erhoffte Umbruch lässt also auf sich warten. Alles nimmt seinen gewohnten Lauf und keine revolutionäre Intervention bringt den Gang der Ereignisse ins Wanken. Fatzer bewegt sich durch ein Territorium, das den strategischen Interessen des bestehenden Machtsystems unterworfen ist. Doch er muss vorsichtig sein, als Deserteur muss er mit Denunziation und Verhaftung rechnen. Sein Streifzug ist der Gang eines radikalen Kritikers, der den Dingen auf den Grund geht, der bereit ist, die bestehende Ordnung zu verkehren und das politisch-ideologische Wurzelgeflecht des Überkommenen aus dem Nährboden der Gesellschaft zu reißen.

35 Brecht: *Der Untergang des Egoisten Johann Fatzer*, S. 28–29.
36 Ebd., S. 29.

Doch ein Einzelner vermag den Boden der alten Ordnung nicht umzugraben: Die Revolution, der Umsturz der bestehenden Ordnung, bleibt aus. Ein Gespenst aus der Zukunft, das keinen Ort in der gespaltenen Gegenwart findet. Fatzer geht seinen Gang allein, Schritt für Schritt, als Individuum. Sein Spaziergang formt keinen Protestmarsch. Er ist nur ein Einzelner, vereinzelt unter vielen. Verstrickt in das enge Geflecht der Einzelinteressen, das ihn schließlich auch von seinen Kameraden isoliert.
Der Chor stellt das Mechanische und die kollektive Moral der individuellen Freiheit kritisch gegenüber. Diese neue Haltung verkörpert sich im Massenmensch. Doch dieser Massenmensch scheint von unbestimmter Gegenwart, sichtbar nur in flüchtigen Bewegungen, ort- und zeitlos, ein Gespenst aus der Zukunft, die machtvolle Gegenwart eines Abwesenden. Und erinnert nicht zufällig an jenes Gespenst, das in Europa umgeht und dessen Auftritt am Beginn eines der bedeutendsten Texte der europäischen Geistes- und Geistergeschichte steht: Das Gespenst des Kommunismus, das Marx und Engels beschwören und das, nach Einschätzung eines großen Lesers des *Kommunistischen Manifests*, Jacques Derrida, vielmehr aufgrund seiner Zukünftigkeit als wegen seiner Gegenwart von den Mächten des alten Europa gefürchtet wurde. Derrida schreibt:

> Vergessen wir nicht, dass die erste Internationale im Umfeld von 1848 so gut wie geheim bleiben musste, das Gespenst war da, aber was ist die Gegenwart eines Gespensts? Aber das, dessen Gespenst es war, der Kommunismus – er war nicht da, per definitionem. Er wurde als zukünftiger Kommunismus gefürchtet.[37]

Dieses Gespenst sucht sich Körper, Orte und Stimmen, um in Erscheinung zu treten, sich Gehör zu verschaffen, wirklich und wirksam zu werden. Doch wessen Gespenst ist das, dessen Heraufkommen von Brecht in einer apokalyptisch anmutenden Bildsprache beschrieben wird?

> CHOR
> Wir aber wollen uns
> Setzen an den Rand der Städte und
> Auf sie warten. Denn jetzt muß
> Kommen eine gute Zeit; denn jetzt bald
> Tritt hervor das neue Tier, das
> Geboren wird, den Menschen aus-
> zulösen.[38]

37 Derrida: *Marx' Gespenster*, S. 59.

38 Brecht: *Der Untergang des Egoisten Johann Fatzer*, S. 53–54.

Wer ist dieses neue Tier, das seinen Gang durch die Städte geht? Aus der historischen Distanz des Nachgeborenen denkt man unweigerlich an die Alpträume der Geschichte des 20. Jahrhunderts. Das Gespenst des Faschismus, das, in seiner Zukünftigkeit und Wiederkünftigkeit, nicht nur in Europa umgeht.

Wer auch immer dieses Tier ist, von dem in Brechts Text die Rede geht, es ändert die Choreographie der Straße und entfaltet eine neue topographische Logik. Fatzer geht nicht für sich allein, sondern er gerät als ein Gespenst der alten Zeit, auferstanden aus dem stählernen Sarg des Tanks, in Konflikt mit den Geistern aus der Zukunft.

IV. Letzter Schritt: Die Leere vom Einverständnis

Fatzer, der Ichsüchtige, das starke Individuum, das dem Boden, auf den es seinen Fuß setzt, seine individuelle Spur einschreibt, sieht eine neue Zeit heraufkommen:

> FATZER
> Wenn ich euch essen
> Seh, seh ich hinter euch andre verdaun
> Euch unähnlich! Aber mich seh ich nicht essen!
> Ich hör eure Stimmen nicht vor dem Geräusch
> Vieler Schritte solcher, die ich nicht kenn.
> […]
> Mir scheint, ich bin vorläufig
> Aber was
> Läuft nach?[39]

Fatzer spricht aus der Position dessen, der sich von sich selbst entfernt hat und von außen auf seine prekären Lebensumstände blickt. Die Sprache spiegelt das Fragmentarische des Blicks, der das Neue, das heraufsteigt, nur schemenhaft zu erkennen vermag, der zugleich aber auch erfasst, dass er in dieser Zeit keinen Platz mehr haben wird. Dieses Prinzip von Doppelung, Spaltung und Distanz entspricht Brechts performativer Logik: Im *Dialog über die Schauspielkunst* aus dem Jahr 1929 fordert Brecht:

> Nicht näher kommen sollen sich Spieler und Zuschauer, sondern entfernen sollen sie sich voneinander, jeder soll sich von sich selbst entfernen, sonst fällt der Schrecken weg, der zum Erkennen notwendig ist[.][40]

39 Brecht: *Der Untergang des Egoisten Johann Fatzer*, S. 54.

40 Bertolt Brecht: Dialog über die Schauspielkunst. In: Ders.: *Werke. Große kommentierte Berliner und Frankfurter Ausgabe*, Bd. 21. Berlin / Frankfurt am Main: Aufbau / Suhrkamp 1989, S. 279–283, hier S. 280.

Fatzer bezieht diese Distanz auf gespenstische Art. Seine Worte markieren den Abstand des Hinüber-Gegangenen, der aus dem Jenseits auf sein Leben und den leeren Platz, den er hinterlassen hat, zurückblickt.

Fatzers Ende kann als Akt der radikalen Entleerung und Auslöschung, die in Brechts Ästhetik einen besonderen Stellenwert einnimmt, begriffen werden. Die Lehre entfaltet einen Leerraum, unbeschrieben wie ein weißes Blatt Papier, eine Zone des Verschwindens, die vielleicht Schauplatz des Neuen werden kann. Und es bleibt offen, ob dieses Neue Gerechtigkeit oder Terror bedeutet. Die radikalste Form des Verschwindens ist der Tod. Und der Tod ereilt Fatzer in Gestalt seiner Kameraden.

> BÜSCHING
> Ja, du sollst nämlich
> Dich ändern, zumindest
> Dadurch, daß du gar nicht
> Mehr da bist.[41]

Aber das Sterben will geübt sein, bedeutet es doch die Aufgabe der Individualität, des Unteilbaren, des Besonderen durch das Eintauchen in das Eins-Sein des Todes. Koch, Kaumann und Büsching fordern Fatzers Einverständnis mit seinem Tod, bevor sie selbst von ihren Verfolgern getötet werden.

Am Ende steht keine Lehre, sondern ein Leer-Raum. Eine Lücke, die der Tod hinterlassen hat, offen wie eine klaffende Wunde.

Eine Topographie nach Fatzer.

Eine leere Bühne, die auf ihre Protagonist_innen wartet.

41 Brecht: *Der Untergang des Egoisten Johann Fatzer*, S. 113.

Tore Vagn Lid

Fatzer

(Re)Konstruktion, Regie & audio-visuelles Konzept Tore Vagn Lid
Schauspieler/innen Eindride Eidsvold (Fatzer), Øystein Martinsen (Koch), Tor Chr. F. Bleikli (Büsching), Per Bogstad Gulliksen (Keuner), Hanne Dieserud (Therese), Hilde Annine Hasselberg (Frau)
Chor Ingvild Espedal, Hilde Annine Hasselberg, Stian Økland, Johannes Aadland, Hild Cecilie Vang, Solveig Foldnes Dybsland
Klavier Olivera Marinkovich, Marita Kjetland Rabben
Orchester Bergen Brassband
Bühnenbild Kyrre Bjørkås, Gunhild Mathea Olaussen, Tore Vagn Lid **Kostüme** Linn Therese Michelsen **Ton** Thorolf Thuestad **Licht** Markus Granqvist **Animationen** Kristian Pedersen **Chorleitung** Gro Espedal **Metallskulptur** Reinhard Haverkamp **Produktion** Mari Sofie Andreassen **Regieassistenz** Sara Bruteig Olsen **Dramaturgieassistenz (Text)** Caro Lôvitz **Bühnenbildassistenz** Øystein Nesheim **Beleuchtungsassistenz** Leo Preston **PR-Assistenz** Ragnhild Gjefsen **Tourmanager** Sunniva Skorve
Musik Ausschnitte und Zitate aus Werken von Leo Brouwer, Hanns Eisler, Dmitri Schostakowitsch, Georg Friedrich Händel und Kurt Weil, **alle musikalischen Arrangements** Tore Vagn Lid
Copyrights Nordiska Aps, Kopenhagen **Norweg. Übersetzung** Tore Vagn Lid
Eine Koproduktion von Transiteatret Bergen und Bergen International Festival, in Zusammenarbeit mit Rogaland Teater, Arts Printing House (Vilnius), Wrap Art Centre und Nationaltheatret Oslo
Gefördert durch den Norwegian Arts Council, Norwegian Arts Hub und die Stadt Bergen
Aufführungsfotos Thor Brødreskift
Erstaufführung 25. Mai 2012 Logen Teater, Bergen International Festival

„FATZER“ – konkretisiert
Der existentielle Nullpunkt der Revolution

Tore Vagn Lid

Versuch, ein Haus zu bauen ohne Bauplan mit Materialien von einer verlassenen Baustelle

> Das ganze Stück, *da ja unmöglich*, einfach zerschmeißen, für Experiment ohne Realität! Zur „*Selbstverständigung*“[1]

Wenn ich – zum Zeitpunkt des Schreibens – vor einem fertigen Stück über den „Egoisten Johann Fatzer“ sitze, handelt es sich dabei um eine *Konstruktion* im doppelten Sinn. Zum einen gibt es kein ‚Stück‘ von Bertolt Brecht mit diesem Titel. Von 1926 bis 1931 arbeitete der Autor und Theaterwissenschaftler intensiv an Material, das weder als „episches Theaterstück“ noch als „surrealistische Oper“ (wie *Mahagonny*) oder „Lehrstück“ im strengen Sinne bezeichnet werden kann. Eher bleibt es eine Folge von Dialogen, Reflexionen, Chorpassagen und theoretischen Betrachtungen, die zusammen einen offenen Komplex literarischer und wissenschaftlicher Entwürfe bilden, die alle um die Geschichte des „Egoisten Johann Fatzer“ kreisen. Wir wissen nicht, warum er nicht fertig wurde. Aber im Nachlass des Autors befinden sich rund 400 Seiten, größtenteils unzusammenhängend, sprungweise zwischen 1926 und 1931 datiert und in vier Mappen sortiert, die für den Autor auf die eine oder andere Art zu seinen zahllosen Plänen für ein fertiges *Fatzer*-Stück gehörten. Fest steht außerdem, dass Brecht der Ansicht war, diese Mappen enthielten einiges vom Besten, was er je geschrieben habe,[2]

1 Bertolt Brecht zit. nach Herausgeberkommentar zu Fatzer. In: Bertolt Brecht: *Werke. Große kommentierte Berliner und Frankfurter Ausgabe*, Bd. 10.2. Berlin / Frankfurt am Main: Aufbau / Suhrkamp 1997, S. 1114–1150, hier S. 1120.

2 In seiner eigenen Kritik des Stücks *Das Leben des Galilei* – das Brecht selbst technisch als „große[n] Rückschritt“ ansah –, betrachtete er *Fatzer* als seine künstlerische Messlatte: „diese beiden fragmente (*Fatzer* und *der Brotladen*) sind der höchste standard technisch.“ (Bertolt Brecht: *Werke. Große kommentierte Berliner und Frankfurter Ausgabe*, Bd. 26, Journale 1. Berlin / Frankfurt am Main: Aufbau/Suhrkamp 1995, Eintrag vom 25.02.1939, S. 330.)

und dass er noch in den 1950er Jahren nach Möglichkeiten suchte, den *Fatzer*-Komplex zu konkretisieren.[3]

Aber das Theaterstück, das ich in Händen halte, ist auch aus einem zweiten Grund eine Konstruktion: weil die Fragmente und Kommentare, die die Bausteine meiner (Re)Konstruktion sind, nicht nur aus dramatischen oder literarischen Textstücken, sondern auch aus theoretischen Skizzen, Kommentaren, Tagebucheinträgen, Liebesbriefen usw. stammen. Sie befinden sich alle in den genannten Mappen, Mappen, mit denen ich, dank der freundlichen Unterstützung des Brecht-Archivs in der Chausseestrasse in Berlin, das große Glück hatte arbeiten zu können. Wenn ich im Folgenden also vom Stück *Fatzer* spreche, geht es eigentlich um eine höchst subjektive Dichtung (von meiner Hand) über eine höchst subjektive Dichtung (von Brechts Hand).

Auch andere haben bereits mit (und auf) Brechts Rohstoff gebaut. Am Bekanntesten ist Heiner Müller, der 1977/78 mit Hilfe des Inhalts derselben Mappen[4] eine Version für eine Aufführung in Hamburg gedichtet hat.[5] Auch zukünftige Versuche werden sicher als neue Dichtungen, neue ‚Stücke' erscheinen. Und das ist gerade das Schöne an Brechts verlassener Baustelle: Er lädt zum Tischlern, Improvisieren und Entscheidungen Treffen ein, Entscheidungen, die notwendigerweise von der Zeit und dem Hintergrund des Baumeisters geprägt sind.

Fabel-Skelett: Vier tote Männer – und ein Name

ZWEI CHÖRE:

[…] Und was immer ihr sehen werdet, am Schluß werdet ihr sehn, was wir sahn:
Unordnung. Und ein Zimmer
Welches völlig zerstört ist, und darinnen
Vier tote Männer und
Ein Name.[6]

3 Zur Arbeit mit einem ‚Büsching'- oder ‚Garbe'-Projekt notiert Brecht am 10. Juli 1951: „In Frage käme der Fatzervers; Heft 1 der *Versuche* habe ich mitgenommen." (Bertolt Brecht: *Werke. Große kommentierte Berliner und Frankfurter Ausgabe*, Bd. 27, Journale 2. Berlin / Frankfurt am Main: Aufbau/Suhrkamp 1995, S. 324.) Auch hier gelingt es dem Autor nicht, ein Projekt zu Ende zu führen.

4 Siehe Bertolt Brecht: *Der Untergang des Egoisten Johann Fatzer. Bühnenfassung von Heiner Müller.* Frankfurt am Main: Suhrkamp 1994.

5 Aufgeführt 1978 am Deutschen Schauspielhaus Hamburg (Regie: W. Karge / M. Langhoff).

6 Die *Fatzer*-Zitate in diesem Text beziehen sich auf meine eigene (Re)Konstruktion: Bertolt Brecht: *Fatzer. Lærestykke.* Oslo: Spartacus 2012. Im Deutschen werden

Die fragmentarischen Geschichten und Skizzen sind zu Ende des Ersten Weltkriegs verortet. Und obwohl sowohl die Rollen als auch andere dramaturgische Parameter in den unterschiedlichen Ansätzen voneinander abweichen, liegt dennoch eine relativ eindeutige Handlung zu Grunde: Mit Fatzer – „unser bester Mann"[7] – als Anführer sind vier Soldaten – „vier Männer Besatzung eines Tanks"[8] – von der verzweifelten und verlierenden Front desertiert.[9] In ihrem Versteck warten die friedlosen Soldaten auf eine Revolution, die niemals kommt. In einer frühen Skizze notiert der Autor:

> … da ihre einzige Aussicht darin bestand, daß ein allgemeiner Aufstand des Volkes den sinnlosen Krieg beende und Desertion gutheiße. Zu viert hofften sie in diesem *von ihnen erwarteten Aufstand* mithelfen zu können.[10]

So macht Brecht (wie Samuel Beckett) das Warten zu einem dramaturgischen Ausgangspunkt für kritische Untersuchungen des „Egoisten Johann Fatzer", und die *Fatzer*-Mappen enthalten eine Reihe Variationen über das Eröffnungsmotiv – die Desertion – und die Ankunft im Versteck. Die Strategie besteht aus einer Art Montagetechnik in ständiger Reduzierung: vom Schlachtfeld zur Stille, vom äußeren Kampf zum inneren Kampf, von Soldatenhorden zu vier ausgehungerten Männern in einem kleinen Zimmer in Mülheim an der Ruhr. Auch über das Schlussmotiv scheint sich Brecht früh im Klaren gewesen zu sein und skizziert mehrere Variationen des „Todeskapitels": Fatzers Versuch, ‚seinen eigenen Weg' zu finden, die Tatsache, dass er als Egoist auftritt, der in einer Extremsituation voll Hungers und Ressentiments ständig in Widerspruch zur Gruppe handelt, führt dazu, dass sich die drei am Ende entscheiden, ihn zu töten.[11] In einem der Fragmente, die Teil meiner (Re)Konstruktion wurden, sagt Koch:

sie zitiert nach Bertolt Brecht: Fatzer. In: Ders.: *Werke. Große kommentierte Berliner und Frankfurter Ausgabe*, Bd. 10.1. Berlin / Frankfurt am Main: Aufbau / Suhrkamp 1997, S. 387–529, hier S. 477.

7 Brecht: Fatzer, S. 441.

8 Ebd., S. 469.

9 Es gibt eigentlich kein einheitliches Rollenverzeichnis in diesen Fragmenten. Namen wie Koch, Schmitt, Keuner, Mellermann, Nauke und Büsching gehen ineinander über und nehmen die Form eines Versuchs, einer Probe an. In den allermeisten Entwürfen geht es dennoch um vier Deserteure.

10 Brecht: Fatzer, S. 469.

11 Brecht hatte von einem Vorkommnis aus dem Ersten Weltkrieg gelesen, wonach eine Gruppe Deserteure tot in einer Wohnung gefunden worden sei. Spekulationen darüber, was ihnen geschehen sei, gaben den Impuls für die frühesten Skizzen über Johann Fatzer.

Das weiß ich.
Du, Büsching
Kannst auf mich zählen, aber
Der ist besser als du und der
Muß hin sein.
Und wo ein Fluß war, der sehr stank und wo
Leute standen und sagten: heute
Ist er wieder voll von stinkendem Öl oder heute
Ist er giftgrün oder jetzt wird er klarer
Da soll kein besserer Fluß mehr fließen, sondern
Kein Fluß mehr. Also daß die Leute kommen morgens und sehen
Da ist kein Fluß mehr. So
Soll dieser Fatzer auch kein besserer oder schlechterer Fatzer
Sein, sondern es soll
K e i n Fatzer mehr sein[12]

Während Fatzer verzweifelt auf die Revolution und die Unterstützungstruppen wartet, warten die Deserteure auf Fatzer, in einem Strudel aus Rastlosigkeit, wachsender Unruhe und Aggression. Das Bild, das von Fatzer in diesen Skizzen und Notizen entsteht, ist nicht eindeutig, aber auch nicht unsympathisch. Vielmehr wird das Verhältnis zwischen Fatzer und den Soldaten, werden der einzelne (mit seinem Wunsch nach Revolution) und das Kollektiv, das rückhaltlos auf diesen guten Menschen vertraut, durch ständig wechselnde Prismen gebrochen. So spitzt Brecht die Problemstellung um das Kollektiv und den Einzelnen herum zu und fragt (selbst) kritisch nach den Möglichkeiten, überhaupt politisch zu handeln. Aber obwohl Brechts Grundhandlung auf diese Weise den Weg frei macht für ein gnadenloses Dilemma – Gegensätze und existentielle Kontrapunkte –, hat er schwer mit der dramaturgischen Konkretisierung der Lücke zwischen Ankünft(en) und Todesszene(n) zu kämpfen: Wie tragen eigentlich die Deserteure zur Revolution bei? Was hat es mit dem Drohszenario auf sich, das die verzweifelten Männer zum Zusammenhalten zwingt? Und was an der Situation der Deserteure begründet oder provoziert zum Schluss ihre Entscheidung, Johann Fatzer zu töten? Hier lösen sich die Fragmente dramaturgisch in lose Notizen, gegensätzliche Vorschläge und Pläne auf, die zwar nicht ausgeschrieben sind, jedoch als Einladung zum Bauen begriffen werden können, d.h. zum selbst *konkretisieren*, 80 Jahre später.[13] Und eine solche Einladung zur Konstruktion,

12 Brecht: Fatzer, S. 459–460.

13 Dass Brecht hier – wie in *Der Jasager/Neinsager* und *Die Maßnahme* – das Ende vor den Argumenten, die zu ihm hinführten, ‚wusste', geht klar aus der Struktur

dazu selbst auf den Materialberg ‚loszugehen', kann gerade als eine von mehreren Deutungsmöglichkeiten einer Notiz aus den *Fatzer*-Fragmenten gelesen werden. Brecht schreibt:

> wird es [das fatzerdokument] späterhin zum lehrgegenstand so wird durch diesen gegenstand von den schülern etwas völlig anderes gelernt als der schreibende lernte. ich der schreibende muß nichts fertig machen. es genügt daß ich mich unterrichte. ich leite lediglich die untersuchung und meine methode dabei ist es die der zuschauer untersuchen kann.[14]

und Gewichtung der Argumente hervor. Dies entspricht ganz der Logik sowohl des epischen Theaters als auch der Dramaturgie der Lehrstücke. Nichtsdestotrotz: Die weitverbreitete These, dass das dramaturgische ‚Vakuum' im Mittelteil der *Fatzer*-Narration in diesem Fall existentiell-politischer Notwendigkeit geschuldet sei, scheitert an der schlichten Tatsache, dass Brecht bis spät im Prozess Skizzen zu einem ‚Mittelteil' ausgearbeitet hat – aber ohne dass Zeitstruktur oder Reihenfolge dieser Versuche eine endgültige Form erhalten hätten. Als ‚work in progress' scheint er auf Fatzers ‚Fähigkeit, Essen zu beschaffen', zu setzen, und auf die ‚ständige Enttäuschung' der Deserteure als dramaturgisch strukturierende äußere Triebkraft. Das Ergebnis sind eine Reihe skizzierter ‚Warteszenen': Fatzer hatte versprochen, mit Essen zu kommen, er taucht jedoch – aus egoistischer Impulsivität – nicht auf („Warum, Fatzer, bist du nicht gekommen, wie's ausgemacht war?" (Brecht: Fatzer, S. 508)). Nicht zuletzt auf dieser Ebene lag die Möglichkeit für eine neue (Re)Konstruktion, statt sich an diesem dramaturgischen ‚Handwerksproblem' vorbei zu theoretisieren, und zu versuchen, die Handlungsbeziehung zwischen Fatzer und den Deserteuren zu konkretisieren, von der Ankunft im ‚Versteck' bis zum Endpunkt mit „Vier tote Männer und / Ein Name" (ebd., S. 477). Die Strategie in meiner (Re)Konstruktion und Inszenierung war, dem Situationsaufbau in *Maßnahme* und *Die Mutter* nach zu horchen, und die Ansätze, die Brecht in seinen Arbeitsnotizen skizziert, auszukomponieren. Zentral war, das folgende Spannungsverhältnis zuzuspitzen: Wie wirkt sich körperlicher Hunger auf die Situation der Deserteure und ihre Beziehung untereinander aus und in welcher Form bildet dies einen konkreten Kontrapunkt zu Fatzers sexuellem Ausagieren? Was ist Fatzers Funktion als „magischer Helfer" (Erich Fromm) für die Deserteure und welche Rolle spielt die Desillusionierung im Verständnis von Johann Fatzer als politische (sozialistische) Führerfigur, wenn es um die Notwendigkeit geht, ihn unter die Erde zu befördern – auch als existentielle Symbolhandlung für die, „die nach uns kommen" (ebd., S. 459)? All diese Aspekte hat die *Fatzer*-Rezeption, und besonders die postmodernste, meiner Meinung nach bislang vernachlässigt.

14 Zit. nach Reiner Steinweg (Hrsg.): *Brechts Modell der Lehrstücke. Zeugnisse, Diskussionen, Erfahrungen*. Frankfurt am Main: Suhrkamp 1976, S. 72. Die Aussage widerspricht auf interessante Art und Weise einem anderen bekannten Kommentar Brechts zu *Fatzer*; dies zeigt, wie schwierig es ist, eine ‚Ratio' zu finden – eine Intention oder einen gemeinsamen Plan in Brechts *Fatzer*-Arbeit: „Das ganze Stück, *da ja unmöglich*, einfach zerschmeißen, für Experiment ohne Realität! Zur ‚*Selbstverständigung*'" notiert Brecht in seinen *Fatzer*-Fragmenten (hier zit. nach Herausgeberkommentar zu Fatzer, S. 1120).

Was ist eigentlich Egoismus?
Fatzers *Maßnahme* – oder: Problematisierung der *Maßnahme*

Für mich ergab sich die dramaturgische Lösung des *Fatzer*-Rätsels größtenteils aus der Arbeit mit *Die Maßnahme* (1930/31), und Textstücke und dramaturgische Wendungen aus diesem Material finden in umgearbeiteter Form[15] Eingang in das neue *Fatzer*-Stück, Seite an Seite mit Texten aus Brechts *Geschichten vom Herrn Keuner*.[16] Aber Brechts und des Komponisten Hanns Eislers Lehrstück über die vier Agitatoren, die einen ihrer Kameraden töten, um ein größeres menschliches Projekt zu retten, die vors Parteigericht gestellt und freigesprochen werden, erhalten eben ihr radikales *Gegenstück*, ihren Kontrapunkt im Egoisten Fatzer. Komplexer, expressiver und poetischer treten plötzlich die Umrisse einer alternativen Erzählung hervor: vier ohnmächtige, ausgehungerte und impotente Deserteure, die einander umbringen, während sie verzweifelt auf eine Revolution, die niemals kommt, warten – als handle es sich um einen politisierten und radikalisierten *Godot*. Legt man sie übereinander, werden die Spannungsebenen deutlich:

- In der *Maßnahme* gibt es einen letzten Ausweg, in *Fatzer* ist die Situation unmöglich: die Konsequenz des Wartens ist der Tod. Die Konsequenz des Handelns ist der Tod.
- In der *Maßnahme* stirbt ein Mitglied der Gruppe. In *Fatzer* sterben alle vier.
- In der *Maßnahme* kehren die Überlebenden zurück und erzählen uns ihre Geschichte. In *Fatzer* kehrt niemand zurück und erzählt seine Geschichte.
- In der *Maßnahme* ist der Chor Richter, in *Fatzer* ist der Chor Zeuge.

Und, am Wichtigsten:

- In der *Maßnahme* ist der, der hingerichtet werden soll, einverstanden und ohne Angst. In *Fatzer* ist der, der hingerichtet werden soll, unwillig und zu Tode verängstigt.

Der Egoist Johann Fatzer will nicht sterben, um keinen Preis, denn wie gesagt wird: „nach uns kommt nichts!“[17], und weiter:

15 Brecht hätte wohl den Begriff ‚umfunktioniert‘ verwendet.

16 Das Transiteatret-Bergen verantwortete 2007 die Erstaufführung in den nordischen Ländern des Lehrstücks *Die Maßnahme* bei den Festspielen in Bergen (die Inszenierung wurde auch bei den Salzburger Festspielen im folgenden Jahr gezeigt).

17 Brecht: Fatzer, S. 459.

FATZER

Ich will nicht!
Bind mich los, Büsching!
Ich mach mir nichts draus
Ob ich Furcht zeig, ich
Will nicht verrecken!
Jetzt noch nicht! Und
Nie so!
Ich bin der Fatzer[18]
Ich bin gegen eure mechanische Art
Denn der Mensch ist kein Hebel.[19]

Damit wird der Gedanke, sich für die Sache, die Revolution, zu opfern, im Grunde bedeutungslos, auch für einen glühenden Kommunisten. Gleichzeitig ist Johann Fatzer alles andere als ‚Der Junge Kamerad' in der *Maßnahme* – ein spontaner Idealist, der sich zum Schluss für die Sache opfern lässt. Ebenso wenig ist er des *Jasagers* naiver Gymnasiast, der sich schlussendlich mit seinen Fehlern und seinem Schicksal einverstanden erklärt. Fatzer ist gerade der „beste"[20] und stärkste der Deserteure, der, der anführt, der für die Desertion agitierte, der die Entscheidungen trifft, der überhaupt Veränderung erst möglich macht. „Er hat ein großes Ich", sagt

18 Ebd., S. 449.
19 Ebd., S. 495.
20 Ebd., S. 441.

Koch, der vernünftige Stratege unter den verzweifelten Deserteuren, „das reicht für uns vier aus. Und für uns vier ist er ichsüchtig“.[21]
Hier liegt für mich ein zentraler Punkt, denn: ist hier nicht Koch der eigentliche Egoist, nicht Fatzer? So wird Johann Fatzer in dieser Version zugespitzt auf die Frage: Was ist eigentlich Egoismus? Wo eigentlich verstecken sich der Egoist und der Egoismus? Ist realpolitische Solidarität – radikale Veränderung – möglich ohne Johann Fatzers paradoxe Eigenschaften?
Damit wird ein erklärender Blickwinkel möglich: Fatzer ‚überlebt‘ die *Maßnahme* nicht! Oder anders gesagt: Brechts ‚Auflösung‘ der Fatzer-Spannung ist, sie in ein ganz neues Stück zu verschieben, eines, das fertig wird: *Die Maßnahme.* Mit der Hinrichtung des jungen Kameraden im kommunistischen Lehrstück Brechts und Eislers, uraufgeführt im Spätherbst 1930, hören auch die Geschichten um Johann Fatzer auf.

21 Ebd., S. 442.

BØRSEN

Fatzer konkretisiert: Rekonstruktion statt Dekonstruktion – 30 Jahre nach Heiner Müller

Denkanstoss: Es ist jetzt 34 Jahre her, dass Heiner Müller die *Fatzer*-Fragmente auf dem Boden seiner Berliner Wohnung auslegte. Zu diesem Zeitpunkt war Brecht 21 Jahre tot.

Ein Kernproblem, den Fatzer-Komplex betreffend, und ein Problem, das an dem Material klebte, seit dem Aufführungsversuch des Autors und Regisseurs Heiner Müller im Jahr 1978, ist die Tendenz zu einer (Rein)Kultivierung des Fragmentarischen im bereits Fragmentierten. 30 Jahre nach der heroischsten Phase der Postmoderne bietet sich das Gegenteil an: Anstatt etwas bereits Offenes und Fragmentiertes zu dekonstruieren, war mein Zugang, ein konkretes Stück (Musik)Theater zu konstruieren aus dem, was bei Brecht als Skizzen, Notizen, theoretische Ansätze und dramaturgisches Skelett liegen geblieben ist.

Wenn man – im Geist der Postmoderne – *Fatzer* zu etwas Größerem und Komplexerem macht, als er in Wirklichkeit ist, zeigt sich, dass der Kernkonflikt im Material schwierig ‚erfahrungsmäßig' zu konkretisieren ist: Nämlich der Kontrapunkt zwischen dem ‚lebenden Egoisten', der andere zerstört, und dem ‚vernünftigen Sozialisten', der sich selbst als lebendigen und geniessenden Menschen zerstört.[22] Nicht zuletzt gilt dieser *Fatzer* (im Brecht-Kontext) als explizit sexuelles Material. Die fast proto-pornografischen Beschreibungen erfassen Körper und körperlichen Genuss auf

22 Die eigentliche Idee, der Impuls hinter der frühen postmodernen Abrechnung mit der Hegel'schen Einheitsphilosophie, die den Versuch unternahm, zum Einen und Wahren vorzudringen, war, das Vielstimmige zu bewahren: Dynamik und Spannung aufrechtzuerhalten. Das, was sich nicht einordnen lassen wollte, an die Oberfläche kommen zu lassen. Das Problem besteht darin, dass auch diese wichtige ‚Revolte' alt wurde und auf Autopilot umschaltete, Grau-in-Grau zu malen begann. Damit wurde die radikale Postmoderne selbst von der Dialektik eingeholt und fiel dem zum Opfer, gegen das sie aufbegehrt hatte. Die postmoderne Selbstthematisierung, ihre Selbstreferentialität und die Forderung nach dem Offenen und Vielstimmigen wurde selbst etwas unverbindlich, nachdem sie ihren ‚Gegner' verloren hatte und nicht mehr gegen etwas Konkretes aufbegehrte. Diese Entwicklung überflutete die Gegenwartskunst im 20. Jahrhundert, der zunehmende Leerlauf – wie notwendig und produktiv er auch gewesen sein mag – hat meiner Meinung nach auch das *Fatzer*-Material ermüdet, Dekonstruktionen dekonstruiert, Fragmente fragmentiert usw. Und wir haben, dessen bin ich mir sicher, den Motor noch nicht einmal richtig angeworfen. „Brecht gebrauchen, ohne ihn zu kritisieren, ist Verrat", schrieb Heiner Müller im Essay „Fatzer ± Keuner" (Heiner Müller: *Werke 8: Schriften,* hrsg. v. Frank Hörnigk. Frankfurt am Main: Suhrkamp 2005, S. 223–231, hier S. 231). Dasselbe muss dann doch notwendigerweise für den Gebrauch von Müller gelten?

eine Art, die diese Fragmente von allem anderen aus Brechts Produktion unterscheidet.[23] Therese, Fatzers Geliebte und Frau eines der Deserteure, spielt eine entscheidende Rolle in meiner (Re)Konstruktion. Zum Warten in einem kleinen Zimmer verurteilt, mit nur einem Bett und vier ausgehungerten Deserteuren, nimmt sie das Blatt vom Mund:

DIE KAUMANN
Eßt ihr alle? Braucht ihr
Keine Löffel mehr oder
Zwei Löffel? Bist du
Zufrieden,
zu Kaumann:
brauchst
Du nichts sonst? Aber wenn
Du nicht sprichst, will ich
Sprechen, und wenn du nie
Allein bist, will ich's vor
Ihnen sagen, die sich da an
fressen.
Zu Fatzer:
Aber dich haß
Ich am meisten, denn du
Könntest zu fressen suchen.
Drum frag ich euch: wollt ihr
Euch nicht/die Luft anschaun
Mitunter oder ihr geht hinaus
Auf den Abtritt, daß ich den meinen
Allein treff, ich sag's jedem:
Er soll mir an die Beine
Langen, es dauert ein paar
Minuten, ihr entschuldigt's so lang
Drauf hab ich Anspruch.
KAUMANN
Halt dein Maul! Hast du
Keine Scham?
DIE KAUMANN
Grad die fehlt mir.[24]

23 Für Hans-Thies Lehmann ist eben die Spannung zwischen dem Sexuellen und dem Politischen der eigentliche Grundkonflikt (das Furchtzentrum) im *Fatzer*-Komplex. Er schreibt: „*Fatzer* ist also in mehr als einer Hinsicht ein Schlüsseltext Brechts: es geht um die Frage eines möglichen Subjekts des politischen Handelns und seine Sexualität. [...] An der Sexualität droht das ganze politische Projekt des kommunistischen Kollektivs zu scheitern." (Hans-Thies Lehmann: Sexualität: Ein „Furchtzentrum" in Brechts Werk. In: Ders.: *Das Politische Schreiben*. Berlin: Theater der Zeit 2002, S. 238–249, hier S. 240–241.)

24 Brecht: Fatzer, S. 418.

Und, als Einstieg in eine von Brechts explizitesten Sex-Szenen überhaupt, fährt Fatzer fort:

> Tust du es nicht mit allen, an die du denkst, wenn du dich selbst befriedigst – mit Fremden, die vorübergingen und den Hut schief aufhätten, mit Koch wohl auch, mit mir, sogar mit Hunden?[25]

Auch das Hunger-Motiv, die Rolle von Speisen und Essen, schaffen in den *Fatzer*-Fragmenten ein nahezu körperliches Spannungsverhältnis oder einen Kontrapunkt zwischen primären (egoistischen) Bedürfnissen auf der einen und politischer Reflexion, Solidarität und Disziplin auf der anderen Seite:

> FATZER
> Ist doch mein Leben kurz und bald aus und unter den Gehenden
> Werde ich nicht mehr gesehn. Selbst im Kampf muß ich atmen
> Essen und trinken wie sonst. Vielleicht dauert er ewig
> Nämlich länger wie ich und dann hab ich erschlagen
> Überhaupt nicht gelebt.[26]

Die Fetischisierung des ‚Negativen' – der postmoderne Irrtum

Ich glaube, dass ein anderer Grund für die ‚klassische' postmoderne Begeisterung und den aufrichtigen Respekt für das *Fatzer*-Material in einem unartikulierten Gefühl von Übereinstimmung mit dem durchgängig negativen oder pessimistischen Grundton dieser Fragmente liegt: Die Unmöglichkeit der Revolution, die Ohnmacht gegenüber dem politischen und historischen Zustand als Lebensgefühl passen zum Übergang von den politisierten 1970er Jahren zum individualisierten und lebensbejahenden „Rechtsruck" der 1980er Jahre. Aber – und hier wage ich eine These: durch die nachgerade Feier des Aufgelösten, durch die Fetischisierung des ‚Unmöglichen', Negativen und Ohnmächtigen, geht gerade die Kraftanstrengung verloren, aus der die *Fatzer*-Fragmente geboren sind und aus der sie ihre poetische und politische Kraft ziehen. Nimmt man Ohnmacht, Unmöglichkeit und nachtschwarzen Pessimismus als *gewollten* Ausgangspunkt, droht meiner Meinung nach das gesamte Fatzer'sche Projekt zusammenzubrechen, sowohl als Dichtung als auch als (theater)historisches Forschungsdokument.

25 Brecht: Fatzer, S. 471.
26 Ebd., S. 489.

Fatzers Baal

FATZER
Das brauchst du nicht.
Morgen geht es noch nicht los
Und so lang bleiben wir hier
bei Dir,
friß es gleich und
Mach keine Versuche! Es
nützt
Nichts![27]
Das kann
Noch dauern. Aber ich hab die
Augen offen gehabt und gesehn,
daß
Eine neue Zeit anfängt
und
Mit dem Volk
Etwas und was noch nie war
Und man sieht Leute herum-
gehn, die
Man sonst nie gesehn hat, das
Kommt
Weil alles, was unten ist
Heraufkommt
Wo früher
Ein Mensch war und ein anderer
Da ist jetzt die Masse, ein
Massemensch und es bleibt alles
Zusammen
Und geht nicht mehr in die
Häuser[28]
Ich aber verbürg mich, daß
Ihr Essen kriegt bis dahin und
Durchkommt
Denn jetzt stehn wir
An der Schwelle von dem Land
Das uns gehört.[29]

Das Problem mit einer Annäherungsweise, die in hohem Maß dem ‚Negativen' am *Fatzer*-Projekt huldigt, ist, dass diese auch Gefahr läuft, den „Egoisten Johann Fatzer" als lebensbejahendes Subjekt zu sehen, das sich jeder Form von Organisierung und kollektivem Zwang entzieht. Nicht nur das *Fatzer*-Material als Ganzes,

27 Ebd., S. 409.
28 Ebd., S. 409–410.
29 Ebd., S. 410.

sondern auch der Fatzer-Charakter selbst brechen mit dem romantisch-expressionistischen Klischee vom ‚wilden Lebemann', der in Opposition zur ‚traditionellen' Welt steht. Fatzer ist kein Baal, nicht der ungestüme Künstler und Lebemann, Kraftzentrum des gleichnamigen Stücks des jungen Brecht. Ebenso wenig erfüllt der Fatzer-Charakter das ‚Anarchisten-Schema', das häufig die Heldenrollen linksgerichteter Kunstproduktionen prägt. Der Egoist Fatzer ist auch nicht identisch mit dem unerschütterlichen Individualisten des Liberalismus, nicht mit dem entfremdeten Opfer des Expressionismus, wie man es zum Beispiel bei Franz Kafka findet. Das Spannungsfeld – das eigentliche Schlachtfeld – Fatzer ist all das zusammen, aber eigentlich auch noch mehr: Einerseits ist er der Dissident, der sich weigert, den eigenen Genuss und Gewinn zu Gunsten seines politischen Gerechtigkeitskampfes aufzugeben, andererseits sieht er gleichzeitig vielleicht mehr als sonst jemand die Notwendigkeit von Disziplin, Ordnung und verpflichtender Interaktion. Sich für die Organisation zu opfern, ist gerade kein fremder *Gedanke* für Johann Fatzer; es ist ein fremdes *Gefühl*. „Ich bin für Zusammenbleiben"[30], wiederholt der ‚Egoist' und appelliert an seine Mit-Deserteure, alle für einen im Versteck auszuharren. Gleichzeitig ist er der Erste, der mit der Forderung nach kollektiver Disziplin bricht:

30 Brecht: Fatzer, S. 488.

FATZER
Allen Menschen zugleich gehört die Luft und die Straße
Frei zu gehen im Strom der Verkehrenden
Menschliche Stimmen zu hören, Gesichter zu sehen
Muß mir erlaubt sein.
Ist doch mein Leben kurz und bald aus und unter den Gehenden
Werde ich nicht mehr gesehn. Selbst im Kampf muß ich atmen
Essen und trinken wie sonst. Vielleicht dauert er ewig
Nämlich länger wie ich und dann hab ich erschlagen
Überhaupt nicht gelebt. Auch die Brust wird verkümmert
In den Verstecken und wozu noch verbergen
Einen verkommenen Mann. Das alles beweist, daß ich gehen kann
Wie's mir beliebt und wohin ich will.[31]

In diesem Bogen erhält nicht nur die Fatzer-Figur, sondern das gesamte Material seine poetische und politische Spannung. *Fatzer* etabliert nicht einfach den Gegensatz zwischen dem Egoisten und ‚den anderen'; der Kommunist wird nicht zu Gunsten des Anarchisten, der Bürokrat nicht zu Gunsten des Künstlers abgelehnt, diese Gegensätze werden vielmehr zu notwendigen Gegensätzen in ein und demselben aktivistischen und engagierten Menschen. So entsteht in *Fatzer* ein politischer Existenzkampf, eine Dialektik, die sich nicht einfach in Gut und Böse, Täter und Opfer, strategisch-zynischen und authentischen Menschen auflösen lässt.[32] Damit schaffen die Geschichten über den Untergang des Egoisten die Annäherung an ein Tabu der modernen, liberalen Gesellschaft: Im *Handeln* muss immer bereits eine Form von Zynismus liegen. Der Handelnde muss Entscheidungen treffen, durchgreifen: eine Sache bejahen, eine andere verneinen. Zu sich hinziehen, von sich wegstoßen. Im Nicht-Handeln – in der Passivität – ist der perfekte Ort für Moralismus und Anklagen geschaffen. Beim Handelnden, in der Aktion, wird Zynismus sichtbar. Beim passiv Abwartenden

31 Ebd., S. 489.

32 Ich kannte einmal einen norwegischen Autor der Linken, dem es in den 1960er und 1970er Jahren nicht gelang, sich den Forderungen unterschiedlicher radikaler Parteien nach Disziplin und Gehorsam unterzuordnen, der aber ebenso wenig mit der Rolle als freier und gefeierter ‚Dissidenten-Künstler' während der Rotwein-Abendmahle der Linken zurecht kam. Als er sich – da er es als politische Notwendigkeit betrachtete – zum Schluss entschied, weg vom Kaffeetisch in die Parteipolitik zu gehen, sich aufstellen zu lassen, im Gemeindesaal anzutreten usw., wählte er gerade die am wenigsten ‚künstlerischen' Ausschüsse, die er finden konnte, und landete bewusst in der Arbeitsgruppe für Wohnungsbau und Straßenplanung. Genau das, glaube ich, hätte Fatzer auch getan. Ob dies selbst eine ‚künstlerische' Entscheidung war – eine Performance – hängt vom Blickwinkel ab (und den dahinterliegenden Interessen).

tarnt sich dieser Zynismus hinter Moralismus, d. h. im Verurteilen des Zynischen beim Handelnden. Das ist die Position einer Diskussionsleitung. Sie handelt nicht selbst, sondern lebt, um zu beurteilen und zu verurteilen – und vom Beurteilen und Verurteilen von Handlungen.[33]

Fatzer – musikdramaturgisch realisiert: eine notwendige Voraussetzung

In meinem Buch *Gegenseitige Verfremdungen*[34] betrachte ich *Die Maßnahme* vor allem als genuin musikdramaturgische Komposition: Gegen eine analytische und literaturtheoretische Annäherung an das Werk argumentiere ich hier für ein Verständnis des Lehrstücks als neues und anti-thetisches, d. h. anti-wagnerianisches „Gesamtkunstwerk". *Die Maßnahme* ist kein „Stück von Bertolt Brecht", sondern eine durchstrukturierte Komposition für Chor, Schauspieler, Tenor und Orchester, realisiert als durchgreifendes Kooperationsprojekt zwischen Hanns Eisler und Bert Brecht, unterstützt vom Regisseur Slatan Dudov.

Die Erfahrungen aus dieser Detailstudie lagen auch der (Re)Konstruktion und szenischen Realisierung von *Fatzer* zugrunde. Ich glaube – und ich glaube, ich habe Recht damit –, dass *Fatzer* nie als literarisches ‚Drama' gemeint war, sondern dass es sich auch hier, durch unterschiedliche Arbeitsphasen, um ein musikdramaturgisches Experiment handelt. Dass Brecht in diesem Zusammenhang noch in den 1950er Jahren Hanns Eislers Namen nennt, ist dabei von geringerer Bedeutung als die tatsächlich hervorgehobene Rolle der Chöre in den *Fatzer*-Fragmenten. Mit Chor und Gegenchor erhalten die Fragmente klare musikalische Ansätze und knüpfen an Schreib- und Arbeitsformen an, die sowohl in Brechts/Eislers *Die Mutter* als auch in *Die Maßnahme* wirksam sind. Für mich wurden diese Einladungen, entlang der musikdramaturgischen Ansätze weiter zu komponieren, nicht nur wesentliche, sondern absolut notwendige Voraussetzung, um *Fatzer* als audiovisuelle Komposition zu (re)konstruieren. Nicht zuletzt der Ehrgeiz, den Kontrapunkt zwischen sinnlicher Unmittelbarkeit und reflexiver Distanz

33 Heiner Müller schrieb treffend über unsere westliche Zivilisation als „Zivilisation der Stellvertretung" (im Vorwort zu Brecht: *Der Untergang des Egoisten Johann Fatzer*, S. 9). Unser Problem – so behauptet er – sei, „dass man Töten denken kann" (ebd., S. 10), aber ohne dass wir es selbst tun wollen.

34 Tore Vagn Lid: *Gegenseitige Verfremdungen. Theater als kritischer Erfahrungsraum im Stoffwechsel zwischen Bühne und Musik*. Frankfurt am Main: Peter Lang 2011.

zu realisieren, machte die musikalischen Parameter entscheidend und gab die Richtung für die Auswahl sowohl des musikalischen Materials als auch der Kompositions- und Arrangementtechnik vor. Weil keine Musik existiert, die konkret zum *Fatzer*-Material geschrieben wurde, wählte ich zunächst musikalisches Material, das in Zeit, Wirkungsgeschichte und Technik dem Gestus und ‚Zeitgeist' der Fragmente nahekommt. Die Musik von Hanns Eisler sollte rekomponiert und zugleich umfunktioniert werden und dies in Dialog gesetzt werden zu Klaviermusik von Dmitri Schostakowitsch. Das Material schrieb ich heraus und setzte es für Chor, zwei Klaviere, Elektronik, Solisten und Schauspieler, in szenischen Arrangements, in denen Chor, Musikern und Solisten die gleiche Bedeutung wie den Schauspielern zukommt. Da ich die traditionelle Bühnenlösung mit Zentralperspektive auflöste und stattdessen den gesamten Raum als Bühne nutzte, konnten sich die Akteure frei unter, zwischen (und mit) dem Publikum in einem gemeinsamen sozialen Raum bewegen. Breiter Einsatz von Hörspiel, Live-Projektion und die Platzierung von insgesamt 15 Lautsprechern machten den Dialog zwischen eingespielter und Live-Musik wirkungsvoll und ermöglichten es, Kraft und Klang des Chores akustisch zu manipulieren. Auch das utopische Moment: die erlösende Revolution, auf die die

Deserteure warten, konnte so nicht nur ‚gedacht' oder ‚postuliert', sondern auch sinnlich wahrgenommen werden in der Kraft eines erweiterten Orchesters, das – wie verheißen – spät im Verlauf der Vorstellung auftrat, um unmittelbar darauf den Raum zu verlassen und alle – sowohl die Deserteure als auch das Publikum – in ohnmächtiger Leere zurückzulassen. So konnte das *Fatzer*-Material auch zum Überdenken und Experimentieren mit den Möglichkeiten des Musiktheaters als produktiver Ansatz dienen: in Richtung eines erweiterten kritischen Erfahrungsraums im ‚Stoffwechsel' zwischen Bühne und Musik.

Wenn das Politische existentiell wird – und das Existentielle politisch

In Geschichte(n) über Johann Fatzer reißt und zerrt die instrumentelle Forderung des Kommunismus, die Anforderung von Selbstdisziplin und Aufopferung, an den Hauptpersonen. Fatzer wird jemand, der einerseits selbst die Notwendigkeit des politischen Projekts, für das er sich einsetzt, sieht, der sich jedoch andererseits gegen die Konsequenzen seiner eigenen Entscheidung sträubt. Der Konflikt wendet sich nach Innen, er implodiert, wie man sagt. Politik wird Existentialismus, oder richtiger, das Politische und das Existentielle kollidieren in ein und derselben Person. Aber gerade

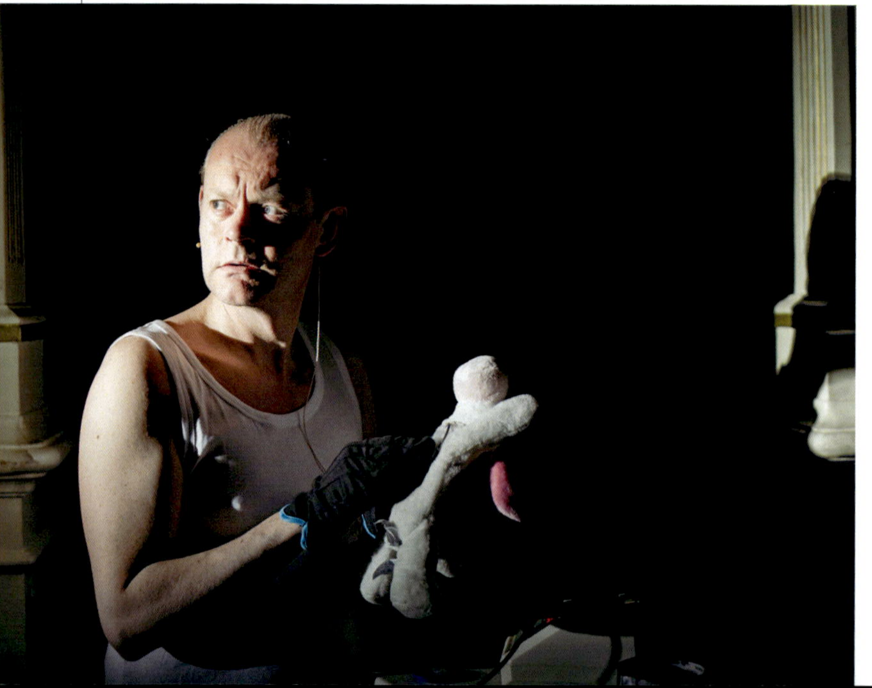

deswegen wird die Umgebung – ‚die Anderen' – hinein und hinunter gezogen in den Kampf dieses ‚Egoisten' mit sich selbst. Die Dialektik ist gnadenlos: Fatzers Kampf ist *existentiell notwendig und politisch zerstörerisch* zugleich, wie der Chor sagt:

ZWEI CHÖRE:
Aber als alles geschehen war, war da
Unordnung. Und ein Zimmer
Welches völlig zerstört war, und darinnen
Vier tote Männer und
Ein Name![35]

Brecht selbst wusste es 1931 noch nicht, aber auch seine Weltrevolution würde nicht kommen, ebenso wenig wie die von Koch und Fatzer 1917. Der Versuch, im Januar 1919 die russische Revolution nach Deutschland zu bringen, scheiterte brutal: die Spartakistenführer Rosa Luxemburg und Karl Liebknecht wurden getötet, erschlagen von konservativen Kräften im Verbund mit rationalen Sozialdemokraten. Die Linke half, die Eigenen zu ermorden. Die Revolution bekam buchstäblich den Kopf eingeschlagen von linken und rechten Bürokraten der ‚Vernunft'. Die Hoffnung auf eine neue Möglichkeit, eine neue Revolution, endete in den 1930er Jahren in den nationalsozialistischen Internierungslagern für Kommunisten, und unter Stalins Führung gingen Lenins alte Bolschewiken mit Nackenschüssen aufeinander los. Die Moskauer Prozesse waren damit die ersten, die die Prophezeiungen Keuners, des pessimistischsten der Deserteure im neuen *Fatzer*-Manuskript, einlösten:

KEUNER
Die Schlacht hat uns
Nicht umgebracht, aber
Bei ruhiger Luft im stillen Zimmer
Bringen wir uns selber um.[36]

Der Grund? Vielleicht ist er in der Gruppe der Deserteure in ihrem winzigen Versteck zu finden – unter vier Männern in derselben Situation, mit demselben Ziel, demselben Ausweg. Vier Deserteure, die zusammenhalten müssen, einander aber dennoch am Ende töten. Das Warten dieser vier wird zum Warten einer Zivilisation auf eine Welt, die endlich einmal ‚besser werden' soll. „Was soll getan werden?" schrieb Lenin 1902, und „Was soll getan werden?" fragte Al Gore hundert Jahre später. Heute sind sich alle einig,

35 Brecht: Fatzer, S. 477.

36 Brecht: *Der Untergang des Egoisten Johann Fatzer*, S. 61.

dass ‚etwas getan werden muss', und während wir auf die Lösungen warten – warten wir. Wie auch die kleine Gruppe Deserteure wartet. Und in dieser Wartezeit leben wir unsere Leben, und in den kleinen Entscheidungen, die wir treffen – und die sie trafen –, spiegelt sich die Wegewahl der Menschheit. Der Kampf zwischen den vieren wird unser Kampf – ein Stellungskampf, in uns ebenso wie zwischen uns.

Mir hat das *Fatzer*-Material einen Zugang zu dem Versuch ermöglicht, das politische Ohnmachtsgefühl zu verstehen (und zu artikulieren), das revolutionäre Alternativen inmitten einer gewaltsamen Zeit globaler Systemkrisen verzehrt. Im Angesicht einer neuen und blutigen Ära geschrieben, während die Unterdrückten der Erde vergebens auf Zusammenbruch und Revolution warteten, gibt es der Krise selbst eine Sprache, findet seinen Grundton in der doppelten Einsicht, dass etwas so nicht weiter gehen kann – und dass gleichzeitig gerade das geht. So weckt dieses Brecht'sche ‚Ur-Material' das beunruhigende Gefühl, eine ganze Welt politischer Paradoxa als Widersprüche in einem selbst wiederzuerkennen.

Aus dem Norwegischen von Stefanie Plappert

Brecht im heutigen Norwegen

Ragnhild Freng Dale

„Die Welt ist in der Krise, und ein altes Gespenst tritt auf", schrieb Fredrik Wandrup in einer der größten Zeitungen Norwegens im Frühling 2012.[1] Das Gespenst war Bertolt Brecht, und es konnte der Eindruck entstehen, am norwegischen Theater stünde ein Brechtfrühling in voller Blüte. Ganze drei der 17 norwegischen Institutionstheater – Det Norske Teatret („Das Norwegische Theater") in Oslo, Den Nationale Scene („Die Nationale Bühne") in Bergen und das Trøndelag Teater („Trøndelag Theater") in Trondheim – präsentierten den alten Systemkritiker stolz als eine Hauptproduktion der Saison. Einige Monate später hatte Tore Vagn Lids *Fatzer* neben norwegischen und internationalen Arbeiten Premiere bei den Festspielen in Bergen. Außerdem spielte die Gruppe Verk Produksjoner 2011 ein Stück über den Theatermann und Menschen Bertolt Brecht, und das Trøndelag Teater inszenierte die *Dreigroschenoper*. Was lag diesem ‚Frühling' zugrunde und wie wurden Brechts Themen und Stücke behandelt, angenommen und – nicht zuletzt – weiter entwickelt, um in unserer Zeit Gültigkeit zu erhalten?

Dieser Artikel skizziert den Hintergrund der Rezeption von *Fatzer* in Norwegen, mit einem Schwerpunkt auf den Premieren des letzten Jahres. Dieser lässt sich nur mit einem Blick auf die aktuelle Rolle des Theaters in der norwegischen Öffentlichkeit und einem knappen historischen Abriss dessen verstehen, wie Brecht zuvor auf norwegischen Bühnen eingesetzt und angenommen wurde. Damit hoffe ich, deutschen LeserInnen eine ‚Karte' zu zeichnen, die verdeutlicht, wo Tore Vagn Lid und seine *Fatzer*-Produktion in der norwegischen Theaterlandschaft zu verorten sind.

Brecht in Norwegen allgemein

Norwegen anno 2012 ist eine ganz andere Welt als die, für die Brecht vor mehr als 70 Jahren in Berlin schrieb. Es gibt relativ wenig Forschung über Brechts Rezeption in Norwegen, und diese besteht – abgesehen von einem oder zwei Büchern zur Aufnahme

1 Fredrik Wandrup: Bertolt Brecht settes opp på teatrene og feires i alle kanaler. In: *Dagbladet*, 16.01.2012.

des deutschen Regisseurs hier im Norden[2] – hauptsächlich aus Sammlungen von Zeitungsausschnitten und Rezensionen. Auch historisch betrachtet unterscheidet sich Norwegens Theaterlandschaft markant von der deutschen und die historische Entwicklung des Landes verlief ganz anders. Die norwegische Theatertradition ist bedeutend jünger: Norwegen erhielt erst Ende des 19. Jahrhunderts, mit Bjørnstjerne Bjørnson, ein eigenes Theater, eine Entwicklung, die von Henrik Ibsen weitergeführt und stark beeinflusst wurde. Zusätzlich geprägt wurde die norwegische Theatergeschichte von der Bedeutung Ibsens als größtem Dramatiker unseres Landes. Ibsen schrieb innerhalb des Realismus, der die Entwicklung des Schauspielstils und die generelle Haltung der Gesellschaft zum Theater prägte und ebenso, in welcher Form andere Theaterströmungen Einfluss auf das Bühnengeschehen des Landes nehmen konnten. Das Erbe Stanislawskis ist ungebrochen stark in Norwegen, besonders in den Institutionstheatern und in der Ausbildung an der einzigen staatlichen Theaterhochschule des Landes. Zur gleichen Zeit als Brecht an Inszenierungen des epischen Theaters und der Entwicklung seines Verfremdungseffekts arbeitete, wurde der Ibsen'sche Realismus in Norwegen perfektioniert. Zuvor hatten sich mehrere bedeutende Theaterleute – nicht zuletzt Ibsen selbst, gefolgt von Bjørnson und einer starken Traditionslinie an Regisseuren – für die Überzeugung ausgesprochen und in ihr inszeniert, dass Theater so naturgetreu und realistisch wie möglich zu sein habe, sowohl im Hinblick auf das Einfühlen des Schauspielers in die Rolle als auch auf die Gestaltung des Bühnenraums.

Brecht ist hier dennoch weit entfernt davon, unbekannt zu sein. Seine Stücke erfuhren eine Phase hoher Popularität in den 1970er Jahren, in der Blütezeit politischen Engagements und experimenteller Annäherungsformen. Der Autor und Dramatiker Klaus Hagerup bezeichnet ihn als eine der Inspirationsquellen für seine Arbeit am Hålogaland Teater, als dieses 1971 zu einem professionellen Regietheater wurde.[3] Gemeinsam mit den anderen am Hålogaland Teater wollte Hagerup ein Volkstheater schaffen, das sich der sozialen Gegensätze in Nordnorwegen annahm. Sie spielten unter anderem *Die Gewehre der Frau Carrar*, das sie in Verbindung

2 Vgl. Isabella Antonia Kortz: *Bertolt Brecht in Skandinavien*. Saarbrücken: Dr. Müller 2007; Jens Bjørneboe: *Om Brecht og Om Teater*. Oslo: Pax 2003.

3 Klaus Hagerup: Brecht, 70-tallet og Hålogaland Teater. In: *Norsk Shakespeare- og teatertidsskrift*, 3–4/2006, S. 58–61.

zu gegenwärtigen Konflikten entlang der Küste setzten. Hagerup empfand eine solche Aktualisierung als essentiell und kritisierte das „Museumstheater" des Berliner Ensembles, das sei, „als ob das Theater seine Vorstellungen in einer anderen Zeit spiele".[4]

Der Autor und Journalist Jens Bjørneboe lobte demgegenüber dasselbe Berliner Ensemble für sein gesellschaftliches Engagement, seinen Schauspielstil und seine Deutungskraft über die Botschaft.[5] Er war außerdem tief beeindruckt von der Fähigkeit des Ensembles, Brechts Theater weiter zu führen, und plädierte in seinen Texten energisch dafür, dass Norwegen das Politische an dieser Theaterform aufnehmen solle. Dies geschah nur teilweise. Auch wenn die allgemeinen politischen und gesellschaftlichen Verhältnisse dafür sorgten, dass politisches Theater, und damit Brecht, wohlwollend aufgenommen wurde, war er doch nie so beliebt – oder umstritten – wie in Deutschland. Viele Aufführungen fanden statt, aber Brechts Form und Ästhetik wirkten in Norwegen stärker als sein politisches Erbe. Der psychologische Realismus wurde herausgefordert, Elemente von Verfremdung, Genremischung und Satire wurden zunächst als Wirkungsmittel eingesetzt und sind seitdem ins norwegische Theater eingegangen. Denn obwohl die 1970er Jahre eine stark politische Periode waren, in der alles, von der Uraufführung bis zu Ibsen, eine revolutionärere Form erhielt (beispielsweise die Inszenierung von *Ein Volksfeind* im Nationalteatret 1979, die den kontroversen Alta-Konflikt aufnahm und damit heftige Reaktionen hervorrief[6]), wurde dies in der norwegischen Öffentlichkeit doch rasch wieder vertuscht. Die politische Periode hatte eine kurze Blütezeit, und in den folgenden Jahren sollte das Theater wieder an die Seitenlinie der gesellschaftlichen Debatten rutschen.

Die 1980er und 1990er Jahre waren lange nicht so politisch wie die vorausgegangene Periode. Es fand die eine oder andere Brecht-Aufführung statt, doch im Großen und Ganzen wurde seinem Werk in Norwegen nicht viel Aufmerksamkeit zuteil. Dennoch sind knapp

4 Hagerup: Brecht, S. 61.

5 Siehe hierzu seine Äußerungen in Bjørneboes Artikelsammlung *Om Brecht*, passim.

6 Der „Alta-Fall" bezieht sich auf den Streit um den Ausbau des Alta-Kautokeino-Flusslaufs, ein Konflikt, der eine ausgesprochen wichtige Rolle in der kulturellen und politischen Geschichte Norwegens einnimmt. Die Pläne betrafen sowohl Flora als auch Fauna, sowie auch kulturelle Gebiete der Samen. Von 1962 bis 1982, bis der Oberste Gerichtshof entschied, dass der Ausbau legal war, wurden die Auseinandersetzungen kontrovers und mit einer Reihe von Aktionen und zivilem Ungehorsam geführt.

15 Aufführungen des Dramatikers im Archiv des Nationalteatret belegt, und eine Handvoll weiterer in unregelmäßigen Abständen auf den anderen Bühnen. Und es wurde nicht nur Brecht nicht gespielt; das Theater beschränkte generell sein politisches Engagement. Dies bezeichnet ein Symptom, auf das auch Tore Vagn Lid hinweist – dass nämlich das politisch Korrekte im norwegischen Gegenwartstheater darin bestand, der Politik und allem, was einen Hauch von Engagement und Verantwortung enthielt, so weit wie möglich auszuweichen.[7] Damit ist die Ästhetisierung von Brecht üblicher als der Blick auf seine politische Botschaft.[8]

Als das Hålogaland Teater die *Dreigroschenoper* aufführte, zu seinem Jubiläum im Jahr 1996 inszeniert von dem Niederländer Jos Groenier, schrieb einer der Rezensenten: „Der Gesellschaftskritiker ist tot, aber der Theatermann lebt"; und dass „Humor und Spitzen in einem geschlechtslosen Unterhaltungspaket verdampften".[9] Das ist eine natürliche Folge der Tatsache, dass das Theater nicht die wichtigste Arena für gesellschaftliche Debatten im heutigen Norwegen ist und ein Brecht'sches dialektisches und politisches Theater schlechte Wachstumsvoraussetzungen hatte. Gleichzeitig haben Elemente daraus, nicht zuletzt Verfremdungselemente und das bewusste Mischen von Genres, ihren Weg auf norwegische Bühnen gefunden, wenn auch oft ohne nachzuvollziehen, woher sie eigentlich stammen. Das Politische ist hinter die Seitenlinie verbannt und wird bisweilen noch zusätzlich zugedeckt aus Angst, es könne schlecht aussehen. Die jüngste Diagnose der Kulturhistorikerin Anne Bamford ist noch schlimmer, die Kunst sei nicht nur entpolitisiert, sondern vollkommen ungefährlich gemacht: Kunst in Norwegen ist „nett" – nicht wichtig.[10]

Ein Folgeeffekt, der zugleich teilweise ein Grund für diese Entwicklung ist, ist, dass Theater nur marginal in den Medien, die der norwegischen Öffentlichkeit berichten, präsent ist. Carl Morten Amundsen schrieb 2012, der Stellenwert des Theaters in

7 Tore Vagn Lid: Politisk teater på kunstens premisser. In: *Localmotives,* 12/2002.

8 Jens Bjørneboe warf schon in den 1970er Jahren die kritische Frage auf, ob die politische Theaterwelle überhaupt politisch gewesen sei, als er schrieb, dass die einzige Debatte, die Brechts Theater in Norwegen wecke, formal-ästhetischer Art sei (in: *Bergens Tidende,* 27.04.1971, wiederabgedruckt in: *Om Teater,* S. 164–165).

9 Hans Rossiné: Brecht på trynet. In: *Dagbladet,* 21.04.1996.

10 Veslemøy Hedvig Østrem: I Norge er kultur koselig, men ikke særlig viktig. Intervju med Anne Bamford. In: *Dagbladet,* 16.04.2013. Anne Bamford publizierte 2011 die Studie *The Impact of Arts and Cultural Policy in Norway.*

der Öffentlichkeit – in der Berichterstattung der Presse – sei vom „Ausgangspunkt für die Diskussion von gesellschaftlichen Zuständen oder Einstellungen zur Zeit“ zu einer Ware gesunken, die in kurzen Rezensionen, ausschließlich auf Institutionstheater, wiederkehrende Erfolgsstücke und Bekanntheitsgrad fokussiert, verkauft werde.[11] Die Diskussion rund um Theater und Gesellschaft hat sich gleichzeitig von öffentlichen Medien in Zeitschriften wie die *Norsk Shakespeare- og teatertidskrift,* die Webseite *scenekunst.no* und andere Plattformen verlagert, die größtenteils von einem begrenzten Bevölkerungsanteil frequentiert werden. Die Diskussion ist damit weniger zugänglich und in der öffentlichen Auseinandersetzung weniger präsent und findet – da sie von Interessierten und nicht einer breiteren Bevölkerungsschicht geführt wird – eher in einem spezialisierten als einem öffentlichen Raum statt.

Brecht und Norwegen 2012

Es war daher hoch interessant zu beobachten, was im Frühling 2012 geschah, als die oben genannten Brecht-Inszenierungen an den Institutionstheatern im ganzen Land gespielt wurden und in den meisten Zeitungen des Landes große Aufmerksamkeit erhielten. Die Wirtschaftskrise und zunehmende Kritik am kapitalistischen System konnten und sollten Brecht höchst aktuell machen, oder, wie es Philip Tiedemann, der bei der Nationalteatret-Aufführung von *Der gute Mensch von Sezuan* Regie führte, ausdrückte: es schien, als hätte die Zeit Brecht wieder eingeholt – nicht *vice versa*.[12] Zwei Stücke hatten bereits im Jahr zuvor Premiere: eine neue Version der *Dreigroschenoper* am Trøndelag Teater – im Dialekt – und eine neugeschriebene Theaterarbeit von und mit der Gruppe Verk Produksjoner, die sich auf Brechts Aufenthalt in Finnland zu Beginn des Krieges stützte. Untersuchen wir genauer, welche Stücke die größte Aufmerksamkeit bekamen, können wir dennoch feststellen, dass die Aufmerksamkeit der norwegischen Presse nicht nur der Aktualität, sondern auch in hohem Grad der Tatsache geschuldet war, dass nun zeitgleich mehrere Institutionstheater inszenierten, was zuvor kontroverse Klassiker gewesen waren.

Was machte Brecht plötzlich aktuell? Der Regisseur von *Arturo Ui*, Harry Guttormsen, verglich die Hauptperson mit Silvio

11 Carl Morten Amundsen: Teatret i det offentlige rom. http://www.scenekunst.no/pub/scenekunst/main/?aid=2625 (Zugriff am 25.02.2013).

12 Jonas Rein Seehus: Ny vår for Brecht. In: *Dagbladet*, 09.01.2012.

Berlusconi und meinte, dass es Brechts „comicartige" Vorstellung des Kampfes zwischen guten und bösen Mächten sei, die ihn relevant für die Gegenwart mache.[13] Marit Moum Aune, Regisseurin von *Mutter Courage* an Den Nationale Scene in Bergen, verwies auf die Normalisierung von Krieg und Leiden in der Gesellschaft und auf die Notwendigkeit, diese herauszufordern. Und Edvard Hoem, der *Der gute Mensch von Sezuan* für Det Norske Teater in Oslo neu ins Norwegische übersetzte, meinte, dass uns die dicken Menschen in Tiedemanns Inszenierung an unsere Konsumkultur erinnern, die sich in dem widerspiegele, was auf der Bühne passiert.[14] Es gibt Güte unter den Menschen, aber sie prägt nicht die Einstellung der gesamten Gesellschaft.

Die Presse lobte die Bedeutung und Gültigkeit solcher Stücke, wenn auch einzelne Stimmen – wie etwa der norwegische Dramatiker Finn Iunker – behaupteten, beim Brechtfrühling ginge es mehr darum, dass Brecht weltberühmt und ‚politisch' sei, als um eine tiefe Auseinandersetzung mit der Thematik der Stücke.[15] Hatte er Recht? Die Vorstellungen waren gut besucht und riefen ein gewisses Maß an Beteiligung und Diskussion hervor. Die Hauptdarstellerin aus *Der gute Mensch von Sezuan*, Ane Dahl Torp, gewann darüber hinaus den renommierten norwegischen „Hedda-Preis" für Bühnenkunst für die *Beste Weibliche Hauptrolle*. Andere fanden, es handle sich um eine „naive" Huldigung Brechts.[16] Und mitten hinein in die Lobeshymnen über die Fähigkeit, Stücke zu aktuellen gesellschaftlichen Themen zu inszenieren, lässt sich fragen, ob diese Inszenierungen wirklich ein Zeichen dafür sind, dass die Zeit Brecht wieder eingeholt hat, oder ob es Kapitalismus und Unterhaltungsindustrie gelungen ist, sich einen weiteren Systemkritiker zu Gunsten eines Unterhaltungstheaters mit einer Prise Aktualität einzuverleiben?

Wo fängt man an, eine solche Frage zu beantworten? Allen genannten Regisseuren gemeinsam ist die Vorstellung, dass „das Volk Aufklärung braucht", und Brechts Einsicht mit seiner politischen

13 Seehus: Ny vår for Brecht.

14 Sissel Svendsen: Hva nå, gode menneske? Intervju med Edvard Hoem. In: *Krigsropet*, 11/2012. http://www.frelsesarmeen.no/no/frelsesarmeens_arbeid/krigsropet/hoyre_kolonne/smakebiter_fra_magasinet/Hva+nå%2C+gode+menneske%3F.d25-SwdbI0V.ips#content (Zugriff am 24.05.2013).

15 Finn Iunker: Brecht på norske scener våren. In: *scenekunst.no*, 18.12.2012. http://www.scenekunst.no/pub/scenekunst/main/?aid=2335 (Zugriff am 26.05.2013).

16 Bård Larsen: Naiv Brecht-dyrking på DNS. In: *Bergens Tidende*, 08.02.2012.

Analyse von vor gut 70 Jahren ist auch heute noch gültig.[17] Es gibt jedoch einen wesentlichen Unterschied: während alle meinen, dass Volk brauche Aufklärung oder Reflexion, mahnt keine dieser Inszenierungen zu Aufruhr oder gesellschaftlicher Veränderung, sondern vielmehr zu einer reichlich düsteren Gesellschaftskritik. Es sagt wohl genug, dass nur das Trøndelag Teater ein pädagogisches Begleitprogramm für seine Vorstellungsserie ausgearbeitet hatte, das im Falle von *Arturo Ui* unterstreicht, dass die Inszenierung mehr als Warnung vor Rechtsradikalismus und aufkommendem Faschismus denn als radikales Brecht'sches Projekt gemeint war. Die Inszenierung enthielt auch ein Element der Publikumsbeteiligung, in der Marktszene befand sich das Publikum während Arturo Uis Rede plötzlich auf der Bühne. Mehrere Rezensenten empfanden dies als unangenehm, das aber wiederum auch als gutes Zeichen dafür, was der Regisseur erreichen wollte: vor dem Faschismus und der Gefahr, sich seinem Vormarsch nicht entgegenzusetzen, zu warnen. Die Reaktionen kamen dennoch nicht an diejenigen auf Heiner Müllers Inszenierung am Berliner Ensemble heran, die Therese Bjørneboe 2001 als geglücktes „Lusthaus und Horrorkabinett“[18] bezeichnete – am Trøndelag Teater war wohl einiges vom Horrorkabinett, den Rezensenten zufolge, im Modernisierungsprozess verloren gegangen.

Für die Aufführung von *Mutter Courage* an Den Nationale Scene (DNS) in Bergen war ein aktualisiertes Bühnenbild entwickelt worden, in dem Mutter Courages Wagen durch einen gewöhnlichen Einkaufswagen ersetzt worden war, in einer zeitgenössischeren Inszenierung, die gleichzeitig außerhalb der Zeit steht, gefangen in der ewigen Kriegsmaschine. Zum Stück war auch neue Musik geschrieben worden, um es in unsere Zeit zu überführen. Die Zeitung der Stadt, *Bergens Tidende*, schrieb begeistert, dass „Brecht das gefallen hätte!“, und sogar, dass die neue Intendantin Agnete G. Haaland damit die Messlatte für ihre Intendanz an der DNS hoch gelegt habe.[19] Die Regisseurin erntete gleichermaßen Lob für die Geschlossenheit und den Einsatz von Verfremdungsmitteln und dafür, am Schluss zu unterstreichen, dass Mutter Courage nichts aus ihren Erfahrungen lernt, das Publikum dies jedoch kann, da

17 Seehus: Ny vår for Brecht.

18 Therese Bjørneboe: Om Heiner Müllers iscenesettelse av Brechts *Arturo Ui*. In: *Norsk Shakespeare- og teatertidsskrift,* 1/2001, S. 26–31.

19 Jan H. Landro: – Dette ville Brecht likt! In: *Bergens Tidende,* 15.01.2012.

es das Ergebnis sieht. Therese Bjørneboe stimmte dem nicht zu und schrieb, dass ein zentraler Teil des Brecht'schen Projekts, die Mechanismen hinter dem Krieg zu zeigen, in der Version der DNS verloren gegangen sei, da diese sich in der Vorstellung der Gräuel des Krieges verliere.[20] Am Ende gäbe es keinen Trost, weil der Krieg immer weiter ginge. In einer solchen Analyse herrschen am Ende Ohnmacht und ein gewisser Zynismus darüber, wie die Welt heute aussieht. Das Publikum erfährt durch die Form des Programms als post-modernistischer Realismus ein kathartisches Erlebnis: wir *wissen* dass der Krieg weiter geht, aber wir tun nichts, weil es so aussieht, als läge es außerhalb unseres Handlungsraums, etwas dermaßen Abstraktes zu fassen zu bekommen.

Außerhalb der Institutionen fand die Premiere des Stückes *Build me a mountain!* von Verk Produksjoner statt. Die Gruppe wagt sich ebenso wenig an Gesellschaftskritik – eher an etwas, das man „Brecht-Kritik" nennen könnte, im Nachvollziehen der Bedingungen, unter denen er in Finnland lebte, und wie dies seine schriftliche Arbeit beeinflusste. Diese Brecht Kritik bot dennoch einige Provokationen, und mit ritualartigem, absurdem Schauspiel erntete sie positive Kritik für ihr, wie ein Rezensent schrieb, „durchgehend scherzhaftes und zugleich tief ernstes"[21] Theater. Das Stück wurde von mehreren Seiten positiv aufgenommen,[22] als treu gegenüber Brechts Ästhetik und dem Einsatz von Verfremdungseffekten mit ironischer Distanz und intelligenter Satire. Die ironische Distanzierung von Krieg, Wirklichkeit, Brecht selbst und Erzähltechnik im Theater sprachen die Rezensenten an, auch wenn lange nicht alle im Publikum gleichermaßen begeistert waren. Die Aufnahme, sowohl in Oslo 2011 wie auch später auf der Tournee durch Norwegen und Deutschland, zeigt, dass nicht-institutionelle Theatergruppen größere Beweglichkeit haben und Aufmerksamkeit erhalten können, während sie gleichzeitig mit ihren Stücken auf ganz andere Art relevant sein können als die oben genannten ortsgebundenen Aufführungen. Es ist dennoch schwierig zu beurteilen, inwieweit Verk Produksjoner einen politischen Effekt wünscht, und damit auch, wie dieser Intention begegnet wird. Die große gesellschaftliche Debatte haben sie nämlich nicht in Gang gesetzt. Auffallend

20 Therese Bjørneboe: Ufarlig Brecht. In: *Norsk Shakespeare- og teatertidsskrift,* 1/2012, S. 64.

21 Sigurd Ziegler: Elfenbenstårn med egen sauna. In: *Morgenbladet,* 01 12.2011.

22 IdaLou Larsen: En vanlig teaterhelg. In: *Klassekampen,* 28.11.2011.

wenig wurde über und um das Stück herum von den Mitwirkenden selbst geschrieben, vielleicht gerade weil die Diskussion über Brechts Leben im Vordergrund steht und weil üblicherweise die Institutionstheater die meiste Presseaufmerksamkeit erhalten.

Allen Inszenierungen ist gemein, dass die Kritiken im Schnitt gut waren, auch wenn sich nicht alle Rezensenten gleichermaßen begeistert zeigten. Die Hauptstadt-Inszenierung von *Der gute Mensch* spielte Zusatzvorstellungen, weil sie so beliebt war. Gleichzeitig wurde Brecht als Thema in der Internetausgabe der konservativen Zeitschrift *Minerva* und in den Kommentarspalten der Zeitungen des Landes heftig diskutiert. Diese Debatte machte den Anschein eines Kampfes gegen eine ‚unkritische' Betrachtungsweise von Brechts politischer Botschaft und Naivität,[23] schriftlich geführt von Historikern und Autoren der Rechten. Sie meinten unter anderem, dass die Medien Brecht umarmten, ohne seine Politik und seine Kapitalismusfeindlichkeit in Frage zu stellen.[24] Den Intendanten wurde vorgeworfen, Brecht zu banalisieren, während die Rezensenten, nach dieser Darstellung, den Totalitarismus und den Autoritarismus der Moskauer Prozesse angenommen hätten – als sei die bloße Inszenierung eines Brecht-Stücks gleichbedeutend damit, (fast) unabhängig davon, wie mit dem Stück umgegangen wird. Die Behauptungen wurden unter anderem von Kommentatoren zurückgewiesen, die darauf hinwiesen, dass man bei Brecht unabhängig von der eigenen politischen Einstellung Stoff für kritische Reflexion finden könne,[25] aber die Diskussion zeigt deutlich, dass selbst im Norwegen des Jahres 2012 eine latente Angst vor dem Kommunismus herrscht – oder vor dem Anti-Kapitalismus – und dass politisches Theater seltene Ware ist in einer Zeit, in der die eigene politische Meinung zwar Kritik ausdrücken darf, die Gesellschaft aber besser nicht zu Veränderung herausfordern sollte. Das zeigt außerdem, dass Brechts Rezeption in Norwegen von einem Dualismus geprägt ist, der oft die Nuancen in seiner Dialektik missversteht, und dass dies wiederum viel zum Hintergrund der gegenwärtigen Aufnahme und Deutung der Stücke beiträgt.

23 Bård Larsen: Brecht-bølgen – igjen. In: *Bergens Tidende,* 27.02.2012.

24 Nicolai Strøm-Olsen: Commies ain't cool. In: *Minerva*, 19..01.2012. http://www.minervanett.no/commies-ain't-cool/ (Zugriff am 05.04.2012).

25 Anton Hellesøy: Vi andre får glede oss. In: *Bergens Tidende*, 14.03.2012, Teil II, S. 7.

Tore Vagn Lid und Brecht

Wie passt sich Tore Vagn Lids Umgang mit Brecht in diese Landschaft ein? Lid hat bereits früher mit Brechts Texten gearbeitet und *Die Maßnahme* als Erstaufführung in den nordischen Ländern zu den Festspielen in Bergen 2007 inszeniert. Auch wenn die meisten Norweger den historischen Kontext mit dem früheren Aufführungsverbot des Stücks und die Stellung des Stücks in Brechts Werk gar nicht mitbekommen haben dürften, erhielt die Aufführung landesweit gute Kritiken. Lid hatte das Lehrstück ernst genommen und versuchte, sowohl in Theaterzeitschriften als auch in Zeitungsartikeln eine Diskussion anzustoßen. Die formale Gestaltung der Inszenierung zielte bewusst darauf ab, das Publikum mit in die Verantwortung zu nehmen. In *Die Maßnahme* saßen die Mitglieder des Chores mitten im Publikum verteilt und die SchauspielerInnen wandten sich direkt an sie, um sich zu erklären, so wie sie es in einer Versammlung oder vor Gericht tun würden. Wenn nun der Chor singt: „wir sind einverstanden", wird dies zu einer unbequemen Aussage, durch die unwillkürlich alle, die in den Bankreihen sitzen – jeder einzelne und das Publikum als Ganzes –, Einverständnis erklären mit dem, was erzählt wird. Von der Kritik wurde die Inszenierung als „durchgearbeitet"[26], „begabt"[27] und „stark"[28] bezeichnet, und mehrere nutzten sie als Spiegel, um Elemente der gegenwärtigen Gesellschaft und Strukturen zu kritisieren. Auch wenn einzelne Rezensenten *Die Maßnahme* zu allererst als historisches Werk betrachteten, nahmen andere seine Aktualität auf und eine schrieb auch, dass die Inszenierung „sichtbar macht, dass die Fragen der 1930er Jahre immer noch relevant sind"[29]. Der Inszenierung folgten Artikel in Zeitungen und der *Norsk Shakespeare- og Teatertidsskrift,* und sie wurde auch international, bei den Salzburger Festspielen, aufgeführt.

Wenn wir nun zu *Fatzer* im Jahr 2012 vorspulen, befinden wir uns ökonomisch und politisch in einem anderen Norwegen als noch fünf Jahre zuvor. *Fatzer* ist, trotz seiner thematischen Aktualität, kein leicht zugängliches Stück, aber in Lids Version, die auch

26 Grethe Melby: Gjennomarbeidet forholdsregel. In: *Dagsavisen*, 02.06.2007.

27 Torkil Olav Baden: Kunst og politikk. In: *NRK*, 01.06.2007. http://www.nrk.no/musikk/festival/festspillene_i_bergen/1.2575336 (Zugriff am 08.04.2013).

28 Therese Bjørneboe: Brechts «ikke-aktuelle» lærestykke. In: *Klassekampen,* 01.06.2007.

29 Melby: Gjennomarbeidet forholdsregel.

als Buch erschienen ist,[30] werden höchst relevante Parallelen zur Gegenwart und zu den Bürgerbewegungen, die während der Europäischen Krise entstanden, aufgezeigt. Er hatte früher schon geschrieben, dass in der Theaterpolitik der Wert auf dem Spiel stehe, einen Möglichkeitsraum zu erhalten, „das zu schützen, was sich nicht unmittelbar verkaufen lässt"[31]. Die Bedeutungslosigkeit, die im Warten auf die Revolution liegt, scheint in Lids *Fatzer* stark durch, aber die größte Stärke der Inszenierung ist doch, dass sie durch die Verdichtung von moralischem Konflikt und politischer Dialektik auf das Individuum selbst eine Brücke von Brechts Zeit in unsere schlägt, indem jeder einzelne im Publikum mit sich selbst und dem eigenen (Un)Willen zu tatsächlichem Handeln in der Welt und der Gesellschaft konfrontiert wird. Die Inszenierung wurde auch am Nationalteatret in Oslo gezeigt, wo sie gemischte, aber positive Kritik erhielt,[32] und tourte international zu den Fatzer Tagen in Mülheim an der Ruhr.

Eine Besonderheit an Lids Inszenierungen ist, dass sie, im Gegensatz zu vielen Arbeiten der institutionellen Theater, das Publikum durch dessen Platzierung und direkte Ansprache als Teilnehmer und aktive Zuschauer in die Handlung einbeziehen. Das bedeutet nicht, dass das Publikum direkten Einfluss auf die Handlung nehmen kann, aber es kann seiner eigenen Beteiligung, oder der ungeplanten Beteiligung, an dem, was passiert, nicht entkommen – in Fatzers Fall dem Warten auf die Revolution. Es ist deutlich, dass Lid von Brechts Material stark beeinflusst ist: Theater soll herausfordern – nicht der Provokation wegen, sondern um eine Reflexion über gesellschaftliche Bedingungen hervorzuzwingen. Das dürfte auch der Grund dafür sein, dass die Reaktionen der Rezensenten auf die Inszenierung sowohl stärker als auch gemischter ausfielen. Für einzelne ist solches Theater nicht „konsequent genug"[33], während andere schreiben, dass die Vorstellung ihre Wirkung erst im Nachhinein entfalte[34] – was wiederum die Vermutung zulässt, es handle sich hier um Kunst mit mehreren Ebenen, über reine

30 Bertolt Brecht: *Fatzer. Lærestykke.* Oslo: Spartacus 2012.

31 Tore Vagn Lid: Utkast til fornyelse av en kunstkontrakt. In: *Bergens Tidende*, 05.01.2010.

32 Beispielhaft: IdaLou Larsen: Mens vi venter på revolusjonen. In: *Klassekampen*, 08.12.2012.

33 Jan H. Landro: Bare nesten med Brecht. In: *Bergens Tidende*, 31.05.2007.

34 Elisabeth Leinslie: Teater som tankeeksperiment. In: *scenekunst.no*, 01.06.2007. http://arkiv.scenekunst.no/artikkel_3606.nml (Zugriff am 08.04.2013).

Unterhaltung oder einfache Gesellschaftskritik hinaus. Interessanterweise blieb Kritik von Seiten der Rechten aus, die wahrscheinlich gar nicht mitbekommen hatte, dass in Norwegen auch außerhalb der Institutionstheater Dinge geschehen – oder die in diesem Fall einfach keine treffende Kritik hatte. Eine der jungen Bloggerinnen des Nationalteatret schrieb hinterher, dass sie sich wie Fatzer selbst fühle und aus dem Theater mit „Gedanken, die auf dem Gewissen brannten“[35], gegangen sei. Eine solche Aussage ist etwas vollkommen anderes als Kritik oder Warnung; sie trifft, und genau hier liegt der Keim für politisches Handeln auch im Theater unserer Zeit.

Eine andere Theaterlandschaft

Es ist gut möglich, dass unser Verständnis vom Theatermeister aus Deutschland hier im Norden nicht nuanciert genug ist, da wir oft nicht verstehen, dass Brechts Dialektik komplexer ist als einzelne Gegensatzpaare. Jede Aufnahme von Brecht-Stücken muss an einer Tradition gemessen werden, in der die Institutionstheater enormes Gewicht haben und zumeist den psychologischen Realismus fortführen, der das norwegische Theater von Anfang an geprägt hat. Außerhalb der Institutionen gibt es größeren Spielraum, aber zugleich geringeren Willen seitens der Rezensenten, sich auf die aufgeworfenen Fragen nicht nur als Kommentar zur Gegenwart, sondern als tatsächlich politische einzulassen. Ob *Fatzer* vollkommen verstanden wurde, wird daher auch weiterhin eine Frage bleiben – ebenso und so lange wie auch Bertolt Brecht eine ewige Frage im Theater und in der übrigen Gesellschaft bleiben wird. Aber mit einer solchen Inszenierung kann man – auch in der norwegischen Theaterlandschaft – den Kreis zu Brechts ursprünglichem Projekt, die Gesellschaft zu verändern, zurückverfolgen, mit einem (re)konstruierten Stück, dem es gelingt, den Liberalismus direkt ins Herz zu treffen: im Individuum selbst. Dass keine großen Umwälzungen oder Selbstprüfungen in Folge dieser Inszenierungen stattfanden, ist damit nicht überraschend, sondern eine Reflektion der gesellschaftlichen Rolle der Kunst in Norwegen. Nicht die Zeit hat Brecht eingeholt, wie Wandrup schrieb, sondern Brechts Erbe wurde – bewusst – in die Gegenwart geholt. Von einigen, um die Gegenwart zu kommentieren, von anderen, um uns zum Handeln

35 Linn Christoffersen: Fråtser av ego. In: *Nationaltheatrets blogg*. http://blogg.nationaltheatret.no/?m=201212 (Zugriff am 08.04.2013).

anzuregen. In Norwegen wird nach wie vor das erste bevorzugt – mit einigen lobenswerten Ausnahmen.

Aus dem Norwegischen von Stefanie Plappert

LIGNA

Wessen Stadt ist die Stadt? Ein Aufstand

Sprecher
1 Fatzer, Polizeimeister Nattermann Jürgen Albrecht
2 Erzählungen, Theorie, Brook, Brecht, Canetti Christiane Nothöfer
3 Instruktionen Elisabeth Wolle,
4 Nachrichten, Berichte, der Journalist Nypels Andreas Spaniol
Produktion LIGNA (Ole Frahm, Michael Hüners, Torsten Michaelsen)
Aufführungsfotos Stephan Glagla, Björn Stork
Uraufführung 6. Oktober 2011 Mülheim an der Ruhr

Stadt Mülheim a. d. Ruhr.

Geheim

Special-Akten

betreffend

Bürgerliche Unruhen vom 18.-21.4.1923.

(Sturm auf das Mülheimer Rathaus)

Stadtamt I.

(Archiv)

Titel Geh.

Ltr. II

No. 53.

Angefangen: 1923.

Abgeschlossen:

Weggelegt:

IV - 3

Band 1.

1200/712

Fatzers Gang durch Mülheim

Ole Frahm / LIGNA

Vier Räume haben wir in unserer Arbeit *Wessen Stadt ist die Stadt? Ein Aufstand* konstelliert, vier Räume, die gelegentlich kaum auseinanderzuhalten sind und doch kein räumliches Kontinuum bilden: Die Stadt Mülheim heute, die Stadt Mülheim in den Tagen zwischen dem 18. und 20. April 1923, die Stadt Mülheim, durch die der Egoist Johann Fatzer geht, und der Raum des Radios, der die Straßen von Mühlheim während unserer Sendung unsichtbar und sichtbar durchdringt. Durch diese vier Räume führt der folgende Text.

1. Der gegenwärtige Raum: Mülheim heute

Mülheim hat bekanntlich ein Problem, über das – soweit wir es verstanden haben – ungern gesprochen wird, weil bei seiner ausdrücklichen Benennung in Frage gestellt werden müsste, ob es sich überhaupt um ein Problem handelt. Die Innenstadt gleicht keinem innenstädtischen Raum mehr, der TouristInnen und KonsumentInnen aus Vororten und anderen Städten anzieht, sondern einem Wohnraum, zwischen dem Menschen verhältnismäßig zweckfrei den Straßenraum als Lebensraum konsumieren. Der Kaufhof steht leer und keine InvestorInnen Schlange, um dieses ehemalige Zentrum des Konsums neu zu besetzen. Nirgendwo wird es klar gesagt, aber es geht letztlich darum, dass die Menschen, die in der Innenstadt Mülheims leben, nicht kaufkräftig genug sind. Stattdessen wird über Stadtplanung geredet, über Achsen und Durchbrüche, werden ehemalige gesellschaftliche Räume wie das Stadtbad in Eigentumswohnungen verwandelt – und die Schlossstraße mit Kübeln der Firma Wes & Partner vollgestellt, damit sich die Schlossstraße ein wenig wie der Neue Wall in Hamburg fühlen darf. Es geht selbstverständlich darum, wessen Stadt die Stadt ist – und wer dies definiert. In eine solche Debatte lässt sich mit einer Performance wie der unseren nicht direkt intervenieren, sondern nur indirekt, über einen Umweg.

2. Der historische Raum: die Unruhen im April 1923

Unser Ausgangspunkt war historisches Material aus dem Mülheimer Stadtarchiv. Es handelt sich um verschiedene Quellen zu einem Aufstand zwischen dem 18. und 20. April 1923. Während einer Demonstration wurde versucht, das Rathaus zu stürmen, und als dies scheiterte, weitete sich die Aktion in eine zweitägige Belagerung aus. In einer Mappe mit dem Titel „Geheim Special-Akten betreffend Bürgerliche Unruhen (Sturm auf das Mülheimer Rathaus)“ finden sich einige unscharfe Fotografien und mehrere tendenziöse Zeitungsartikel, mit denen die Stadtregierung die Landesregierung

Fortdauer der blutigen Unruhen
Die Zahl der Toten und Verwundeten noch unbek

davon überzeugen wollte, dass sie in allen ihren Maßnahmen richtig gehandelt hatte. Düsseldorf war insbesondere wegen einiger Morde beunruhigt, die – soweit sich das rekonstruieren lässt – tatsächlich als gezielte Exekutionen durchgeführt worden waren, um sich der Anführer des Aufstandes zu entledigen. Und so ist beispielsweise in dem Brief an den Regierungspräsidenten über die Ermordung eines gewissen Ewald Kürten bei dessen Verhaftung folgende, eher hilflose Rechtfertigung zu lesen: „Kürten ist ein alter Verbrecher, der schon wiederholt vorbestraft ist, der als Matrose auch schon bei der Revolution einer der Haupträdelsführer war“.[1] Während der *Mülheimer Generalanzeiger* vom „frühere[n] Lumpensammler“ Kürten schreibt, der bei der Verhaftung „schwer verletzt“ worden sei,[2] kolportiert das nationalliberale Stinnes-treue Blatt, die *Mülheimer Zeitung*, in einer Art negativem Nachruf, der in seinem Duktus allen Revolutionären und Aufrührern gilt:

> Eine besonders feine Nummer stellt Kürten dar. Er ist bereits 6 mal vorbestraft. Für Geld ist er für jeden Dienst zu haben. Dass er sich schon einmal dem Generalkommando Münster als Spitzel zur Verfügung gestellt hat, dürfte auch wohl seiner Partei bekannt sein. Anfang 1919 kam er hierher als

1 Dieser Brief findet sich im Mülheimer Stadtarchiv (MSA) in der Akte „Geheim Special-Akten betreffend Bürgerliche Unruhen vom 18.–21.4.1923. (Sturm auf das Mülheimer Rathaus)“, Sign. 1200/712. Alle folgenden Quellen sind, soweit nicht anders angegeben, nach dieser Akte zitiert (MSA 1200/712). Unser Verständnis des Aufstands verdankt viel dem unveröffentlichten Essay „Der Mülheimer ‚Rathaussturm‘ vom 18.04.1923“ des Historikers Frank Jochims.

2 *Mülheimer General-Anzeiger*, 21.04.1923, MSA 1200/712.

Die Belagerten im Mülheimer Rathaus. Von den Aufständischen gibt es keine Fotos.

> Matrose und dann stand er bei jeder revolutionären Bewegung an der Spitze. Zuletzt war er hier der Besitzer eines gut gehenden ‚Althandelsgeschäftes', wobei er in kurzer Zeit mehrere Millionen verdient hat. Vor 3–4 Wochen verkaufte er Pferd und Wagen für 2 Millionen. Innerhalb zweier Tage verjubelte er 1.300.000 M! Bei einem wüsten Gelage in einer Wirtschaft in der Charlottenstraße warf er die vollen Sektflaschen aus dem Fenster hinaus. Seine vor kurzem verstorbene Frau hat er auf das schlimmste misshandelt und drangsaliert, und für seine Kinder hat er keinen Pfennig übrig gehabt, obwohl ihn seine Schwiegermutter inständig um Geld bat. So sieht der Bursche aus, der sich erdreistete, in den Verhandlungen zu erklären, die Notstandsarbeiter müßten bei ihrem Lohn verhungern! […] Als Kürten aus dem Bette heraus verhaftet wurde, da befand er sich in den Armen zweier Dirnen, die man aimmer [sic] in der Gefolgschaft dieser Verbrecher findet, denn auch eine sog. Samariterin entpuppte sich als Prostituierte, die hier unter Kontrolle stand![3]

Über so vielen Ausrufezeichen lassen sich leicht die Gründe für diesen Aufstand vergessen, die prekäre Situation der sogenannten Notstandsarbeiter, vom Staat beschäftigte Arbeitslose, die oft unter schlechten Bedingungen für wenig Geld schufteten, angesichts der Inflation aber dieses Los der Arbeitslosigkeit vorzogen. Einige Arbeitslose und Notstandsarbeiter hatten sich im April 1923 an verschiedenen Orten im Ruhrgebiet zusammengefunden, um gegen ihre unwürdigen Bedingungen zu demonstrieren. Es darf in diesem Zusammenhang nicht vergessen werden, dass die Revolution 1918 erst fünf Jahre her war und der Kampf nach dem Kapp-Putsch, der mit der Zerschlagung der Roten Ruhr-Armee durch die Freikorps

3 *Mülheimer Zeitung*, 23.04.1923, MSA 1200/712.

endete, drei Jahre.[4] Es war zu diesem Zeitpunkt gerade im Ruhrgebiet keineswegs ausgemacht, wer zukünftig herrschen würde, auch wenn eine gewisse Übermacht der Ordnungskräfte offensichtlich

Sturm auf das Mülheimer Rathaus

Blutige Demonstration radikaler Notstandsarbeiter — Ein Toter! Große Verletzter — Millionenschaden für die Stadt

war. Dennoch beweisen die sich an den versuchten Sturm auf das Rathaus anschließenden drei Tage Ausnahmezustand im Zentrum von Mülheim, wie verletzlich die Ordnung noch unter französischer Besatzung war.

Organisatorisch waren an dem Aufstand offenbar anarchistische und libertäre Gewerkschaften beteiligt, die auch in Mülheim nach dem Ersten Weltkrieg ausgesprochen stark waren, nicht zuletzt weil sie auf die Selbstorganisation der Arbeiter setzten und damit jegliche Herrschaft ablehnten. Alles spricht dafür, dass es sich um keine von langer Hand geplante Aktion handelte, sondern um eine sich aus der Situation der Demonstration ergebene, spontane Belagerung. Denn der sogenannte Sturm auf das Rathaus bestand in dem versuchten Eindringen von vielleicht 20 bis 30 schlecht bewaffneten Männern, von denen immerhin drei getötet und 20 verwundet wurden – kein einziger Polizist oder Beamter wurde verletzt. Unter den Toten dieses Angriffs war auch Max Kropp, angeblich ein „Führer der Syndikalisten"[5], der kurz zuvor eine Rede an die Menge gehalten hatte. Die Forderungen der Demonstranten waren nicht sonderlich revolutionär, sie wollten das Akkordsystem beseitigt wissen, alle Arbeitslosen in Lohn und Brot sehen und forderten die Bezahlung der Wegzeiten sowie den Ersatz für ausgefallene Schichten. Nach der Eskalation war die Stadt im Ausnahmezustand. Die der Deutschen Zentrumspartei nahestehende *Rhein-Ruhr-Zeitung* aus Essen fasste am 20. April die Lage so zusammen:

> Am Abend bot die innere Stadt ein Bild von seltsamer Düsternis. Eine größere Anzahl Straßen in der näheren Umgebung des Rathauses mußte von den Fußgängern als gesperrt angesehen werden. Nicht überall ließen sich zwar Posten der an dem Aufruhr beteiligten Leute sehen, dafür erschollen von

4 Zu dieser Geschichte ist noch immer die Studie von Lucas Erhard: *Märzrevolution 1920*, 3 Bde. Frankfurt am Main: Roter Stern 1973–1976, einschlägig.

5 Polizeimeister Nattermann: Der Angriff der Syndikalisten auf das Rathaus Mülheim a.d. Ruhr am 18.4.1923 mit Unterstützung der Besatzungsbehörde, MSA 810/126.

Die Schüsse von Mülheim
Eine Warnung mehr

Zeit zu Zeit Schüsse aus verschiedenen Waffen umso unheimlicher und drohender aus dem Dunkel der Straßen heraus. Über die tatsächliche Lage, bzw. den genauen Ort der Absperrung herrschte Unklarheit.[6]

Dieses Dunkel samt einer gewissen Unklarheit lässt sich auf die gesamten Vorgänge in diesem April 1923 beziehen. Jenseits der wahrscheinlich aus dem französischen Umfeld stammenden Quelle mit dem Titel *Die Zwischenfälle in Mülheim*, in der auch alle Toten und Verletzten namentlich mit ihrer Herkunft und der Art der Verwundungen aufgelistet werden, gibt es wenig Verlässliches.[7] Die Aufständischen hatten keine eigenen Organe, in denen sie über ihr Ansinnen berichten konnten. Für die kommunistische Zeitung, das *Ruhr-Echo*, handelte es sich um keinen linken, sondern um einen faschistischen Aufstand, eine vom „Kappisten Lembke“ inszenierte und provozierte Unruhe, wörtlich: „einen wohlorganisierten Putsch der Faschisten gegen die Arbeiter“.[8] Unter dem Titel *Bestialische Grausamkeiten gegen Proleten* werden nicht die von der Polizei ermordeten und verwundeten Syndikalisten und Arbeitslosen genannt, sondern erzählt, wie die Arbeiter-Samariter, die „in heroischer Weise ihren Dienst“ versahen, „wie Dirnen“ behandelt wurden.[9] Ein Regierungsbeamter kommentiert in einem Brief: „In dem Auftreten der als Samariter verkleideten Kommunisten ist

s Ende der kommunistischen Unruhen.
Schwerer Landfriedensbruch.

zweifellos ein neues Mittel der kommunistischen Putschaktion zu sehen.“[10] Kurzum, die Situation war ausgesprochen angespannt, so sehr sogar, dass der Regierungspräsident an den Bürgermeister von Mülheim schrieb, „dass der Ausgang des Kampfes nicht nur für

6 *Rhein-Ruhr-Zeitung*, 20.4.1923, MSA 1200/712.

7 „Die Zwischenfälle in Mülheim“, Abschrift, 6 Seiten, MSA 1200/712. Der Text ist deutlich positioniert: „Am 18. April, 2000 Arbeitslose, vor dem Rathaus versammelt, verlangen eine Lohnerhöhung. Da der Magistrat sich weigert, eine Abordnung der Minifestanten [sic] zu empfangen, stürzt die wütende Menge ins Rathaus und zerstört das Mobilar [sic]. Die Polizei ‚räumt‘ auf ihre eigene Weise, wobei 3 Arbeiter getötet und 20 verwundet werden.“

8 *Ruhr-Echo*, 23.04.1923, MSA 1200/712.

9 Ebd.

10 Brief vom 07.12.1923, MSA 1200/712.

Mülheim, sondern auch für das ganze Vaterland von der grössten Tragweite war“.[11]

Das Ende der Pöbelherrschaft in Mülheim

Eine neue Schandtat der Aufständischen: Ermordung des Wirtes Rosendahl und Bauführers Hoffmann — Außerdem bisher drei Tote

Der historische Raum, um den es hier geht, ist deutlich gezeichnet von einem Klassenkampf, dessen Antagonismen durchaus heterogener sind, als das manche historische Materialisten wahrhaben wollen, für die jugendliche Arbeitslose kein historisches Subjekt darstellen. Dieser Kampf lässt sich als historisch Unbewusstes einer Stadt lesen, die heute keine Spuren dieses Kampfes aufweist oder erinnert. Seine Verdrängung ist selbstverständlich Teil des Klassenkampfes, für den sich allerdings die Frage stellt, wie er heute geführt wird. Es gibt auf jeden Fall keinen direkten Anschluss an diesen Aufstand, auch weil die Subalternen, die ihn geführt haben, nicht sprechen. Und selbstverständlich müssen wir uns fragen, welcher Kampf es in diesem Falle eigentlich war, wofür Ewald Kürten gekämpft hat – wäre er nicht durchaus ein Modell für Johann Fatzer, den Egoisten?

3. Der poetische Raum: Fatzers Gang durch die Stadt Mülheim

Das Mülheim, durch das Fatzer geht, ist heute kaum vorstellbar. Brecht notiert: „Ruhrort Fatzer: […] Dies finstere Viereck zwischen Kränen und Eisenhütten / Durch die dieser Johann Fatzer / seine letzten Tage herumging / aufhaltend das Rad“[12]. Das Rad, Bild einer Mechanik, in der ein Rad das andere bewegt, in der von der Dampfmaschine angetriebenen und sich immer fortsetzenden industriellen Revolution, deren Treibstoff, wie es heute heißt, hier im Ruhrgebiet aus der Erde geholt wurde. Im folgenden Fragment wird das Bild des Rades präzisiert: „Was ihr nicht begreift, ist die Mechanik / / Eure ungesunde Lust / wie Räder zu sein / Ich aber will's nicht“[13]. Fatzer verweigert sich. Er lehnt das Mechanische

11 Brief des Regierungspräsidenten, MSA 1200/712.

12 Bertolt Brecht: Fatzer. In: Ders.: *Werke. Große kommentierte Berliner und Frankfurter Ausgabe*, Bd. 10.1. Berlin / Frankfurt am Main: Aufbau / Suhrkamp 1997, S. 387–529, hier S. 463.

13 Ebd.

ab und „eine bestimmte freude am mechanischen, am rechtzeitigen einsatz, am klappen, am teilnehmen an einer mathematischen übung, eine art stichwortgenuß“[14], wie Brecht es an anderer Stelle nennt, erscheint dem Fatzer ungesund. Er zieht seine – individuelle – Freiheit vor, die Freiheit des umherschweifenden Flaneurs: „Frei zu gehen im Strom der Verkehrenden / Menschliche Stimmen zu hören, Gesichter zu sehen / Muß mir erlaubt sein“[15], lässt Brecht Fatzer unter der Überschrift „Fatzer auf dem Spaziergang, durch den er seine Genossen gefährdet“ sagen. Indem er die individuelle Freiheit über die historische Situation, in diesem Falle der kollektiven Gefährdung stellt, zeigt sich Fatzer nicht als Kommunist. Seine Freiheit nützt nur ihm selbst und nicht dem Staat, der allen nützt. „Geh nicht weiter, Fatzer, du gehst nicht / nur für dich“[16], rufen ihm die drei anderen mahnend hinterher. Entsprechend muss sich Fatzer auf dem Gang selbst überzeugen: „Das alles beweist, daß ich gehen kann / Wie's mir beliebt und wohin ich will.“[17] Nur sind die zuvor vorgebrachten Argumente keine: „Ist doch mein Leben kurz und bald aus und unter den Gehenden / Werde ich nicht mehr gesehn.“[18] Denn er wird jetzt gesehen und gefährdet darin seine Gefährten.

Hier ist eine zentrale Frage politischer Arbeit angesprochen, die Brecht nicht sonderlich eindeutig beantwortet und auch nicht beantworten kann. Er übergibt sie – im Lehrstück – den ZuschauerInnen als Spielenden, die verschiedenen Haltungen einzunehmen und so ihre Moral zu prüfen. Diese Haltungen gewinnen eine spezifische Wirklichkeit. Wie in einem Katechismus fragt Brecht im *Fatzerkommentar*: „Wann ist der Gang des Fatzer durch die Stadt Mülheim eine Wirklichkeit – obwohl kein Mann Fatzer durch die Stadt Mülheim gegangen ist?“ Und antwortet: „Wenn genügend viele, genügend gute Leute, die genügend aufgeklärt sind, ihn als wahrhaftig erkannt haben.“[19] Es ist also immer auch eine Frage des Diskurses und damit der Macht, was als wirklich verstanden wird. Wahrhaftigkeit, Ziel aller Kunst, ist nicht nur Produkt des Kunstwerks,

14 Bertolt Brecht: [Musikpädagogium]. In: Reiner Steinweg (Hrsg.): *Brechts Modell der Lehrstücke. Zeugnisse, Diskussion, Erfahrungen.* Frankfurt am Main: Suhrkamp 1976, S. 62–63, hier S. 62.

15 Brecht: Fatzer, S. 489.

16 Ebd.

17 Ebd.

18 Ebd.

19 Ebd., S. 516.

sondern seiner Rezeption. Damit Fatzers Gang durch die Stadt Mülheim wirklich wird, muss er als Geste erkannt werden:

> Gewisse Bilder, die die Menschen sich von sich selber machen, sind gewissen Zeiten eigentümlich, in denen eben diese Gesten von ihnen aneinander beobachtet werden, weil gerade diese Gesten von Wichtigkeit sind. Also erkennen die Menschen an gewissen Merkmalen die wahrhaftigsten Bilder ihres Lebens, an den Zusammenstellungen von Figuren in bestimmten Haltungen, welche die wahrhaftigen Interessen der Menschen dieser Zeit zeigen.[20]

Die Geste lässt nicht nur die Eigentümlichkeit einer Zeit, ihre Singularität erkennen, sondern auch die Wahrheit, nämlich den Klassenkampf konfligierender Interessen. Wer also das Interesse individueller Freiheit in der Geste des Spaziergangs durch die Stadt erkennt, wer diese Geste auch aneinander beobachtet, indem er sie eingenommen hat, der kann Fatzers Gang als wahr erkennen. Damit überschreitet der Gang Fatzers die Grenzen der Theaterbühne und geht wirklich durch die Stadt Mülheim und es ist bei jeder Aufführung oder Bearbeitung des Fatzer-Stoffes zu fragen, wie sich diese Wirklichkeit des Fatzer, seine Wahrhaftigkeit, realisieren lässt. In Brechts Text geht es eindeutig um die *Gegenwart* von Fatzers Gang, um die Aktualisierung einer Wirklichkeit „wie die Rede für die Beendigung des Krieges unseres Genossen Lenin“[21]. Indem der Gang des Fatzer Wirklichkeit wird, beendet er einen Krieg, vielleicht sogar den Klassenkampf. Es müssen nur genügend „viele Leute“ und „genügend gute Leute“ sein, die den Gang des Fatzer durch die Stadt Mülheim als wahr erkennen und sein Interesse als falsch.

Das ist – so denke ich – die Fallhöhe des *Fatzerkommentars*, der, nach den historischen Brüchen des 20. Jahrhunderts, kaum oder nur bedingt entsprochen werden kann. Nicht nur weil die eigentümlichen Gesten, die von den Menschen aneinander beobachtet werden, ganz andere sind, nicht nur weil Mülheim kein finsteres Viereck zwischen Kränen und Eisenhütten mehr ist, sondern vor allem, weil die Geste des Fatzer mit seinem Gang durch die Stadt in gewissem Sinne gesiegt hat und die Freiheit des Flanierens zu den selbstverständlichen bürgerlichen Rechten gehört. „Allen Menschen zugleich gehört die Luft und die Straße“[22], proklamiert Fatzer wie ein Programm postfordistischer Verwertung des Stadtraums als

20 Brecht: Fatzer, S. 516.
21 Ebd.
22 Ebd., S. 489.

kreativer Ressource, mit dem zum wiederholten Male die Herrschaftsverhältnisse, in denen sich der Stadtraum strukturiert, verdrängt werden. Der Kommentar des Fatzer enthalte „(Theorien), die für den kollektivistischen Staat und den Weg dorthin: die Revolution nötig sind“[23] – doch wie ließen sich diese noch formulieren?

23 Ebd., S. 513.

Die verbarrikadierte Tür des Mülheimer Rathauses.

Sechs Briefe des Berichterstatters G. Nypels der Amsterdamer-zeitung Algemeen Handelsblad.
Übersetzung angeboten vom Kgl. Niederl. Konsul A. van Lith.
(Übersetzt von Kurt van Lith.)

Erlebnisse in der Stadt Mülheim-Ruhr im Mai 1923.

einer Warnung gegen meine Person an alle Rotenfrontkämpfer und Autoritäten, und ganz böse Artikel in der "Tribüne". Ich erinnere den Leser an diese schöne Zeit, damit er mich zum Urteil befugt achtet, wenn ich ihm versichere, daß die Lieblinge, die ich in dieser bewußten Nacht 19/20 April in Mülheim manövrieren sah gegen das Rathaus, keine Spartakisten, sondern daß diese nicht nur eine Klasse, sondern viele Klassen niedriger waren. Verglichen bei dem Ausbund von Banditen neben diesen verlumpten Verbrechern, waren die spartakistische Armee noch Elite-Truppen. Und wer nun die wohlwollende neutrale Haltung der Franzosen gegenüber den Aufständigen in ihrem Streit gegen die gesetzlichen Behörden vergleicht mit der Haltung Ludendorff's, der Lenin und Trotzky frei ließ und nach Rußland transportierte, wußte wahrscheinlich nicht, welche Verbrecher den Franzosen die Möglichkeit gaben zur Eroberung der Macht. Also hier in Mülheim operierten keine Parteien, keine politisch denkenden Menschen, jedoch nur einzelne Personen, die durch Verbrecherart eine gewisse Zusammengehörigkeit bekommen haben. Ich habe während dieser Nacht mit möglichst vielen dieser Aufständigen gesprochen. Es gab welche, die nur liederlich waren, es gab auch jugendliche Stümper, unglückliche Auswüchse der Kriegs- und Revolutionsjahre. Aber das Gros war von "Schwerverbrechersorte", Zuchthäusler der allerschlimmsten Art, deren baldige Bestrafung durch die "Mülheimer weisse Garde" ein Glück gewesen ist, für die Stadt und für das ganze Ruhrgebiet.

B r i e f IV.

Die Herren in Mülheim.

Die Aufständigen und die Franzosen.

Als die Schupo aus den Ruhrstädten weg war, wurden durch die Bürger,gegen das sofort natürlich äußerst dreist auftretende Verbrechertum, Selbstschutz-Organisationen gebildet, während die Kommunisten gegen diese "Faschistischen-Hundertschaften" fochten. Was diese letzteren eigentlich wollten, war nicht verständlich, sowie die ganze Haltung von den Kommunisten im Ruhrgebiet äußerst undeutlich ist: einmal sind sie für, einmal wieder gegen die Franzosen. Zwischen beiden Organisationen kam es schon einige Male zu Zusammenstößen, so z. B. zwischen dem Selbstschutz von Gelsenkirchen und der kommunistischen Hundertschaft von einer der nachbarlichen Zechen. Bei der Gelegenheit wurden die Kommunisten so verprügelt, daß sie seitdem keine nächtlichen Plünderungszüge nach Gelsenkirchen mehr machten. Das Auftreten von diesen wirklichen kommunistischen Kampf-Organisationen war wahrscheinlich die Ursache, daß man auch die Banden, die das Mülheimer Rathaus bestürmten, wieder für Kommunisten hielt. Die waren es nun nicht. Sie führten auch keine roten Sowjet-Flaggen mit sich, aber eine, in Mülheim und im Ruhrgebiet noch nie gesehene Fahne: einen schwarzen Lappen, worauf eine Fackel war. Sie nannten sich selbst "Syndikalisten" oder"Anarchisten", und waren, wenigstens was wir zu sehen bekamen, eine ausgelesene Schar Verbrecher. Das Essener Tageblatt der Kommunisten "Das Ruhr-Echo", Organ der K P D für das Ruhrgebiet, erklärte am Tage nach der Niederlage und nach dem Auseinanderjagen der Aufständigen, daß die Kommunistische Partei diese Unternehmen entraten hatte, aber natürlich, als es nun einmal doch zum Streit zwischen "Faschisten" und Arbeitern gekommen war, nicht gleich wie die anderen Arbeiterparteien die Kameraden feige im Stich gelassen hatten.

Die

die französischen Besatzungstruppen, die das Tragen von Feuerwaffen streng verboten, und die, nach der Aussage von Oberbürgermeister Dr. Lembke, an diesem Tage noch 2 Kriminalbeamten ihre Revolver abgenommen hatten, unsere Begleiter ruhig mit Feuerwaffen vor dem Zaun ihrer Kaserne auf uns warten ließen.

Das ist alles, was wir diese Nacht von den französischen Besatzungstruppen von Mülheim sahen. Es ist, sowie man sieht, nicht viel. Aber es ist für viele vielleicht schon mehr als genug. Was wir weiter in dieser Nacht noch sahen und hörten von den Herren in Mülheim, berichtet folgender Brief.

Brief V.

Die Herren in Mülheim.

Das Verbrecherheer.

Der größte Teil der Aufständigen von Mülheim, womit ich es in dieser Nacht zu tun bekam, waren junge "Schlampamper", ziellose und verkommene Banditen, die mit ihrem Knüppel und alten Feuerwaffen keinen allzu gefährlichen Eindruck machten. Ich konnte mir selbst nicht vorstellen, wie eine Stadt von 130 000 Einwohnern unter dem zeitlichen Schrecken, von solcher Bande bleichen Gesindels geraten konnte. Als wir von der französischen Kaserne nun zum Zentrum der Stadt zogen, begegneten wir einigen schwarzen Gardisten, die gefährlicher zu sein schienen. Der Zufall wollte sogar, daß wir da einen Augenblick den Eindruck bekamen, von einem sehr ernstlichen Zustand, daß wir wirklich einen Augenblick dachten, daß das Wort "Bürgerkrieg", das durch den französischen Offizier gebraucht wurde, richtig war.

Als wir nicht mehr so weit vom Rathaus entfernt zu sein schienen, wurden wir plötzlich in einer stockdunkelen Straße durch zwei Verbrecher von einer ganz anderen Sorte wie unsere Begleiter angehalten. Der eine hielt uns einen großen Browning unter die Nase, der andere war auf "Faschisten-Jagd", den Finger am Hahn von seinem Armee-Karabiner. Folgends der Beschreibung, die ich später von dem selben Kriminalbeamten, dem"Wienholt" bekam, auf dessen Kopf "man" eine Million gesetzt haben sollte, mußte der größte dieser zwei Banditen, der mit dem Karabiner, ein berüchtigter"schwerer Junge"gewesen sein, ein aus Kiel in der Zeit hierher gekommenes Mitglied der berüchtigten "Volksmarinedivision", ein gewisser Kürten. Ich mußte diesem berüchtigten Führer in vorigen Revolutionen schon begegnet sein, da seine imponierende Gestalt, seine Wildheit, Mut und herkulische Kraft, ihn bei jedem Aufstand zum Anführer ernannten. In dieser dunklen Nacht habe ich ihn nicht erkannt.... er mich glücklich auch nicht! Die zwei Herrschaften kümmerte die Begleitung von den "Kollegen-Aufständigen" nicht viel, sie untersuchten uns nach Waffen, aber als sie hörten, daß wir Presseleute waren, ließen sie unsere Brieftaschen glücklich unberührt (viele Bürger erzählten später, daß man ihnen bei solcher Untersuchung, alles was Wert hatte, abnahm.) Während diese gefährlich aussehenden Aufständigen mit uns beschäftigt waren, kamen zwei Männer des Wegs, die eine Tragbahre trugen, begleitet durch eine Rote-Kreuz-schwester. In der Nähe knallte ein Schuß..... Das gab da im Augenblick den Eindruck von etwas Ernstem, von einem Bürgerkrieg. Aber es war, wie gesagt, nur ein Zufall gewesen. Ich glaube, daß es die zwei gefährlichsten Kerle von der ganzen schwarzen Roten-Front waren und daß es die einzigste Tragbahre war, welche zufällig in der Straße zusammenkamen.

Alles

sschnitte aus den Briefen des Journalisten Geerd Nypels, in denen er über die Unruhen in lheim in die Niederlande berichtet.

4. Der Raum des Radios

Es bleibt anderen überlassen zu sagen, ob oder wie wir in unserer Arbeit darauf eine Antwort geben, wenn wir Radiohörerinnen und Radiohörer einladen, einem Hörspiel als verteiltes Kollektiv auf den Straßen Mülheims zu folgen. Aber die Auseinandersetzung mit dem Material des *Fatzer* erlaubte uns, das historische Material lesen zu können, sozusagen seine materielle Kontingenz zu deuten und in Gesten zu verstehen. Uns erschien es sinnvoll, ein durch Quellen belegtes, reales Geschehen in seiner Konstruktion sichtbar werden zu lassen.

Dafür zitieren wir. Zum einen geraten unterschiedliche, nicht kohärente Sprechhaltungen und Sprachgesten in unserem Hörstück als zitierte in einen Dialog miteinander. Die im Archiv abgelegte Schrift materialisiert sich gleichzeitig in den Ohren der HörerInnen an den Orten, über die in ihr berichtet wird. Die Verräumlichung, die jede Niederschrift bedeutet, sei es in der Zeitung oder in dem ausführlichen Bericht des niederländischen Journalisten Geerd Nypels,[24] wird in der Verräumlichung der Stimme im Radio wiederholt und materialisiert sich im gegenwärtigen städtischen Raum. Das 1916 gebaute, jüngst renovierte Rathaus wird so über die Zeit hinweg angerufen und ebenfalls als Zitat kenntlich. Aber auch die verschiedenen Handlungen der an der Performance Teilnehmenden sind – als Gesten – Zitate. Sie ‚stürmen' das Rathaus, sie versammeln sich, sie gehen in den Untergrund, sie demonstrieren und gleichzeitig tun sie dies nicht. Sie betreten das Rathaus nicht, sie diskutieren nicht „wie ein Sowjet! Aufgeregte Gruppen, fortwährende Beratungen, tagt Tag und Nacht"[25], sie gehen viel zu wörtlich in den Untergrund und haben keine Transparente. Die Gesten sind artifiziell, sie werden nur von einer kleinen Menge ausgeführt. Aber in ihrer Künstlichkeit erscheinen sie möglich und verweisen zugleich auf ihre Abwesenheit im Raum. Und die Hörenden können prüfen, ob diese Gesten ihnen nützlich und hilfreich sind zur Übung des Aufstandes. „Nicht eine bestimmte Erkenntnis soll durch die Lehre verbreitet, sondern eine bestimmte Haltung der Menschen soll durch sie durchgeführt werden. […] Bei dem Einnehmen der

24 Der niederländische Journalist G. Nypels hat sechs Briefe über die Mülheimer Vorgänge verfasst, die wahrscheinlich in einer niederländischen Zeitung auch gedruckt wurden. Sie finden sich in Abschriften im Mülheimer Stadtarchiv, MSA 1200/712.

25 Brecht: Fatzer, S. 429.

richtigen Haltung wird die Wahrheit, d. h. das rechte Erkennen der Zusammenhänge zutage treten"[26], hofft Brecht im *Fatzerkommentar*. Die Durchführung der Haltung – im Zitat – macht den Gang des Fatzer wirklich, wahrhaftig.

Formal ist für dieses Zitieren der Geste entscheidend, dass es mechanisch durchgeführt wird. Wir verstehen das Radio in Brechts Sinn als einen mechanischen Kommunikationsapparat, der die Stimme gleichzeitig und in Echtzeit vervielfältigt. Brecht favorisiert in seiner Ästhetik des Lehrstücks diese Mechanik, den schon zitierten Stichwortgenuss, „die lust an der vervollständigung".[27] Es ist kaum zufällig, dass Fatzer das Mechanische in „seiner (zweiten) Rede vom Massemenschen" ablehnt: „Dieser Geist des Massemenschen / lähmt mich besonders / seine Art ist mechanisch / Einzig durch Bewegung zeigt er sich"[28]. Und an einer anderen Stelle formuliert Brecht noch deutlicher: „Fatzer: Ich bin gegen eure mechanische Art / Denn der Mensch ist kein Hebel."[29] Demgegenüber schreibt Brecht ebenfalls im *Fatzer*-Konvolut: „Geh hinaus mit uns mechanisch! / Geh, wie einer grüßt: weil's üblich"[30]. In einer Notiz unter dem Titel „Die Gestik" erläutert er:

> durch die industrielle mechanisierung verschwindet die gestik scheinbar mehr und mehr: in wahrheit wird sie in eine höhere form gehoben. natürlich nicht indem gestik gegen mechanisierung gesetzt, sondern indem die mechanisierung gestisch wird. Also: das mechanische ist zu betonen, weiterzutreiben – bis zur gestik. die individuelle geste erliegt der mechanisierung, welche zur kollektiven gestik entwickelt werden muß.[31]

Indem Brecht gegen die Dichotomie individuelle Geste – Mechanisierung, individuelle Freiheit – Kollektiv einspricht, versucht er, eine andere Logik zu etablieren. Jenseits dieser Dichotomien geht es um die historisch konkreten Machtverhältnisse, die gerade verhindern, dass die Geste und ihre Mechanisierung kollektiv bearbeitbar und damit zur Gestik wird, obwohl Apparate wie das Radio in ihrer Mittelbarkeit die Mittel für eine solche Bearbeitung zur Verfügung stellen. Wie? Indem sie die Hörenden eben nicht als Räder

26 Ebd., S. 521.

27 Brecht: [Musikpädagogium], S. 63.

28 Brecht: Fatzer, S. 465–466.

29 Ebd., S. 495.

30 Ebd., S. 469.

31 Bertolt Brecht: Die Gestik. In: Steinweg (Hrsg.): *Brechts Modell der Lehrstücke*, S. 103.

verstehen, etwas umzusetzen, sondern aus Lust, das ausgestrahlte Werk zu vervollständigen.

Indem das Radio die Gesten der Hörerinnen und Hörer zitierbar macht, also sowohl die Haltung des Flaneurs als auch die des Parteimitglieds erlaubt, ermöglicht es nicht nur, deren Wirklichkeit zu realisieren, und das heißt vor allem ihre Machtverhältnisse innerhalb des Klassenkampfs, sondern vor allem die Produktionsverhältnisse selbst zu betrachten, durch die diese Gesten produziert werden. Was einer Zeit eigentümlich ist, das sind eben die Produktionsverhältnisse, durch die nur bestimmte Gesten überhaupt möglich scheinen. Brechts Ästhetik bezweifelt eben diesen Zwang, wie er sowohl durch die absolute Ablehnung des Mechanischen erzeugt wird wie durch den Kadergehorsam der Partei, der keine Fragen und Alternativen mehr zulässt. Es geht hier um nicht weniger als „eine Art Aufstand des Hörers, seine Aktivisierung und seine Wiedereinsetzung als Produzent"[32], als „Produzent" seiner Lebensverhältnisse, seiner Subjektivierung, seiner Produktionsverhältnisse – kurzum als Produzent seiner Gestik. Zu dieser Produktion kollektiver Gestik braucht es keinen Parteiapparat, sondern gesellschaftliche, mediale Apparate wie das Lehrstück oder das Radio, mit denen sich die vorherrschenden Produktionen unterbrechen lassen.

Selbstverständlich wird diese Wiedereinsetzung der ProduzentInnen nicht mittels einer einmaligen Performance geschehen, aber mit dem Radio, mit der Ausstrahlung einer unvollständigen, in sich fragmentierten Sendung, mit den Vorschlägen zur Einnahme von Gesten hoffen wir, Momente der hier nur knapp skizzierten Ästhetik und ihre gesellschaftlichen Fragen zu aktualisieren.

32 Bertolt Brecht/Peter Suhrkamp: Erläuterungen [zum „Flug der Lindberghs"]. In: Steinweg (Hrsg.): *Brechts Modell der Lehrstücke*, S. 66–69, hier S. 67–68.

Miss H.

Auszug aus *Wessen Stadt ist die Stadt? Ein Aufstand*[1]

Chor: Sechste Szene: Verbarrikadiere die Stadt!

1 (*Aufruf*): Wir verlangen Eigentumsrecht an den Schätzen, die sich auf und unter der Erde vorfinden. Wir verlangen das Paradies auf Erden!

3: Wenn Ihr oben angekommen seid: Breitet die Arme auf Schulterhöhe aus.

4 (*Nypels*): Ganze Straßenzeilen wurden stundenlang abgesperrt.

3: Blockiert die Straße.

2: Zu schwach, uns zu verteidigen, gehen wir zum Angriff über.

3: Sperrt die Schlossstraße so, dass niemand mehr hindurchkommt.

4 (*Nypels*): Gegen Abend hatten die Aufständischen in großem Bogen einen Kordon um das Rathaus gezogen, durch den es kein Durchkommen gab.

3: Bewegt Euch als Barrikaden langsam die Schlossstraße hinauf.

4 (*Nypels*): Lastautos wurden angehalten und die Insassen auf Waffen untersucht. Auch einzelnen Straßenpassanten ging es nicht besser.

1 (*Nattermann*): Verschiedentlich sah man verbarrikadierte Eingänge.

4 (*Nypels*): Der Verkehr der Mülheimer Straßenbahn wurde lahmgelegt.

1 (*Nattermann*): Vor dem Jägerhof stellte sich ein Mann mit einer Flinte auf und ließ niemand passieren.

4 (*Nypels*): Auf der Eppinghoferstraße stellte man einen Langwagen, von welchem man die Pferde ausgespannt hatte, quer über die Straße als Barrikade.

3: Laßt das Stadtmobiliar Teil der mobilen Barrikade werden.

1 (*Nattermann*): An der Ecke Kohlenkamp beherrschte ein Sechzehnjähriger im Wandervogelkostüm mit einer Flobertbüchse drei Straßenzüge.

1 Der Textauszug zitiert Formulierungen aus Materialien zum Sturm auf das Mülheimer Rathaus (MSA 1200/712) sowie aus Bertolt Brecht: Fatzer. In: Ders.: *Werke. Große kommentierte Berliner und Frankfurter Ausgabe*, Bd. 10.1. Berlin / Frankfurt am Main: Aufbau / Suhrkamp 1997, S. 387–529.

4 (*Nypels*): Die Demonstranten hatten von Auswärts reichlich Zuzug.

2: Schließt sich euch jemand an?

4: An einem normalen Geschäftstag im Jahre 2011 schlendern stündlich 1100 Passanten die Schlossstraße herab.

2: Die größte Demonstration in der Geschichte Mülheims.

4: Spontane Zusammenballungen von Menschenmassen sind gefährlich.

1: Schnell können sie anwachsen und außer Kontrolle geraten.

4: Die Zerstreuung spontaner Massenansammlungen ist deshalb oberste Staatsraison.

2: Polizei!

3: Rennt auseinander! Versteckt euch in der Schlossstraße. Die Stadt hat großzügig für Verstecke gesorgt.

2: Im Laufe des Tages werden Beamte aus den umliegenden Ortschaften zusammengezogen.

1: Beamte aus Sterkrade. Aus Oberhausen. Aus Duisburg.

2: Polizei! Glücklicherweise kein Militär, wie 1919 und 1920. Der französischen Besatzung sei Dank. Doch gelten die Polizeieinheiten als brutale Schlägertruppen.

3: Beobachtet die Straße aus Eurem Versteck.

1: Kaum Menschen. Geschlossene Geschäfte. Leere. Streik! Ganz Mülheim befindet sich im Streik!

4 (*Nypcls*): Die Straßen zeigen ein ungewohnt totes Bild, hallen fast ununterbrochen wieder von einzelnen Schüssen oder den lauten Rufen der auf recht abenteuerliche Weise ausgerüsteten Leute.

Chor: Siebente Szene: Bleibe in Bewegung

2: Doch dann: Ein Waffengeschäft wird überfallen, die Polizei meldet:

1 (*Nattermann*): Es entstand eine Schießerei, Schwer- und Leichtverwundete auf beiden Seiten. Die Menge wurde jedoch zurückgedrängt, sammelte sich aber in den umliegenden Straßen wieder an.

3: Kommt aus Eurem Versteck hervor. Holt den Stein raus, den Ihr bei Euch tragt. Wiegt ihn in der Hand.

4: Was könnte er zerstören?

3: Holt aus! Erstarrt in der Bewegung. Beobachtet den Stein in Eurer Hand.

2: Alles, was heute gedacht wird, ist nur, damit gut erscheine, was alles gemacht wird!

3: Führt den Wurf aus wie in Zeitlupe.

2: Alles, was heute gemacht wird, ist falsch. Also ist alles, was heute gedacht wird, falsch.

3: Steckt den Stein wieder ein.

2: Wo sind die anderen?

3: Findet Euch zusammen, hakt Euch ein, bildet Ketten. Zieht in Ketten hintereinander die Schlossstraße hinauf.

2: Also sind die Situationen die Mütter der Menschen.

1: Wie viele Arten von Menschen gibt's auf der Welt?

4: Zweierlei Arten

1: Was für Arten sind dies?

4: Die herrschende und die beherrschte

1: Wie aber wird abgeschafft, dass es zweierlei Arten von Menschen gibt?

4: Durch Gewalt wird abgeschafft, dass es zweierlei Arten von Menschen gibt.

1: Wer aber wendet Gewalt an?

4: Ihr, die große unteilbare und unzerstörbare Masse

3: Rennt auseinander!

4 (*Nypels*): Als die Schüsse fielen stob alles in wilder Flucht auseinander. Auch von der Versammlung auf dem Marktplatz, die gerade wieder mit einem Steinbombardement begonnen hatte, war nach wenigen Sekunden nichts mehr zu sehen.

3: Flieht weiter! Rennt in die Seitenstraßen! Flüchtet Euch in einen der Hauseingänge. Sucht Euch einen Unterschlupf.

2: Alles ist ruhig, die Straßen haben ihr gewöhnliches Aussehen zurückgewonnen.

Chor: Das Unrecht ist schon
So gewohnt wie das Wasser bei uns

3: Ruft:

1: Schlecht so!

Chor: Und die Sonne kommt uns nicht sicherer als
Unser Unglück kommt

3: Ruft lauter:

1: Schlecht so!

Chor: Der Mensch zerfleischt den Menschen

1: Schlecht so!

3: Verlasst Euer Versteck unauffällig. Geht ganz normal weiter.

2: Der Generalstreik bricht nicht aus. Der Aufruhr vervielfältigt sich nicht. Die Arbeitskraft der Werktätigen bleibt zerstreut über die Betriebe der Stadt.

3: Bleibt stehen. Holt erneut den Stein hervor, den Ihr bei Euch tragt. Wiegt ihn in der Hand. Prüft sein Gewicht.

Chor: Direkt vom Aug
Geht ein Strang zur Furcht.

3: Schließt die Augen

1: Was ist Euer Ziel?

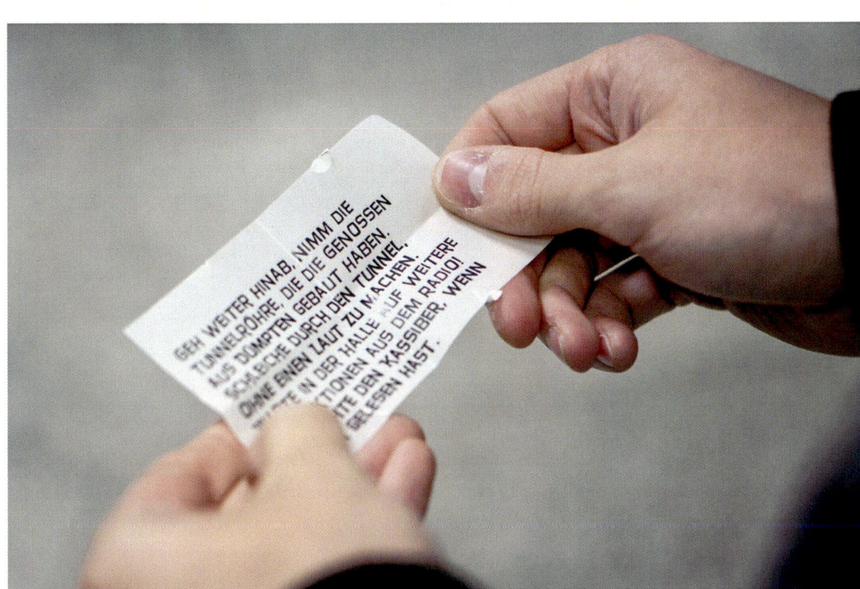

Chor: Dieser Geist des Massemenschen
Lähmt mich besonders.

3: Holt aus! Führt den Wurf aus wie in Zeitlupe.

Chor: Seine Art ist mechanisch

3: Werdet noch langsamer. Spürt die Bewegung jedes einzelnen Muskels.

Chor: Jedes Glied auswechselbar, selbst die Person
Mittelpunktlos.

3: Erstarrt in der Bewegung.

Chor: Einzig durch Bewegung zeigt er sich.

3: Lasst den Stein vor Euch auf das Pflaster fallen.

2: Alles, was nach uns geschieht ist
Als geschäh es nicht.

3: Hebt den Stein auf. Steckt den Stein wieder ein.

Chor: Achte Szene. Geh nicht weiter.

3: Flaniert auf der Schlossstraße auf und ab.

2: Johann Fatzer, der Egoist

4: der Asoziale

2: verlässt das Versteck, in dem er mit seinen Genossen auf den Beginn der Revolution wartet.

1: Allen Menschen zugleich gehört die Luft und die Straße

Frei zu gehen im Strom der Verkehrenden
Menschliche Stimmen zu hören, Gesichter zu sehen
Muß mir erlaubt sein.
Ist doch mein Leben kurz und bald aus und unter den Gehenden
Werde ich nicht mehr gesehn. Selbst im Kampf muß ich atmen
Essen und trinken wie sonst. Vielleicht dauert er ewig
Nämlich länger wie ich und dann hab ich erschlagen
Überhaupt nicht gelebt. Auch die Brust wird verkümmert
In den Verstecken und wozu noch verbergen
Einen verkommenen Mann. Das alles beweist, daß ich gehen kann
Wie's mir beliebt und wohin ich will.

3: Erstarrt.

Chor (2, 3, 4): Geh nicht weiter Fatzer, du gehst nicht
Nur für dich.
Du verbrauchst unsere Luft mit
Und verkürzest uns unsere Jahre.

Chor: Neunte Szene. Hör nicht auf.

4: Auf der Schlossstraße, vor dem Viktoriaplatz sind kleine weiße Steine in das Pflaster eingelassen.

3: Eilt dorthin und stellt euch auf einen dieser weißen Steine.

2: Die Masse der Konsumenten ist in der Fußgängerzone verteilt.
1: Zerstreut scheint die Gefahr der Masse gebannt.
2: Die Stellung der Menschen untereinander ist wichtiger als die Zentralisation der Bildwirkung.
1: Wo liegt das Zentrum zwischen Euch?
3: Dreht euch dahin mit dem Rücken.
2: Die Konstellation der Menschen ist wichtiger als das Bild, das sie ergeben.
3: Geht langsam rückwärts zu diesem Zentrum.
2: Also ist etwa die Gestik wichtiger als Ausdruck.
3: Rückt dichter zusammen.
4 (*Nypels*): Freitag morgens, um halb vier, wagen die Polizisten einen Ausfall aus dem Rathaus und überwältigen die über die Stadt verteilten Posten der verwahrlosten Verbrecher.
3: Kommt euch näher.
1 (*Nattermann*): Der Plan des Gegners brach in sich zusammen, weil den Syndikalisten die weitere Unterstützung der übrigen Arbeiterschaft fehlte.
3: Fangt an, auf und ab zu wippen.
4 (*Nypels*): Aber aus den immer zahlreicher sich vollziehenden Zusammenrottungen war ersichtlich, daß die Aufständischen nicht daran dachten, ihre Herrschaft in Mülheim sobald wieder aufzugeben.
3: Springt in die Höhe und ruft:
2: Was geschieht, muss nicht geschehen.
3: Lauft los!
Erstarrt.
Chor: Und durchgeführt haben wir es, damit
Ihr entscheiden sollt
Durch das Sprechen der Wörter und
Das Anhören der Chöre
Was eigentlich los war, denn
Wir waren uneinig.

René Pollesch

KILL YOUR DARLINGS!
STREETS OF BERLADELPHIA

Mit Fabian Hinrichs, Eduard Anselm (Chor), Johanna Berger (Chor), Christin Fust (Chor), Anna Harrison (Chor), Rajab Hassan (Chor), Hannes Hirsch (Chor), Emma Laule (Chor), Ronny Lorenz (Chor), Martina Marti (Chor), Fynn Neb (Chor), Perry Rudolph (Chor), Nicola Rietmann (Chor), Paula Schöne (Chor), Philipp Siefert (Chor), Anna Smith (Chor), Lukas Vernaldi (Chor) und Claudia Vila Peremiquel (Chor)
Regie René Pollesch
Bühne & Kostüme Bert Neumann
Licht Frank Novak, Torsten König
Dramaturgie Henning Nass
Mit besonderem Dank an Die Etage, Schule für die Darstellenden Künste e. V.
Aufführungsfotos Thomas Aurin
Uraufführung 18. Januar 2012. Volksbühne am Rosa-Luxemburg-Platz, Berlin

Macht es für Euch!

Interview mit Fabian Hinrichs zu *Kill your darlings! Streets of Berladelphia*

Letztendlich wollten wir eigentlich brechtisch arbeiten, d. h. einfach die Dinge benutzen, und das geht ja nicht aufgrund der Erben. Man muss dann wirklich den Text ausschließlich benutzen, man darf es nicht kombinieren, das war das Problem. Also d. h. man dürfte jetzt nicht *Fatzer*-Text, einen Text von René [Pollesch], einen Text von mir zusammen nehmen, das würde nicht gehen, es müsste kenntlich sein. Deswegen klatsche ich auch zwei, drei Mal im Stück, immer wenn ein Original-Brechttext kommt, kündige das an und sage: „Und jetzt ein Text aus dem Glitzerfragment von Bertolt Brecht." Weil man es kenntlich machen muss, was ich albern finde. Brecht selber hat ja die Theorie vertreten, dass, soweit ich weiß, der Urheber am meisten durch sein Verschwinden in Erscheinung tritt. Das hat er wahrscheinlich auch betrieben. Und die Erben sind dann doch wie alle Erben, z. B. die von Tennessee Williams, schwuler Beatnik und so weiter, und die führen sich auf, als ob er Abraham Lincoln gewesen wäre. D. h. wir wollten eigentlich so vorgehen, dass wir das umschreiben, bearbeiten usw. Und Fatzer? *Fatzer* war, glaube ich, organisierter Zufall, weil Bert [Neumann] und René einerseits die Anfrage hatten, *Fatzer* anzugehen, und andererseits ich mich mit Laurent Chétouane sehr eingehend damals mit *Fatzer* bereits beschäftigt hatte, sehr ausgiebig, und ich konnte fast das gesamte Fragment auswendig, früher einmal. Ich habe jetzt aber alles vergessen, das ist bedenklich, aber auch ein Vorteil. Also, wahrscheinlich liegt es noch irgendwo herum, im Kopf, aber zur Verfügung habe ich nicht mehr viel. Unmerklich wird es aber Einfluss gehabt haben in die Arbeit von René und mir, ja, wahrscheinlich unmerklich.

Aber es ist ja noch Brecht darin, also man hat die einzelnen Fragmentstücke, man hat den Wagen, der ein sehr deutlicher Brecht-Verweis ist. Welche Rolle spielt Brecht denn nun?

Es war so, dass wir, wie gesagt, keine Zulassung bekommen haben, mit dem Text so umzugehen, wie wir das wollten. Was ich als

Methode, die Brecht eigentlich gemäß ist, bezeichnen würde, dass man mit *Fatzer* so umgehen kann, wie wir das wollen, und nicht, wie irgendwelche Verwalter das wollen. Und das ging eben nicht. Bert hatte den Wagen schon vorher als Teil des Bühnenbilds festgelegt, der war also einfach schon da. Es ist oft so, dass zu Beginn nebeneinander gearbeitet wird, was teilweise, wenn man intelligent damit umgeht, eben nicht beliebig ist, sondern gewisse Entscheidungen sind zum Glück schon gefallen. Das ist im alltäglichen Leben wahrscheinlich auch oft so, also d.h., indem man sagt, ich wohne in Berlin, muss ich mich so und so verhalten. Oder ich wohne in der Wohnung, oder ich habe die und die Freunde, habe den und den Beruf gewählt. Und so ist das auch: Das ist das Bühnenbild. Und dadurch sind dann auch bestimmte Dinge entstanden, weil man den Wagen ja dann benutzen oder auch zitathaft einsetzen möchte. Natürlich ist *Fatzer* immer ein inhaltlicher Hintergrund, unter anderem also die Auseinandersetzung zwischen dem sogenannten Individuum und dem Kollektiven, also zwischen dem sogenannten Egoisten und der – also eine Gemeinschaft ist es ja nicht – der Menge, die keine Masse ist. Deswegen könnte ich mich jetzt um elf Uhr schon dazu versteifen, dass es eine moderne – Fortentwicklung würde ich nicht sagen – aber, also ein moderner Bezug zur *Fatzer*-Fragestellung ist, obwohl auch Brecht das natürlich auch nicht in einem geschichtslosen Vakuum geschrieben hat. Ich gehe davon aus, dass René sich im Laufe seiner Biographie sowieso mit Brecht auseinandergesetzt hat. Und ich finde es immer schade, wenn man Dinge erarbeitet hat, dass die dann nie wieder auftauchen. Das ist oft ganz merkwürdig in der darstellenden Kunst, in der Musik ist das undenkbar. Eine Band, die spielt ihre alten Lieder ja auch. Ich finde es sehr schade, dass man fürs Kölner Schauspiel *Fatzer* erprobt hat und dann ein paar Mal spielt und das war's dann.
Das wäre z.B. auch eine Frage, die mich jetzt in dem Gespräch interessiert, dass das immer gegeneinander ausgespielt wird, das Ästhetische gegen das Politische. Auf jeden Fall begegnet mir das oft, dass die Leute, die ins Theater gehen, um einer moralischen Anstalt zu begegnen, dann gerne das Edle und Gute und Schöne usw. wollen. Und das Politische scheint dem entgegenzustehen. Ich würde behaupten, dass es natürlich überhaupt nicht so ist.

Wobei es in Kill your darlings! *immer wieder den Punkt gibt, dass etwas weggelassen werde, die allerschönsten Szenen nicht gezeigt werden, weil sie nicht auszuhalten wären, weil die Antwort auf alle Fragen nicht auszuhalten wäre. Was macht das? Wie verhält sich das zu dem Politischen und dem Ästhetischen, diesen Raum zu öffnen, dass man etwas der Imagination anbietet, aber sagt, man kann es gar nicht einlösen? Oder man will es nicht einlösen?*

Das ist schwer für mich zu beantworten, weil ich es ja nicht sehe. Also wir haben ja die Fährte gelegt. Ein Freund von mir, der ist Cutter beim Film, und wir haben uns über dieses Schnittprinzip „Kill your darlings" unterhalten, dass das eine oftmals vorkommende Funktion des Cutters ist, die Lieblingsszenen des Regisseurs wegzuschneiden, weil das oft die sind, die die Geschichte aufhalten, die dramaturgisch nicht so passend sind, die zu gut sind. Oft sind die Szenen zu gut, nehmen einen zu starken Platz in der Gesamtdramaturgie ein. Dann sind sie aber so außeralltäglich – also wenn man die Erzählung als Alltag betrachtet –, dass sie auch nicht einfach moduliert werden können, d. h. man kann sie nicht beschneiden. Man muss sie entweder nehmen oder wegschneiden. Deswegen werden sie oft weggeschnitten, nämlich die Darlings des Regisseurs. Das ist ja eigentlich eine alte Thematik, schon im *Faust* kommt sie vor, es ist auch ein Rock'n'Roll-Thema. Ich hatte damals gerade *Wem die Stunde schlägt* von Hemingway gelesen. Die Hauptfigur in diesem Roman ist im Spanischen Bürgerkrieg und muss eine Brücke sprengen. Er weiß, in 48 oder 72 Stunden wird er sterben, er lernt dann seine große Liebe kennen und empfindet es als große Ungerechtigkeit und stellt sich dann die Frage – ich weiß nicht, wie alt er da im Roman ist, Mitte 40 vielleicht –, warum er die letzten 20 Jahre oder so, die relevanten 20 Jahre nicht dieser Frau begegnet ist, und warum jetzt und warum überhaupt. Und dann kommt er zu der Überlegung, ob 72 Stunden nicht mehr wert sein können als 80 Jahre. Und das ist ein gefährlicher Gedanke, er steht jeglichem pragmatischen Zugriff entgegen, also auch jedem psychotherapeutischen. Denn die Therapeuten wollen, dass man lebt und nicht stirbt. Die wollen ja, dass man sich nicht umbringt, wenn man verlassen wird von jemandem. Die sagen: „Es gibt ja noch andere. Also das wird schmerzhaft, aber es gibt auf jeden Fall andere, die sogar besser zu dir passen." Ich halte das für vollkommenen Unsinn. Ich wüsste auch nicht einen Fall im wirklichen Leben, der dieser wirren Theorie entspricht. Es gibt nur eine Person und keine weitere. Und alles andere halten René und ich auch für nicht konstituierend für eine Gemeinschaft – wenn man sagt, jeder ist eigentlich

austauschbar oder ersetzbar. Da gibt es den schönen Satz von René: „Zu viele sind niemand."
Wir sind also von diesem Filmschnitt-Prinzip ausgegangen, und dass wir das in unserem Leben eigentlich auch anwenden, wahrscheinlich um überhaupt leben zu können. Aber eigentlich verhindert das das Leben zwischen uns. Ja, und deswegen kamen wir eigentlich darauf. Das fanden wir natürlich auch ganz lustig, zu sagen, dass wir die besten Szenen einfach weggeschnitten haben.

Hieße das, Gemeinschaft wäre nur möglich mit Unersetzbaren? Wie wäre eine Gemeinschaft dann möglich? Oder nur mit einer *anderen Person?*

Das ist auch eine Provokation, dass wir sagen, viele Meinungen sind eigentlich gar keine. Viele Geschmäcker, viele Lieben. Sondern es gibt eigentlich nur eine Meinung, eine Liebe. Diese vielleicht nicht erträgliche, aber dennoch nicht falsche totalitäre Position besetzen wir und gleichzeitig, da kommt man wieder zur Dialektik, beschäftigen wir uns auch damit, dass solche Gedanken nicht zu leben sind, aber man ja leben will. Und dieser einfache Umstand – und da sind wir in diesem Punkt nun doch humanistisch, im Sinne Albert Schweitzers „Leben inmitten von Leben, das leben will", – macht mein Dasein schwierig. Man will leben, aber tut das auf Grundlagen, die eigentlich nicht zu einem Leben führen, in dem man an sein Leben überhaupt herankommt, wie René das oft ausdrückt. Denn so kommen wir nicht an unser Leben heran, das spürt man ganz stark. Und deswegen ist dieses Stück so erfolgreich. Es treten uns unglaubliche Reaktionen entgegen, die mit meiner Person oder der Person von René oder auch der Autorschaft von René oder meiner künstlerischen Qualität oder Nicht-Qualität nicht mehr unbedingt etwas zu tun haben, sondern weil dieses Theaterstück gefühlsgedanklich die Leute sehr – ob sie wollen oder nicht – berührt. Weil sie genau wissen, dass es stimmt, dass im Bloch'schen Sinne etwas fehlt. Und was das ist, das weiß man nicht. Und gleichzeitig hat man das Gefühl, der Alltag ist eigentlich nur eine Trauerarbeit, eine fortgesetzte Trauerarbeit, dass sämtliche utopischen Gehalte verschwunden scheinen. Dann schafft das Theater – und da wird es auch politisch – in dem Moment aber einen kultischen Raum sozusagen, in dem man, weil es ihn gibt, ahnt, dass doch noch was geht. Das geht auch mir so. D. h. für einen Moment bekommt man eine Ahnung davon, dass es doch noch andere Dinge gibt als die Verrichtungen des Alltags oder die Erhaltung der Lebensfunktionen.

Das weist dann auf eine Art Lücke hin, macht sie auf und könnte plötzlich eröffnen, etwas anderes zu denken, überhaupt aus dem Festgefügten rauszukommen…

Ja, und es neu zu denken, und zwar – das sind ja nicht Dinge, die noch nie gedacht wurden, natürlich nicht. Sich zu trauen, es neu zu denken und wieder zu denken und selber zu denken, und sich nicht zu verstecken hinter dem Umstand, dass alles bereits gedacht wurde. Sondern sich zu trauen. Aber eben nicht – wie soll ich's ausdrücken – der Lärm, also was normalerweise, wenn ich den Fernseher einschalte oder das Radio usw., mir da verkauft wird oder präsentiert wird als eine politische Auseinandersetzung. D. h. nicht, dass es überhaupt keine politische Auseinandersetzung ist, Occupy oder bestimmte Freiräume, mit denen sich das Bundesverfassungsgericht oder so auseinandergesetzt hat, natürlich. Das ist schwer auszudrücken, gerade weil es nicht zu benennen ist. Also ich glaube, in dem – und das kann vielleicht in der Form nur Theater, sehr selten, aber wenn, ist es das, was Foucault die „Geschichte der Gegenwart" genannt hat – also d. h. in dem Moment erblickt man sozusagen nicht die geschichtliche Dimension dieser Theaterinszenierung als großes Kunstwerk, sondern kulminiert im besten Falle das, was schon gedacht worden ist und erlebt worden ist und was vielleicht in die Zukunft weist, kulminiert in dem Augenblick. D. h. die Gegenwart bekommt eine geschichtliche Dimension, was ja eigentlich paradox ist. So würde ich das ausdrücken.
Das sind natürlich Worte, die das nicht genau benennen. Und es wirkt unter Umständen vermessen, pathetisch – aber ich glaube, dass es das ist, was die politische Dimension ausmacht. Nicht die Aufforderung zum „carpe diem", und auch nicht die Aufforderung zur Kontemplation als Übung, um sich zu verbessern oder entspannter zu werden und den Alltag besser zu bewältigen, gerade überhaupt keine Aufforderung.

Wie kommen da die Turner rein? Wie seid Ihr auf die gekommen und wie war es, mit denen dann zu arbeiten?

Also, in München war ich depressiv in einem Hotelzimmer und ich sah nachts eine Sendung des Bayrischen Rundfunks, das war die Aufzeichnung einer Show, die hieß „Feuerwerk der Turnkunst". Man sah dort Ex-Profiturner, also besser gesagt Leute, die Ex-Olympiasieger, Weltmeister usw. sind, sozusagen im Herbst ihrer

Karriere, oder die die aktive Laufbahn schon aufgegeben haben und das wie *Holiday on Ice* oder sowas in einer Show noch mal verwerten, was sie gelernt haben, also eigentlich dieselben Übungen, nur halt nicht am Barren, sondern über Einkaufswagen. Das habe ich nachts gesehen, das hat mich nicht mehr losgelassen. Ich muss dazu sagen: Wenn ich sowas sage, „Das ist mir so eingefallen", ist das unlösbar von der Begegnung mit René. Wir haben damals sehr intensiv zusammen gearbeitet, und mir wäre diese Sendung gar nicht aufgefallen ohne unsere Begegnung.

Und dann ist mir das nachts aufgefallen, dass – und ich musste auch sehr lachen, es kam halt auch eine billige Light-Show vor, Jean-Michel Jarre-Musik und Čechov-ähnliche Szenen mit Spitzenkostüm und einem Sonnenschirmchen, Sommergäste-ähnlich, ein Schirm auf einem Barren – dass ein Mehrwert dazu geliefert wurde, dass man keine Leibchen hat und kein… – also man muss für den erhöhten Eintrittspreis noch was dazu fügen. Davon habe ich René erzählt, er war begeistert und hat großartige Texte geschrieben, weil das natürlich genau das ist, womit er sich beschäftigt. Ich habe ihm das eigentlich zugetragen, ihn damit gefüttert, es hat mich nicht mehr losgelassen.

Es kam da auch eine Krake vor in dieser Show, und ich wollte auch unbedingt dieses Krakenkostüm haben. René schlug dann vor, dass wir uns mit dem Mehrwert beschäftigen. Also in einer sehr, finde ich, einfachen, aber schlagenden Weise – sehr einfach, aber ist doch nicht falsch, also einfach ist ja nicht falsch. Vielleicht ist es gar nicht so kompliziert? Schrecklich, aber nicht kompliziert. (*lacht*) Ja, und so kamen wir dann darauf.

Und dann habt Ihr Turner angesprochen? Wie wurden die ein durchgängiger Bestandteil der Aufführung?

Wir hatten eigentlich andere Turner im Sinn…

Ältere?

Ja, genau. Das ging aber nicht. Und dann kamen die Akrobaten, und ich dachte erst: „Die sind ja jung." Ich würde nicht sagen, dass ich enttäuscht war. Ich war überrascht. Und das sie so sind, wie sie sind, hat sich später als Glücksgriff erwiesen. Denn zu den Übungen, die sie machen, kam noch so eine Jugendlichkeit und eine Unschuld, tatsächlich. Und diese Unschuld ist teilweise auch

bei einigen zeitweise verloren gegangen, bei der Generalprobe, der sogenannten, wobei ich das eigentlich nicht mag, Generalproben. Ich mache oft gar keine, weil dann immer eine Dramatisierung geschieht, da kommen viele Leute, die zugucken, und dann macht man es nicht mehr für sich. Natürlich macht man es auch, um Resonanz zu bekommen, natürlich, denn sonst könnte man es ja auch im Wohnzimmer machen, aber wir haben es auch für uns gemacht. Und da, in dem Moment der sogenannten Generalprobe hatten einige die Unschuld verloren und posierten plötzlich, aus Unsicherheit. Weil sie wahrscheinlich auch dachten, sie reichen nicht, wollten sie den Mehrwert hinzufügen, nämlich sich besonders einölen usw. Dabei hat es total gereicht, was sie vorher gemacht haben. Die Figuren, und einfach da zu sein.
Die Akrobaten waren also auf einmal auf der Probebühne. Und dann hat sich alles so ergeben. Ich wollte nicht mehr alleine sein, alleine spielen, und René hat ja viel mit Chören gemacht vorher, mit Chören, die sprechen. Das wollten wir aber nicht fortführen, sondern lieber mit diesem Bewegungschor zusammenkommen.

Ich hatte bei den Turnern immer den Eindruck, dass die eigentlich gar nicht alles tun, was sie könnten. Das wirkt alles so leicht, so selbstverständlich, die machen so ein paar Sachen, aber die könnten eigentlich viel mehr. Als ob sie nur darauf hinweisen, was noch ginge. Wobei es dadurch auch etwas sehr Angenehmes kriegt, dass es gar nicht so eine Show ist.

Genau, richtig, also das wollten wir eben nicht. Es ging nicht darum, sie bloßzustellen. Natürlich kann rhythmische Sportgymnastik oder Akrobatik und Turnen auch etwas Lächerliches haben. Sondern es ging darum, dem Inhalt zu dienen, ohne dass sie sich verleugnen. Sie sollten jetzt nicht Sachen machen, die ihnen unangenehm sind, sondern es ging immer darum: Was können sie als Gruppe machen? Und wie kann ich dazukommen? Es sollte ja keine Turn-Show werden, es sollte aber auch kein Trash sein, Trash im Sinne von Verweigerung, Ironisierung.

Ja, sie wirken da wirklich ernstgenommen.

Genau. Wir haben sie ja auch ernstgenommen. Ich glaube, am Anfang dachten sie: „Was machen die denn da?“ Weil bei René und mir vieles schon im Kopf ist, und wir arbeiten auf der Probebühne sehr schnell, glaube ich. Ich behaupte, dass es schnell ist. Wir haben uns jedoch vorher oft getroffen, immer am Wochenende oder so, im Café, und haben über dies und das geredet. Und irgendwann haben wir gemerkt, was für ein Stück wir machen wollen. D. h. es ist kein normaler Produktionsprozess, wie das vielleicht sonst so ist, dass man sechs Wochen ein Stück macht, sondern das ist über sehr lange Zeit entstanden.

Und dann haben sie sich, glaube ich, gewundert, dass da irgend so ein rauchender Typ, also René, sitzt mit Zetteln, die er getippt hat, und ich Zettel angucke, und ich probiere Renés Texte dann zwar aus, aber mache erst mal nicht das, was man sich unter dem Begriff „Schauspiel" vorstellt. Und sie haben vielleicht gedacht: „Was soll denn das werden?" Und dann haben sie irgendwann gemerkt, dass sich das so unmerklich entwickelt. Dann haben sie einen Abend von uns gesehen, *Ich schau dir in die Augen, gesellschaftlicher Verblendungszusammenhang*, und da haben sie gemerkt: „Ah, da kann ja irgendwie was rauskommen, was ein Stück ist."

Und dann haben sie, glaube ich, gemerkt, dass sie ernstgenommen werden, dass sie sich auch einbringen können. Die wurden auch nicht zu oft bestellt, sondern René und ich haben gearbeitet, und dann gab es immer mal einen Tag, an dem die Akrobaten kamen. Es ging alles eigentlich ganz elegant vor sich, ganz widerstandslos auf beiden Seiten, das war wirklich eine sehr schöne Begegnung, vielleicht weil sie auch nicht vom Theater kommen und auch noch so jung sind.

Sie sind als stummer Chor da, werden aber zugleich auch immer wieder als Netzwerk angesprochen, als Chor des Kapitalismus – wie verhält sich das zum Politischen? Oder auch zur Jugendlichkeit und Unschuld, wenn sie jetzt schon das Netzwerk sind, jetzt schon die Show machen?

Wenn Du es jetzt so direkt sagst, natürlich sind sie das Netzwerk. Aber wie sie das machen: Denen entfleucht dann ja immer so ein Lächeln und dann werden sie mal rot oder dann konzentrieren sie sich sehr darauf. Gerade das hat ja nichts nur Funktionierendes, sie funktionieren nicht einfach nur. Die werden wirklich mal rot und müssen lachen, immer noch. Ich glaube nicht, dass Josef Ackermann sowas passieren würde, dass er mal rot wird. Der ist wahrscheinlich noch nie rot geworden in seinem Leben, vielleicht einmal und dann hat er sich geschworen: „Ich werde nie wieder rot." D. h. die sind nicht nur das kalte Netzwerk, dann hätte man andere Leute einladen müssen, sie repräsentieren das Netzwerk. Und in der Art, wie sie es repräsentieren, wird auch gleichzeitig, wieder ganz im Brecht'schen Sinn, die Dialektik gezeigt. Das würde ich behaupten. Dadurch, dass sie rot werden, dass sie auch zart auf eine Art sind, obwohl es manchmal solche Schuppen sind. Das ist sozusagen die Verfremdung, dadurch berührt es auch. Die Leute sind ja auch sehr berührt von den Turnern, also müssen lachen – weil sie so natürlich sind.

Wenn man sagt, die Moderne ist durch Ambivalenz gekennzeichnet, überall ist Ambivalenz, dann muss man diese Ambivalenz auch zeigen und sich dazu bekennen. Sie machen Formationen, was wiederum überhaupt nicht frei ist, das sind ja Formationen. Und haben Leibchen an, sind also uniformiert. Gleichzeitig, weil sie manchmal lachen müssen oder sehr ernsthaft bei der Sache sind, sieht man auch das Leben in der Formation. Und das ist die Ambivalenz: Man sieht, dass sie frei sind, aber sie führen Dinge aus, die unfrei sind. Das sind nicht nur Formationen einfach kalt ausgeführt, das sind keine präsentierten Formationen, dass man jetzt professionell wie Katharina Witt so lächelt, sondern das ist auch auf eine gute Art unbedarft. Und, was ich vorhin meinte, dieses Wort, das auch gefährlich ist: unschuldig, auf eine Art. Das werden die hoffentlich bewahren, aber kann auch sein, dass es nicht möglich ist. Aber das sieht man da noch.

Was macht das mit Deinem eigenen Spiel und Deinem Sprechen, das auf der Bühne ja auch sehr körperlich ist? Was macht die Präsenz dieses Chors, dieser stummen Turner?

René und ich waren ein bisschen sowas wie die Herbergsväter. Ich habe mich auch um sie gekümmert und bin mitverantwortlich für sie an dem Abend. Ich leite das ein wenig, wenn es zu langsam, zu schnell wird, ich rede auch mit denen, und gleichzeitig... Ja, wie soll ich das sagen? Was es mit mir macht? Es fällt mir schwer, darauf zu antworten. Sie sind schon Adressat für mich, sie repräsentieren auch eine Generation, die genau diese Verhaltensweisen besonders betreffen, Netzwerk und Vernetzung, Individualisierung und viele Kontakte. Nicht die persönlich jetzt; die repräsentieren diejenigen, wo das ganz besonders vorkommt.

Was wir da machen, ist auch eine gemeinsame Arbeit, mit René und mit den Akrobaten, aber jeder hat da auch seinen Bereich und spielt den anderen nicht rein. Ich bin ja an Partnerschaft interessiert, das macht es manchmal auch schwierig, die richtigen

Arbeitszusammenhänge für mich zu finden. D.h. das, was mir vielleicht manchmal als Arroganz ausgelegt wird, ist eigentlich die Sehnsucht nach Partnerschaftlichkeit. Die ist nur oft nicht vorgesehen in diesen herkömmlichen Zusammenhängen.

Durch diese Partnerschaftlichkeit zwischen Dir und den Turnern in dem, wer was macht, entsteht auch so eine Art von Gemeinschaft oder Gemeinschaftlichkeit während des Abends. Dies auf das Politische übertragen – liegt dann auch in der Art, wie Ihr arbeitet, wie Ihr agiert, etwas Politisches? Ich frage mich, ob man das Politische nicht auch in dieser Form des Arbeitens, dieser Form des eine Situation auf der Bühne Herstellens sehen müsste, und gar nicht so sehr nur in dem, was gesagt wird. Ob es, weitergehend, auch als eine Eröffnung für die Gesellschaft verstanden werden könnte, dafür, wie Leute miteinander umgehen könnten, um eben ein anderes Umgehen zu erreichen, sich hinzuentwickeln auf das, was die ganze Zeit nur so utopisch, vielleicht ein bisschen romantisch, offen gelassen wird?

Das erinnert mich etwas zu sehr an den platonischen Idealstaat. Die Akrobaten werden nicht zu irgendetwas gezwungen, aber sie bewegen sich in einem ganz klaren Rahmen. Ich habe viel mehr Freiheiten, natürlich, weil René und ich das Stück gemacht haben. Sie haben mitgemacht, sie haben es auch mitgestaltet, aber es herrscht ja keine Anarchie, nirgendwo, also auch bei uns nicht. Es ist eine vereinbarte Hierarchie, keine verordnete. Also die haben Bock, das zu machen. Und alles das, was sie tun, haben die selbst erfunden. Aber ob man das auf komplexe Systeme übertragen kann – ich habe einen Text von Walt Whitman gelesen, gestern oder vorgestern, in dem er sagt: Nie gab es mehr Zukunft als jetzt, oder mehr Vergangenheit als jetzt. Die gelebte Augenblicklichkeit, was ich vorhin mit Geschichte der Gegenwart meinte, das ist politisch, indem man gerade die normalen Bezüge für einen Moment nicht herstellt. Auch eine Show schafft das ja manchmal, denkt man. Man denkt, eine Show setzt den Alltag außer Kraft, aber dadurch, dass sie auf Mehrwert basiert, treibt sie ihn eigentlich auf die Spitze. Wenn man sagt, die Turn-Show zeigt uns eine andere Welt, das ist ja gar keine andere Welt. Es ist ja dieselbe Welt, weil sie dann ein Kostüm anziehen und für 45 Euro in der Mehrzweckhalle Mehrwert für sich und für die Leute produzieren und man diese Welt, aus der man dann anfängt zu entfliehen, eigentlich noch weiter führt. Ich würde behaupten, dass wir das nicht tun.

Deswegen haben wir das später auch gesagt: „Wir haben das auch für uns gemacht." Ich habe das auch für mich gemacht, René hat das auch für sich gemacht, wir haben das für uns gemacht und nicht für die Leute, auch für die Leute, aber es ist nicht einfach eine Dienstleistung. Und wir sagen nicht einfach: „Wohin mit dem Atommüll?" Sondern im besten Fall bekommt man eine Ahnung von dem, was fehlt. Man bekommt eine Ahnung. Man kann es eben nicht benennen, weil es das ja noch nie gab. Denn das Neue wäre ja nicht das Neue, wenn es das schon mal gegeben hat. Aber man bekommt vielleicht eine, wie Kleist sagt, dunkle Ahnung. Und diese dunkle Ahnung ist das Politische, würde ich sagen. Diese dunkle Ahnung von dem, was fehlt. Der Fortschritt oder die Aufklärung dienen vielleicht ja auch dem, diese dunkle Ahnung gar nicht erst aufkommen zu lassen. Genau diese dunkle Ahnung, diese Hoffnungsgehalte und diese Gehalte auch von Freuden, die können ja gar nicht aufkommen im zu bewältigenden Leben. Das kann ja gar nicht aufkommen. Nur in ganz gewissen Momenten, in der Natur, im Theater im besten Fall, in der Sexualität oder in der Liebe – das würde ich auch noch trennen –, also in der Zärtlichkeit, da kann das, wofür man keinen Namen hat, aufscheinen.
Indem es etwas aussetzt, diesen normalen synchronen Ablauf, dem wir jeden Tag ausgesetzt sind, dadurch wird Theater vielleicht politisch. Indem da Körper zu sehen sind, die anders miteinander umgehen, auch eine Ansprache, die anders ist als: ein Dienstleister sagt einem anderen Dienstleister irgendetwas. Obwohl ich dafür bezahlt werde und obwohl die Leute dafür Eintritt zahlen – obwohl einen geringen, ist ja nicht besonders teuer, und so viel Geld krieg ich dafür nun auch nicht. Wenn man das mit einem Opernsänger vergleicht, ist es echt beschämend.

Aber Ihr habt es ja für Euch gemacht. Da gibt es ja dann am Ende diese Aufforderung… Und wenn man dann vom Geld spricht, dem Eintritt oder der Gage, dann geht es in einer gewissen Weise um den Tauschwert der Aufführung. Das löst dann bei mir die Frage aus: Hat diese Aufführung irgendeinen Gebrauchswert? (Hinrichs lacht) *Den Mehrwert verweigert Ihr. Aber irgendwie gibt es ja auch die Forderung nach einem anderen Wert darin, also nach einem Wert, der nicht ein monetär messbarer, ein kapitalistisch messbarer Wert ist.*

Ja, klar, natürlich.

Und dann sagt Ihr am Ende: „Macht es für Euch!" – zu den Zuschauern. Und wenn sie es dann für sich selbst machen wollen, sollen – was soll diese Aufforderung? Was denkt Ihr dabei, oder ist das einfach nur der Scherz aus dem „Wir machen es für uns" – „Macht Ihr es für Euch", oder liegt da ein Ernst drin?

Doch, natürlich, wie in allem liegt auch da ein Ernst drin. Gerade die Albernheit ist ja vielleicht die ernsthafte Behandlung des Lebens, also dass man das Leben wertschätzt und sagt, jetzt albern wir rum, weil wir uns am Leben erfreuen möchten. Das ist auch sehr ernsthaft.
Das „Macht es für Euch" ist nicht im Sinne der Selbstverwirklichung gemeint, dass man aus sich etwas macht, denn das ist ja vielleicht genau nicht, dass man was für sich macht. Wie hast Du denn das verstanden? Wenn ich mal zurückfragen darf.

Zum einen natürlich scherzend, zum anderen auch als eine Eröffnung, darüber nachzudenken, was das bedeuten würde, wenn sich alle in diese Art von Rolle begeben, so etwas zu machen, diese Art von Dingen zu machen, die jetzt nicht das Funktionieren im System sind.

Ja, genau, richtig. Und Brecht beantwortet die Frage ja im *Fatzer*, soweit ich mich recht erinnere: die werden dann alle erschossen, am Schluss, oder?

Es gibt dieses eine mögliche Ende, dass sie alle tot sind.

Wir wollten eigentlich auch noch einen Lehrdialog reinnehmen, den möchte ich irgendwann anders benutzen: „Wie viele Arten von Menschen gibt es – zweierlei Arten", ganz einfach, der erinnert daran, dass es nur durch Gewalt geht, was zu verändern. Das könnte man Occupy ins Grundbuch schreiben, mit diesen fröhlichen Zeltlagern, wo Leute sich lustige Mützen aufsetzen, und so – was soll das bewirken? Wie das wohl aussehen könnte, das „Macht es für Euch"? Keine Ahnung, wie das aussieht, unter Umständen furchtbar. Ich habe mal von jemandem gehört, der in Russland in den Wäldern 300 Leute umgebracht und aus den Häuten so Sachen gebastelt hat, und der war anscheinend gut drauf, der hat das für sich gemacht. Also das ist natürlich keine besonders freudvolle Aussicht.

Also bräuchte es die Albernheiten, das Lachen für die Politisierung?

Unter anderem, natürlich, weil die gute Laune bestimmt viel gefährlicher ist, denn wie heißt es schon bei Brecht: „Auch das Schreien gegen das Unrecht macht die Stimme heiser, und auch der Groll gegen die Verhältnisse verfinstert die…" – also macht Falten. Das ist aber jetzt auch nicht Programm. Eine rein narzisstische Geschichte wäre es ja, wenn man wirklich vollkommen ernst, so durchgehend ernst, tragödisch sozusagen, Leute aufklären möchte. Da ist man einerseits sehr eitel, weil man denkt, man weiß es halt, die anderen nicht. Dann ist es lebensfeindlich, weil man ja eigentlich denkt, dass das Leben nach dem Tod besser ist, sonst würde man auch das Leben nicht so schlecht behandeln, nämlich nur ernst und freudlos.

Also die Stoiker oder die Christen, Buddhisten, Islamisten, das sind ja alles finstere Gesellen, die sagen, wir müssen erdulden und ertragen. Und alle Leute, die finstere Tragödien auf die Bühne bringen, bierernst, finden auch, dass wir dieses Leben eigentlich ertragen und erdulden müssen, d. h. die sind eigentlich gegen eine Veränderung der Verhältnisse oder halten es für zwecklos. Das könnte man auch als politische Aussage werten. Das ist eine Haltung von enttäuschten Nichtwählern, also Leute, die ausschließlich Tragödien aufführen, sind enttäuschte Nichtwähler, das sind beleidigte Leute, die nichts verändern wollen. Lachen ist da vielleicht viel gefährlicher, weil Sehnsucht wieder geweckt und gezeigt wird, welche Freuden denn hier auch zusammen möglich sind. Ich sage am Schluss ja auch: „Wir hätten so glücklich zusammen sein können", ja, können. Wir stellen uns auch die Frage, wie man zusammen sein kann. Das beinhaltet natürlich auch die ganzen Formen, wie man nicht zusammen sein kann. Als Occupy-Bewegung kann man wahrscheinlich nicht zusammen sein. In einem Netzwerk kann man nicht zusammen sein. Im Erfolg kann man nicht zusammen sein. In dieser Kreditlosigkeit kann man nicht zusammen sein. Wenn Leute kein Gefühlsgedächtnis mehr haben. Wenn die Leute sich ständig verlassen und einen Partner nach dem nächsten haben und das zu zweit noch nicht mal hinbekommen, wie soll denn das im großen Kreis gelingen. Also wenn man sich wirklich liebt, kann man sich nicht verlassen. Das ist unmöglich. Und vielleicht können die Leute auch nicht mehr lieben. Das ist die Frage, die wir uns ja auch stellen: „Warum bringt sich heute keiner mehr aus Liebe um?" Die Leute bringen sich aus wirtschaftlicher Not um oder, weil sie erfolglos sind oder ihre Existenz bedroht ist, aber nicht weil der Partner weg ist. Ich glaube von Adorno kommt diese Sentenz, dass er sagt, die Wärme, nach der sich alle sehnen, die gab es ja noch nie. Denn wir sind eine Gruppe von Erkalteten, die die eigene Kälte nicht mehr erträgt und sich deswegen zusammenrottet.

Die Leute, die ich lieben soll, die können ja selbst nicht lieben und sind deswegen gar nicht liebenswert. Ich finde das benennt auf eine sehr brutale Art, also auf eine schonungslose Art die Verhältnisse. Die Leute, die ich lieben soll, können selbst nicht lieben und sind deswegen gar nicht liebenswert. Die eigene Liebesfähigkeit, darum, was das bedeutet, haben wir uns ja sozusagen bemüht. Vielleicht sogar die Liebesfähigkeit im Theater. Um es auf die Spitze zu treiben, würde ich sagen, dass es auch eine Liebeserklärung an das Theater ist, was wir da machen. Ich empfinde es so. Viele Sachen, die ich sehe, sind wirklich Dienstleistungen, ich frage mich immer, wo die Autoren geblieben sind. Also ich mache ja mittlerweile selber Stücke, aus einer Not heraus, nicht weil ich denke, ich bin ein toller Autor. René, finde ich, ist ein ganz großartiger Autor, aber außerhalb von René kenne ich eigentlich gar keinen. Und ich bin immer dankbar für Leute, die sagen: Doch der, oder die. Ich lese mir gerne alles durch, aber ich kenn da einfach keinen. Und das ist auch eine Frage: Wo sind denn die Autoren alle hin? Womit beschäftigen die sich? Also wirklich, ich weiß es nicht, mit Drehbüchern wahrscheinlich. Gute neue Stücke kenne ich nicht.

Und Du siehst schon, dass das Theater die Kraft hätte, da etwas zu verändern, ein anderes Theater sein könnte als das, was es hauptsächlich im Moment ist?

Das Publikum, das interessant ist, wird kaum erreicht. Das ist ein Grundproblem des Theaters. Aber natürlich auch der Literatur. Aber wenn es nicht vornehmlich politisch ist, wenn es sich nicht sagt: ich bin politisches Theater, ich bin ein politischer Liedermacher, sondern gerade indem es auf welche Art auch immer Dinge fühlbar, sichtbar, spürbar macht, die man wirklich vermisst, dann wird es politisch, finde ich. Und nicht, indem man sich in den normalen politischen Bezügen bewegt. Ich würde mir wünschen, dass andere Leute auch ins Theater gehen, Leute, die z. B. auf Konzerte gehen.

Eigentlich, glaube ich, wäre es wirklich nur durch – und da kämen wir doch wieder zur platonischen Idee vom Staat – Erziehung möglich, jahrzehntelange Erziehung. Also nur gutes Theater, nur gute Filme, völlig erfolglos über 30, 40, 50 Jahre wahrscheinlich, über

eine lange Zeit völlig erfolglos, bis die ausgestorben sind, die sich da irgendein Kackstück reinziehen in irgendeinem Kacktheater und danach ein Süppchen essen. Und Leute eine andere kulturelle Erziehung genossen haben, die fehlt hier sehr. Also, dass Leute überhaupt ein Gespür dafür haben, was Schauspiel ist, was Regie ist. Da wird immer gedacht, das sei Regie oder das sei Schauspiel, so Blut, Schweiß, Tränen. Und das würde ich mir sehr wünschen, solange ich noch lebe. Also, das würde sehr lange dauern, aber das muss man immer wieder benennen, dass da ein großer Mangel ist. Aber dazu würde es Entscheidungsträgern bedürfen, die wirklich völlig unabhängig wären. Das ist ja die Frage.

Wie kann man völlig unabhängig sein?

Ja, genau, die Beantwortung dieser Frage könnte doch schnell in den Totalitarismus führen, das ist ja die Krux am Idealstaat. Aber so kann es ja nicht weitergehen. Also so wird es schwierig. Deswegen ist das mit dem Stück auch so eine beglückende Erfahrung, dass man merkt, es geht. Es gibt auch immer mal einen Film, wo man merkt, es geht. D. h. es findet Resonanz und ist dennoch politisch, anspruchsvoll. Das gibt mir sehr viel Kraft und Hoffnung, da zehre ich sehr lange von.

Also auf jeden Fall bedarf es einer langen Zeit und Förderung, dass so was entsteht. Muss man mal sehen, ob das in der Zukunft noch möglich ist. Dazu müsste man kontinuierlich an einem Ort arbeiten können. Und da muss man fragen, was wir dem entgegensetzen können, dieser Unbegrenztheit, dieser Gedächtnislosigkeit. Aber die letzten Erfahrungen im Theater haben mir wenigstens eine Ahnung davon gegeben, dass das es wert ist, es weiter aufrechtzuerhalten und so, weil es, wie gesagt, doch auch Leute erreicht, die nicht dauernd ins Theater rennen, sondern auch mal andere. Und bei 40 Vorstellungen kommen schon eine Menge Leute zusammen. Ich glaube, wenn ich Schriftsteller wäre, würde ich mir die Frage auch stellen, also was für Auswirkungen, welche Wirkungen haben meine Bücher. Das wäre ja immer die Hoffnung. Also Leute wie Nietzsche haben ja gedacht: „Ok, nach meinem Tod." – hat sich bei ihm ja auch bewahrheitet, und Schopenhauer, die haben ja alle gesagt: „Nach meinem Tod." Aber man will's ja auch gern…

Dafür ist Theater ja zu gegenwärtig. Das geht mit einem Roman oder einem philosophischen Werk, aber im Theater ja nicht.

Ja, stimmt. Mit Film auch nicht wirklich. Das ist die Dialektik des Theaters, auch die Stärke, das Gegenwärtige. Ich meine nur, als Schriftsteller würde ich mich das auch fragen, auch ob das Buch in 300 Jahren gelesen wird, aber man denkt sich: Es lesen ja sowieso immer nur dieselben. Und die Hoffnung wäre eigentlich, dass der Kreis immer größer wird. Das wäre vielleicht die einzige Möglichkeit. Da sind natürlich dann die Institutionen wieder gefordert, weil unsere Gesellschaft auf Institutionen basiert.
Dazu müsste man das Leben aber auch so wertschätzen und sich selber, um irgendwie überhaupt Veränderung zu wollen, daran zu glauben. Und dann ist das natürlich ein Vakuum, das immer noch nicht gefüllt ist in unserer Zeit, nach den zwei Weltkriegen, nachdem auch die Fortschrittsgläubigkeit, also der Glaube an die Vernunft damit für viele eigentlich obsolet geworden ist. Ein Glaube an Gott ist ja sowieso, also auf jeden Fall in meinem Umfeld, verschwunden und kommt auch nicht wieder. Damit müssen wir uns auseinandersetzen in der Moderne, das ist schwierig.

Ja, das ist die grundlegende Schwierigkeit in dieser Gesellschaft, dass man sozusagen ohne Grund ist. Entweder man schaltet sich ab und funktioniert einfach, oder man muss was machen und sich den Grund irgendwie selber setzen. Was aber natürlich auch eine Möglichkeit von Freiheit ist, sich den Grund selber setzen zu dürfen, nicht in einem religiösen System oder so das vorgegeben zu haben.

Ja, das stimmt. Nur, es wirkt eben so verkorkst, also fast wie eine verkorkste Kindheit, also es wirkt alles schiefgelaufen, und – das würde jetzt zu weit führen, aber…

Du bist pessimistisch, wie man da wieder rauskommen kann? Oder ob überhaupt irgendwie?

Ja. Es gelingt ja noch nicht mal, dass die Leute zusammen wohnen. Ich bin da aber nicht vollkommen desillusioniert, sonst würde ich solche Stücke ja auch gar nicht machen. Aber das ist wirklich eine große Schwierigkeit, wirklich. Und der sogenannte Rückzug ins Private, also das Zurückziehen – Theater gehört ja in den Bereich des Öffentlichen. Und so gesehen komme ich meiner Verpflichtung ja nach als Bürger, eigentlich, ich gehe ja immer in die Öffentlichkeit, wenn man mir nicht dauernd unterstellt, oder allen, die das machen, das tun sie eh nur aus Narzissmus. Vielen bleibt eigentlich nur der Rückzug ins Private, also die ziehen sich zurück und gehen gar nicht mehr in die Öffentlichkeit. Und ich glaube, das müssten die Menschen viel mehr tun.

Das Interview wurde am 3. April 2013 in Berlin geführt. Die Fragen stellte Matthias Naumann.

Pizza essen mit Fatzer

René Polleschs KILL YOUR DARLINGS! STREETS OF BERLADELPHIA

Tim Schuster

Rutschpartie in einer falschen Gegend

Wenn man René Pollesch, dem ja schon so manches vorgeworfen wurde, etwas nicht unterstellen kann, dann ist dies wohl eine übergroße Angst vorm Kitsch. Doch so weit wie beim Abend *Kill your darlings! Streets of Berladelphia* hat selbst er es bislang selten getrieben.[1] Hier kommen die Zuschauer jedenfalls, so könnte man meinen, voll auf ihre Kosten: Schon zur Eröffnung wird nicht an elegischem Pathos gespart, wenn zum geloopten Schlagzeug-Solo aus Bruce Springsteens *Streets of Philadelphia* fünf Turner*innen und der Schauspieler Fabian Hinrichs an Stahlseilen befestigt und wie in Zeitlupe aus dem dunklen Schwarz des Schnürbodens auf die Bühne hinunter schweben.[2] Dort versammeln sich sogleich die „15 besten Turner Berlins" (213), gekleidet in Trainingsanzüge mit aufgedruckten Dollarnoten und schlagen munter Rad, machen Handstand und geben so manche akrobatische Nummer zum Besten, während Hinrichs in einer bunten Glitzerhose und mit nacktem Oberkörper rastlos zwischen ihnen im Kreis umhergeht, als würde er von einem inneren Feuer verzehrt. Weitere Zutaten an diesem an Showeffekten nicht eben armen Abend sind im Folgenden u. a. eine *Riverdance*-Einlage, eine kurze Michael Jackson-Nummer, ein im Dunkeln über die Bühne fliegender bunt leuchtender Helikopter und eine Choreographie aus Leuchtfingern. Dazu gibt es viel, meist laute, Musik. Und irgendwann kommt in dieser

1 Rene Pollesch: *Kill your Darlings! Streets of Berladelphia.* Stückabdruck in diesem Band auf S. 190–218; die folgenden Seitenangaben in Klammern im Haupttext beziehen sich auf diesen Abdruck.

2 Die Szene zitiert den Tod des Kulturhistorikers Egon Friedell, „der, als die SA an die Wohnungstür klopfte, aus dem dritten Stock sprang und zuvor höflich nach unten rief: ‚Treten Sie bitte zur Seite, ich springe!'" (Eva Behrendt: „Kill Your Darlings!" mit Fabian Hinrichs beim Theatertreffen. In: *Tip Berlin,* 02.05.2012, http://www.tip-berlin.de/kultur-und-freizeit-theater-und-buehne/rene-polleschs-kill-your-darlings-beim-theatertreffen (Zugriff am 17.05.2013).

Fülle überschäumender Bilder ein Bagger zum Einsatz, auf dem Hinrichs in fast mystischer Stimmung zu den Anfangsklängen von Leonard Cohens *Halleluja* mit über den Kopf gezogener Kapuze im Dunkeln sitzt.

Als er dann schließlich noch zur vollen Länge von Morisseys *Life is a Pigsty* einen Planwagen auf der Drehbühne umherzieht, donnert es kräftig und Wasser ergießt sich in Strömen von der Decke, woraufhin sich das Geschehen in eine Rutschpartie verwandelt, bei der allen Beteiligten der Heidenspaß ins leuchtende Gesicht geschrieben ist. Bei all dem wird viel von Liebe und Gemeinschaft gesprochen, und als Zuschauer ist man tatsächlich geneigt, sich geliebt zu fühlen von denen da oben und seine Rührung in den vielen schönen Bildern aufgehen zu lassen. Zugleich beschleicht einen das Gefühl, dass das vielleicht ein wenig zu vorschnell ist und hier etwas nicht stimmt; dass hier zwar die ganze Zeit eine Wahrheit berührt wird, aber andererseits auch eine Menge fauler Zauber im Spiel ist, und dass beides verdammt schwer zu unterscheiden ist. Diese verflixte Theatermaschine und ihr Einheizer Hinrichs, dieser Präsenzbolzen mit seinen lausbübischen Faxen, haben einen fast ein Stück zu gut im Griff. Bei allem Spaß sollte man also, und da ist der arme B.B. sicher nicht der schlechteste Ratgeber, auf der Hut sein an diesem rätselhaften Abend und genau aufpassen, wem oder was man hier seinen Glauben schenkt, bevor man auf abschüssigem Gelände selbst ins Rutschen gerät.

Zum Glück wäre ein Pollesch-Abend kein Pollesch-Abend, wenn er nicht noch seine eigene Doppelbödigkeit unter verschiedenen Perspektiven reflektieren würde. Und so folgt auf die Planwagennummer, deren Schönheit kaum auszuhalten ist (und die daher, wie Hinrichs unter Verweis auf das Cutter-Motto *Kill your Darlings!* dem Publikum erklärt, eigentlich auch rausgeschnitten werden sollte, was mancher Zuschauerin und manchem Zuschauer sicher aus der Seele sprach), eine fast lehrstückhafte Szene, die sich förmlich anbietet, als Schlüssel des Abends gelesen zu werden. Für diese tauschen die Turner*innen ihre ‚Kostüme' gegen alltägliche Trainingskleidung ein und reihen sich auf, um auf einer eigens herbeigeschafften Weichbodenmatte im Wechsel Saltos und Rad zu schlagen. Das ist zwar alles „sehr sehr gut" (213) ausgeführt, doch wäre da nicht dieser furiose Abend drumherum gebaut, würden diese professionell erlernten Fähigkeiten wohl kaum reichen, um ein zahlungswilliges Publikum bei Laune zu halten. Tatsächlich liegt

Hinrichs wohl richtig, wenn er behauptet, dass wohl kaum einer der Zuschauer*innen bereit wäre, 45 Euro für eine solche Darbietung in einer Mülheimer Mehrzweckhalle zu bezahlen. „Nur Turnhalle, das reicht doch nicht." (213) Offensichtlich „fehlt etwas" (192), und so verwandelt sich die Bühne auf Hinrichs Kommando in eine multimediale Sound and Light-Show, in welcher die Turner*innen zu bunt blinkenden und über die Bühne wandernden Scheinwerfern, großflächiger Videoprojektion und melodramatischer Musik zwar weiterhin genau das gleiche tun wie zuvor, nun aber ein gänzlich anderes Bild abgeben.

Im Folgenden wird gleich mehrfach zwischen den beiden Zuständen „Turnhalle" und „Mehrwert" hin und her gezappt: Während in ersterem tatsächlich nichts anderes geschieht als das, was Hinrichs gestisch erklärend dem Publikum mitteilt, wenn er sagt: „hier wird gerade geturnt" (213), verwandelt sich dieselbe sehr konkrete Handlung unter anderer Beleuchtung unvermittelt in ein sinnlich übersinnliches Ding, welches vor dem Auge des Betrachters so manch wunderliche Grillen entwickelt. Musik und Licht erzeugen dramatische Spannung und das Gefühl, dass es irgendwie um mehr geht als einfach nur alltägliche Trainingsarbeit. Zumal Hinrichs selber inzwischen in einem Krakenkostüm über die Bühne tanzt und über die Notwendigkeit des Mehrwerts sinniert: „Dem Kapitalismus geht es ja leider um mehr als den Profit. Es geht darum, ihm einen Mehrwert zu verschaffen, einen Sinn, einen Geist. […] Nur Geld machen, dass will doch keiner." (213) Doch warum, so fragt die Inszenierung, reicht *uns* das Konkrete und Alltägliche nicht, warum meinen *wir*, ihm noch etwas hinzufügen zu müssen? Welcher Mangel soll hier über ein diffuses, geheimnisvolles Allgemeines kompensiert werden? Oder anders ausgedrückt: Warum muss, wenn wir uns küssen, dabei auch „noch auf irgendeine Mehrwertart geguckt werden" (213)? Warum produzieren wir Bilder und Erzählungen, die einer vermeintlich von allen geteilten Vorstellung entsprechen? Diese Frage steht an diesem Abend im Raum, und sie ist, wie sich noch herausstellen wird, durchaus ambivalent gemeint. Vor allem jedoch ist sie, wie eigentlich immer bei Pollesch, eine Frage, die direkt das Theater betrifft: Ist es doch auch dessen Produktion von allgemeingültigen Bildern und Vorstellungen, die uns von unseren konkreten, singulären Leben trennt, indem sie eine vermeintliche Universalität vorgaukelt und damit das Bedürfnis nach Gemeinschaft zu erfüllen meint.[3]

Stop the pain!

Der Abend stellt die Frage nach der Möglichkeit von Gemeinschaft jedoch nicht aus einer vermeintlich neutralen Perspektive zur Diskussion. Vielmehr spielt er sie in all ihren Facetten szenisch durch und setzt dabei die eigene Perspektive fortlaufend mit aufs Spiel. Zum einen bietet er Bilder an, die zur allzu schnellen Identifikation verführen und so als mögliche *Painkiller* für den „Phantomschmerz einer fehlenden Gemeinschaft" wirken.[4] Zum anderen beschwört die Art von Hinrichs Spiel, der die meiste Zeit über von der Rampe aus in den Zuschauerraum spricht und dabei mitunter schon fast in der Pose eines Showmasters mit dem Publikum interagiert, die Möglichkeit einer Gemeinschaft der im Theater Versammelten. Umso überraschender ist es daher, wenn er in scheinbarem Widerspruch hierzu kurz vor Schluss in Richtung des Zuschauerraums verkündet:

> Das war nicht für euch.
> Das haben wir nicht für euch gemacht.
> Das haben wir nie für euch gemacht!
> Nein!
> Sondern für uns.
> Das hier ist nicht für euch. (217)

Um zu dieser an Desertion grenzenden Aussage zu kommen, war, das wird gleich hinterher geschoben, „ein großer Anlauf zu nehmen" (217). Es handelt sich schließlich um eine ungewohnte und ob ihres augenscheinlichen ‚Egoismus' schwer verdauliche Geste. Unwillkürlich macht sie einem klar, wie sehr man daran gewöhnt ist, dass immer alles genau für einen selbst und für niemand anderes gemacht wird. So zumindest verheißt die Suggestion der Werbung und des Marketings, bei denen ohne die direkte Ansprache des Konsumenten kaum mehr etwas geht: „Gönn Dir

3 Vgl. „Phantomschmerz einer fehlenden Gemeinschaft". Der Autor und Regisseur René Pollesch im Gespräch mit Sebastian Kirsch. In: *Theater der Zeit* 3/2012, S. 48.

4 Der Schmerz und seine Betäubung sind ein durchgehendes, immer wieder beiläufig eingestreutes Motiv dieses Abends. So sind z. B. Songs des Projekts *Painkiller* um die amerikanischen Avantgarde-Musiker John Zorn und Bill Laswell Teil des Soundtracks, während der angesprochene Morrissey-Song die Zeile „Can you stop the pain?" enthält, die Hinrichs wiederum aufgreift, wenn er an einer Stelle schreit: „*Will you please stop time / Will you please stop pain*" (203).

doch mal wieder was besonderes, sei es dir wert, sei endlich mal ganz du selbst, du bist Deutschland!“ lautet die Anrufung der vermeintlich eigenen Wünsche und Sehnsüchte, von der wir bis in die hintersten Winkel unseres alltäglichen Handelns verfolgt werden. Damit einher geht das nur scheinbar gegenläufige Versprechen, mit seiner individuellen Konsumentscheidung Teil einer *Community* zu werden. Politik, Medien und selbst die Kunst stehen demgegenüber nicht zurück, vielmehr sind auch hier die individuelle Anrufung, Partizipation und Interaktion der ultimative Imperativ.[5]

Das ist ja schon so oft gedacht worden…

Dieses merkwürdige Verhältnis der Inszenierung zu ihrem Publikum und damit zur Frage der Gemeinschaft ist wohl nicht zu verstehen, ohne selber einen längeren Anlauf oder vielmehr einen Umweg zu nehmen. Dieser soll im Folgenden über Bertolt Brecht und Laurent Chétouane führen, anschließend ein wenig ums Pizza-Essen kreisen, um schließlich beim Ruf nach dem schönen Leben zu enden. Beginnen wir beim Naheliegenden, nämlich Brecht: Die Aufführung ist ja schließlich als Polleschs Beitrag zum Brecht-Programm „Fatzer geht über die Alpen“ angekündigt, das die Volksbühne im Rahmen des „Wanderlust“-Projekts der Bundeskulturstiftung gemeinsam mit dem Teatro Stabile de Torino realisierte. Auch wenn der Bezug zunächst etwas unklar bleibt und irgendwie nach einem Trick riecht, um an entsprechende Fördertöpfe heranzukommen, gibt es doch auch einige explizite Bezüge auf das Brechtsche Theater. Am augenscheinlichsten finden sich diese auf der von Bert Neumann gestalteten Bühne: Sofort ins Auge springt der dort plakativ platzierte hölzerne Planwagen, wie ihn jeder Schüler aus dem Deutschunterricht als Insigne der Mutter Courage kennt, den Hinrichs in der bereits geschilderten Szene, in einen Rock gewandet und mit Kartoffelsack bewehrt, über die Bühne zieht. Der zweite offensichtliche Bezug ist der zur Rampe hin aufgespannte Vorhang, auf dem, als Hinrichs ihn einmal für einen kurzen Moment zuzieht, in schwarzer Fraktur groß **fatzer** lesbar wird, wodurch er sich als notorisch graue Brecht-Gardine entpuppt, wie sie auch ein Caspar Neher nicht schöner hinbekommen hätte. Schließlich gibt es noch zwei ausführliche textliche Bezüge: Zunächst wenn Hinrichs die Zeilen über die Niederlage

5 Vgl. Robert Pfaller: *Ästhetik der Interpassivität*. Hamburg: Philo Fine Arts 2008, S. 288.

aus dem *Fatzer*-Fragment spricht, welche er als „Glitzerfragment von Bertolt Brecht“ einleitet,[6] und später dann, wenn er in sich versunken auf dem Bagger sitzend einen Text aus dem *Fatzer*-Fragment über den Ersten Weltkrieg in das Dunkel der Bühne hinein spricht.[7] Beide Male markiert er diese Texte über ein In-die-Hände-Klatschen deutlich als Zitat.

Diese Bezüge sind, wie immer bei Pollesch, mehr als bloße Parodie. Die Brechtsche Theaterästhetik wird hier weder rein ironisch zitiert noch, um eins zu eins an sie anzuknüpfen, sondern sie wird – ganz im Sinne von Brechts Theorie des Gestus – offensichtlich als Zitat ausgestellt, um die hinter einer verkrusteten Aufführungstradition in Vergessenheit geratene Theorie zur Verhandlung zu stellen, sie weiterzudenken, indem man sie verändert, mit anderen Kontexten in Verbindung setzt und mit neuer Theorie bearbeitet. Derart dient der Griff zu Planwagen und Vorhang dazu, das Erbe des Brechtschen Theaters im konkreten Sinn des Wortes ‚greifbar‘ zur Verhandlung zu stellen. Das geschieht hier mit der von Pollesch wie Hinrichs gewohnten Lässigkeit und eröffnet doch so viele Anknüpfungspunkte an die Anliegen des Pollesch-Theaters, dass darin zugleich dessen Differenz und Nähe zum Brechtschen Theater deutlich werden.

Pollesch distanziert sich zwar ausdrücklich von Brechts „Glauben, ein Thema verhandeln zu können, indem wir es abbilden“[8], und damit zugleich von der gängigen Praxis der meisten selbsternannten Brechtadepten. Die Art, wie er „weltweit aufgeführt und neutralisiert wird“, fasst er in dem Urteil zusammen: „Mit Brecht bringt man sich dabei um die Anstrengung, etwas Neues zu denken. Nämlich Brecht.“[9] Damit bekennt er sich zugleich zu einer großen Nähe zu den heute noch radikalen und unausgeschöpften Ideen jenes Brechts der Lehrstücke etwa, und zwar insbesondere zu dessen Entwürfen eines Theaters ohne Publikum und ohne Proben.[10] Ein

6 Bertolt Brecht: Fatzer. In: Ders.: *Werke. Große kommentierte Berliner und Frankfurter Ausgabe*, Bd. 10.1. Berlin / Frankfurt am Main: Aufbau / Suhrkamp 1997, S. 387–529, hier S. 491.

7 Ebd., S. 481.

8 René Pollesch: Der Ort, an dem Wirklichkeit anders vorkommt. Pollesch über den Künstler als Vorzeigesubjekt und das Grauen im Theater, befragt von Cornelia Niedermeier. In: *Der Standard*, 29.6.2002, wiederabgedruckt in ders.: *Liebe ist kälter als das Kapital.* Reinbek: Rowohlt 2009, S. 313–318, hier S. 315.

9 René Pollesch: Dialektisches Theater now! Brecht Entfremdungs-Effekt. In: Ders.: *Liebe ist kälter als das Kapital*, S. 301–304, hier S. 304.

10 Ebd.; vgl. auch „Phantomschmerz einer fehlenden Gemeinschaft“.

theoretischer Entwurf eines solchen ist die im *Fatzerkommentar* enthaltene Skizze eines „Pädagogiums“, welche dessen Funktionsweise wie folgt beschreibt:[11]

> Um seine Gedanken zu ordnen, liest der Denkende ein Buch, das ihm bekannt ist. In der Schreibweise des Buches denkt er.
> Wenn einer am Abend eine Rede zu halten hat, geht er am Morgen in das Pädagogium und spricht die drei Reden des Johann Fatzer. Dadurch ordnet er seine Bewegungen, seine Gedanken und seine Wünsche.
> Weiter: wenn einer am Morgen einen Verrat ausüben will, dann geht er am Morgen in das Pädagogium und spielt die Szene durch, in der ein Verrat ausgeübt wird. Wenn einer abends essen will, dann geht er abends in das Pädagogium und spielt die Szene durch, in der gegessen wird.[12]

Diese Stelle, in der dem Publikum scheinbar überhaupt keine Rolle mehr zukommt, steht in einem merkwürdigen Widerspruch zu einer anderen bekannten Stelle aus dem *Fatzer*. In dem zentralen, mit „Zwei Chöre“ übertitelten Fragment geht es ebenfalls um die aus-übende Wiederholung von etwas, das bereits geschehen ist, doch unterscheidet die Sprecherinstanz hier sehr wohl zwischen einem „Wir“ und einem „Ihr“ und damit zwischen ausführenden Akteuren und solchen, die „sehen“ und „entscheiden“, und bringt auf diese Weise die Frage des Publikums neu ins Spiel:

> Aber als alles geschehen war, war da
> Unordnung. Und ein Zimmer
> Welches völlig zerstört war, und darinnen
> Vier tote Männer und
> Ein Name! Und eine Tür, auf der stand
> Unverständliches.
> Ihr aber seht jetzt
> Das Ganze. Was alles vorging, wir
> Haben es aufgestellt
> In der Zeit nach genauer
> Folge an den genauen Orten und
> Mit den genauen Worten, die
> Gefallen sind. Und was immer ihr sehen werdet, am Schluß werdet ihr sehn, was wir sahn:
> Unordnung. Und ein Zimmer
> Welches völlig zerstört ist, und darinnen
> Vier tote Männer und
> Ein Name. Und aufgebaut haben wir es, damit ihr entscheiden sollt
> Durch das Sprechen der Wörter und
> Das Anhören der Chöre

11 Hans-Thies Lehmann: Versuch über Fatzer. In: Ders.: *Das Politische Schreiben.* Berlin: Theater der Zeit 2002, S. 250–260, hier S. 251.

12 Brecht: Fatzer, S. 517.

Was eigentlich los war, denn
Wir waren uneinig.[13]

Wenn der Chor zu Sprechen anhebt, ist bereits „alles geschehen". Das aufzuführende fiktive Geschehen liegt in der Vergangenheit, während der Chor die Wiederholung eben dieses Geschehens im Theaterraum ankündigt und alles Folgende als Wiederholung rahmt.[14] Über die direkte Ansprache sind die Zuschauer*innen in diesen wiederholenden Akt jedoch ausdrücklich mit einbezogen. Sie werden als Zeugen aufgerufen, um das Geschehene zu beglaubigen und letztendlich zu entscheiden, „was eigentlich los war". Mit dieser Zeugenschaft erfüllen sie weder eine marginale noch eine rein passive Aufgabe, denn schließlich sind sie aufgefordert, das Geschehen „*durch* das Sprechen der Wörter und / Das Anhören der Chöre" nicht *nach*zuvollziehen, sondern im Sinne eines sich *in actu* vollziehenden Denkens *mit*zuvollziehen.

Um die etwas ominöse Rolle, die den Zuschauer*innen hier zugesprochen wird, für einen erneuten Blick auf *Kill your Darlings!* nutzbar zu machen, hilft der Umweg über jene andere Inszenierung des *Fatzer* mit Fabian Hinrichs in der Hauptrolle, die Laurent Chétouane einige Jahre zuvor am Schauspiel Köln inszeniert hatte.[15] An deren Beginn spricht Hinrichs jenen Chor in Richtung des Zuschauerraums. Sein Sprechen wird von wenigen, gezielt gesetzten Gesten begleitet, die den gesprochenen Text auf buchstäbliche Weise in ein körperliches Spiel übersetzen: Ein erhobener Zeigefinger, der die Geste der Ansprache markiert, das Deuten auf sein eigenes Ohr, wenn es um das „Anhören der Chöre" geht, das Senken der Arme, welches das Fallen der Worte in eine konkrete körperliche Erfahrung übersetzt, und ausgestreckte Arme, die einmal auf die Zuschauer*innen deuten und ein andermal – seitlich ausgebreitet und den den Sprecher umgebenden Raum umfassend – auf die Bühne als Ort des Vorspielens verweisen. Hinrichs Gesten sind die Übersetzung des im Text beschriebenen Akts des Vorspielens und stellen diesen als solchen – sozusagen ‚gereinigt' von dem in ihm dargestellten fiktiven Gehalt – aus. Insofern es sich bei diesem Akt um die Darstellung der theatralen Grundsituation handelt, welche

13 Brecht: Fatzer, S. 477.

14 Vgl. Lehmann: Versuch über Fatzer, S. 258.

15 *Empedokles/Fatzer*. Premiere am 22. Februar 2008, Schauspiel Köln. Vgl. Tim Schuster: *Räume, Denken. Das Theater René Polleschs und Laurent Chétouanes*. Berlin: Neofelis 2013, im Erscheinen.

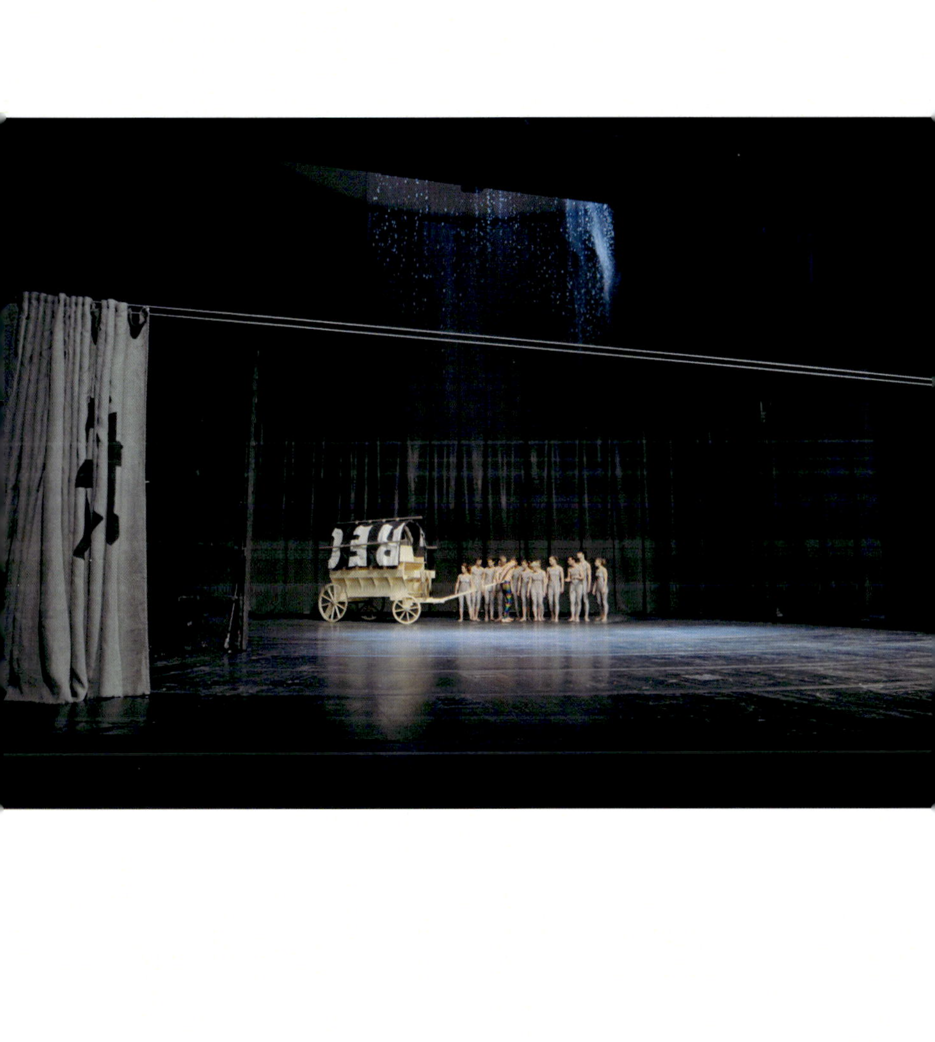

zuvörderst eine räumliche Schauanordnung meint, exponieren sie zugleich den Raum des Theaters und verorten das folgende Geschehen darin. Dies tun sie, indem sie bestimmte räumliche Relationen markieren: Sie betonen die Verbindung von Darsteller*innen und Zuschauer*innen und markieren so den Theaterraum als den von allen gemeinsam geteilten Raum mit einer auf bestimmte Weise gearteten Schauanordnung, welche die Zuschauer*innen auf der einen von den Darsteller*innen auf der anderen Seite trennt, in dieser Trennung aber gerade wieder zueinander in Beziehung setzt. Innerhalb dieses Raums heben sie die Bühne als den ‚reservierten', der Darstellung vorbehaltenen Raum hervor und exponieren sie als den Ort, an dem das darstellende Kollektiv „was alles vorging" in genauester Ordnung „aufgestellt" hat.

Chétouanes Inszenierung steckt Hinrichs offensichtlich noch in den Knochen. Die Art, wie er in *Kill your Darlings!* spricht, erinnert zumindest in mancher Hinsicht an seine frühere Rolle. Auch hier sind seine Worte eine direkte Ansprache des Publikums, ohne dass dieses jedoch im Sinne des interaktiven Theaters zu einer Antwort oder gar zum Mitmachen aufgefordert würde. Hinrichs Gesten stellen die Beziehung zum Zuschauerraum zwar her, halten zugleich jedoch auch eine Distanz zum Publikum aufrecht. Indem der Schauspieler nämlich eine Distanz zu den Gesten seines Körpers wahrt, nimmt er sie zugleich ein Stück weit zurück. Er setzt sie sozusagen in Anführungszeichen und verleiht ihnen gerade dadurch eine Potentialität. Seine Interaktion mit dem Publikum wird so zu einem Spiel aus Nähe und Distanz, das zwar Angebote der Interaktion zu machen scheint, diese jedoch zugleich aufhebt. Seine Gesten stellen gewisse Relationen heraus und geben sie zu denken, und zwar zunächst einmal sich selber, im selben Zug aber auch dem Publikum. Die derart imaginierte Gemeinschaft ist eine des gemeinsamen Denkens, das die Topologie des Theaters mit seiner Trennung von Darsteller*innen und Publikum eben nicht überwindet, sondern immer mitdenkt und aufrechterhält. Insofern erlaubt paradoxerweise gerade die Geste, welche „die Relation zwischen Besuchern und Performern" ins Zentrum rückt und dabei das Publikum zunächst einmal vor den Kopf stößt, Theater als „Gemeinschaft der am Theatervorgang Beteiligten" zu denken.[16]

16 Vgl. Hans-Thies Lehmann: The importance of being earnest. Ein Plädoyer für die Rückkehr des Ernstes im Theater. In: *Theater der Zeit* 3/2012, S. 47.

In diesem Sinne richtet sich *Kill your Darlings!* natürlich an ein Publikum – wie Pollesch im Gespräch mit *Theater der Zeit* auch einräumt.[17] Dennoch ist es ihm seit jeher wichtig, hervorzuheben, dass sich sein Schreiben und sein Theater eben nicht *primär* am Publikum orientieren, sondern an der Auseinandersetzung aller beteiligten Akteure mit ihrem Alltag. Da dieser aber gerade mit Fragen der Darstellung und des Theaters zu tun hat, wird die Auseinandersetzung, insofern sie nach Konkretion sucht, fast automatisch zu einem gemeinsamen, szenischen Denken des Darstellungsvorgangs. Und dies schließt ein Publikum eben gerade nicht aus, denn dieses ist eingeladen, die verhandelten Texte denkend mitzuvollziehen. Für dieses Publikum gilt dann, was Lehmann als Paraphrasierung der Brechtschen Skizze anführt:

> „Um sein Denken des Politischen zu ordnen, spielt das Publikum sprachlich und gestisch einen theatralen Vorgang mit und durch, der ihm schon bekannt ist. In der Art und Weise der gestischen und sprachlichen Darstellung des Vorgangs denkt es."[18]

Wie ein direkter Bezug auf die beiden zitierten Fragmente aus *Fatzer* wirkt es daher auch, wenn Hinrichs relativ zu Beginn von *Kill your Darlings!* sagt:

> […] – das ist ja schon so oft gedacht worden.
> Aber jetzt gerade müssen wir alle im Raum das denken, das sagen, um es zu beleben. Es gehört zu den Dingen, die es zwar schon gab; Sätze, die schon gesagt wurden, aber die nun neu gesagt, gedacht, gemacht werden müssen[.] (191)

Kill your Darlings! ist in diesem Sinne die Umsetzung dessen, was im zitierten Chor aus dem *Fatzer*-Fragment beschrieben wird. Wenn es dort heißt: „Wir haben für euch aufgestellt […] damit Ihr entscheiden sollt", so findet hier genau dies statt. Die Inszenierung stellt Dinge gestisch zur Verhandlung, um sie konkret – und das heißt im Theater immer: räumlich – verhandeln zu können. Das zentrale Beispiel hierfür ist der Chor der Turner*innen. Von diesem heißt es, er repräsentiere den Kapitalismus, welcher heute als Netzwerk auftrete. Wenn das Netzwerk also die Metapher ist, unter der der Kapitalismus heute „Gott sei Dank" (195) wieder verhandelbar geworden ist, so ist es erst die Übersetzung dieser Metapher in ein körperliches Ding, wodurch die abstrakte Repräsentation konkret bearbeitet werden kann. Wenn man nun betrachtet, wie

17 „Phantomschmerz einer fehlenden Gemeinschaft", S. 48.
18 Lehmann: Versuch über Fatzer, S. 253.

die Turner*innen mit ihren Körpern wechselnde Konstellationen herstellen, dann ließe sich wohl nur schwer eine buchstäblichere Übersetzung des abstrakten Netzwerkbegriffs in eine konkrete körperliche Formation vorstellen. Das ist bewusst plakativ, aber gerade dadurch gibt es dem Denken die notwendige Konkretion, um nicht bei allgemeingültigen und abstrakten Vorstellungen stehen zu bleiben. In diesem Sinne verrichtet der Abend eine Arbeit mit und an Repräsentationen oder Vorstellungen. Er *benutzt* die Gruppe der Turner*innen immer wieder dazu, um Hinrichs Worten eine anschauliche Konkretion zu geben. Das so entstehende Spiel mit Ähnlichkeit und der darin eben notwendig wahrnehmbaren Distanz zwischen dem von Hinrichs vorgetragenen Text und dessen teils buchstäblicher Übersetzung (dem verwandt, was einmal V-Effekt hieß) öffnet einen Spalt, in dem das Denken sich genauso fröhlich bewegen kann, wie es ihm die Akrobaten dort oben vormachen.

Her mit dem schönen Leben!

Was mit dem Netzwerkchor zur Verhandlung steht ist das „Wir als reine Addierung von Ichs“[19], also eine Gruppe, die nur scheinbar Gemeinschaft schafft. Denn „[n]ur zusammenstehen, das geht doch nicht“ (198), „[d]as Zusammen-Pizza-Essen reicht uns nicht“ (208). Da fehlt etwas, nämlich der konkrete Punkt, der die Einzelnen verbindet. Dessen Fehlen wird jedoch dadurch verdeckt, dass „man sich lediglich erzählt, dass man etwas miteinander zu tun hat“[20], beim Pizza-Essen gerade so wie im Theater. Wirklich miteinander zu tun hat man demnach nicht im diffusen, allen vermeintlich zugänglichen Allgemeinen, sondern im konkreten Einzelnen. Es geht um „das unerreicht Beispielhafte, das nicht Teilbare, das absolut Singuläre, da kommen wir an ein Uns heran.“ (215) Hier tritt die paradoxe Ambivalenz des „da fehlt doch was“ (208) hervor. In *Kill your Darlings!* drückt sie sich darin aus, dass dieses Fehlende zum einen in immer neuen Bildern beschworen wird, zum anderen aber gerade dort nicht aufzufinden ist. Es ist das „Unerfüllte des Sozialen“[21] und damit immer „etwas, das wir noch nicht kennen“ (200), also ein Undarstellbares, das rausgeschnitten werden muss,

19 „Phantomschmerz einer fehlenden Gemeinschaft“, S. 48.

20 Ebd.

21 Matthias Naumann: Chöre des Kapitalismus. Künstlerische und nicht-künstlerische politische Artikulationen. In: *Nebulosa. Zeitschrift für Sichtbarkeit und Sozialität* 2 (2012), S. 85–95, hier S. 86.

weil es letztlich nur als Mangel aufgerufen werden kann. Diesen Mangel markiert Hinrichs, wenn er sagt: „Wir stehen hier zusammen, und fragen uns: ‚Was vermissen wir wirklich?'“ (198) In dieser Geste, die auf der Suche bleibt, liegt die Sprengkraft dieses Abends, die zugleich immer Gefahr läuft, zum Kitsch oder zur irgendwie pseudo-radikalen Geste zu verkommen. Daher müssten in der Darstellung eigentlich die Spitzen abgeschnitten werden, um die es im Leben doch gerade geht. So scheint der Deserteur und Egoist Hinrichs alias Johann Fatzer die ganze Zeit über mit Majakowski zu rufen: „Her mit dem schönen Leben!“ – doch ohne der Entführung in eine vermeintlich andere Welt, auch wenn sie noch so klebrig am Horizont steht, tatsächlich den Weg zu bereiten. Nein, hier in dieser konkreten Welt wollen wir das schöne Leben, und zwar inklusive Mehrwert, aber exklusive Klebstoff und kapitalistische Verwertbarkeit![22]

Irgendwo zwischen all den Bildern, am ehesten dort, wo sie nicht Vorstellung ist, bietet die Inszenierung dann vielleicht tatsächlich so etwas wie die Utopie einer Gemeinschaft. So erinnert die Art, wie die Turner*innen hier ihre Übungen verrichten, an eine Notiz aus *Fatzer*, „die besagt, daß die Schauspieler, *ernst* wie Akrobaten, in *weißen Arbeitsanzügen* spielen könnten – ‚dann können die Vorgänge einfach wie Zeremonien absolviert werden.'“[23] Diese Vorgänge sind dann genau in dem Grad keine *Vorstellung* mehr, in dem sie die gestische Wiederholung eines Erlernten, bereits Bekannten sind. Dort, in der Zweckgemeinschaft der da oben auf der Bühne, etwa in der ‚realen' Interaktion der Turner*innen untereinander und zwischen ihnen und Hinrichs, scheint jenseits der bildhaften Ebene und der des Als-Ob vielleicht eine andere Wirklichkeit in den Gesichtern auf, eine zwar unspektakuläre, dafür aber konkrete Gemeinschaft wenigstens für die Zeit des Abends oder der Produktion – wir wissen es nicht. In diesem Sinn sind Hinrichs an das Publikum gerichtete Schlussworte als Absage an eine Gemeinschaft und zugleich doch als Vor-Schein ihrer Möglichkeit zu verstehen: „Wir hätten so glücklich zusammen sein können.“ (217) Hätten…! – Nein, hätten wir eben nicht, dafür waren wir zu viele heute Abend,

22 Vgl. Robert Pfaller: Wofür es sich zu leben lohnt. Und was uns das vergessen lässt: Über-Ich, Narzissmus, Beuteverzicht. In: Juliane Rebentisch / Christoph Menke (Hrsg.): *Kapitalismus und Depression. Freiheit im gegenwärtigen Kapitalismus.* Berlin: Kadmos 2010, S. 191–207.

23 Notiz Brechts zu Fatzer in: *Werke*, Bd. 10.1, S. 691, zit. nach Lehmann: Versuch über Fatzer, S. 258.

nämlich „die vielen, in die man das verstreut, was uns zusammenführen könnte." (215) Und zu viele sind Keuner, denn sie sind letztlich austauschbar wie die Teile des kapitalistischen Netzwerks.[24] Aber so glücklich *könnten* wir werden, wenn wir das, was sie heute Abend für *sich* gemacht haben, für *uns* machen. Sie haben es uns gezeigt. Also machen wir es ihnen nach! Wer das schöne Leben will, muss sich eben auch mal auf eine Rutschpartie einlassen.

24 Vgl. Naumann: Chöre des Kapitalismus, S. 89ff.

KILL YOUR DARLINGS!
STREETS OF BERLADELPHIA

René Pollesch

Drum-Loop STREETS OF PHILADELPHIA

Fabian: Treten Sie bitte beiseite.
Achtung!
Wir springen
jetzt
MUT MUT MUT
M u t

(Synthies, Springen, Landen/ Fluggeschirre ab/ restliche Akrobaten kommen auf Bühne und machen Turnübungen)

Was ist das hier?
Ich weiß es nicht,
was das ist.
Wo sind wir hier? In einem Raum,
der zu eng ist oder zu groß
für unsere Liebe.
Es ist nicht unsere Schuld,
dass uns die Liebe
nicht gelingt.

Ich bin die
Straße hinuntergegangen, an den
Reihenhäusern vorbei,
und ich
hätte dir gerne gesagt: „In keines
dieser
hell erleuchteten Fenster würde ich
hinein wollen
und
reden mit den Leuten dahinter, nirgendwo auf der Welt,
auch nicht on the streets of Berladelphia
Nein Nein Nein

Nein Nein Nein
Nein Nein Nein

Es gab nur
ein Fenster, vor
dem ich stand,
und wissen wollte, was da
los war,
und
hinter dem die „hunderttausend Ursprünge" waren.
Ich will es genauer sagen, damit
du nicht denkst, ich stehe vor dem einen Fenster und sehne mich nach einem Individuum.
In den Straßen von Berladelphia.
Nein Nein Nein
Nein Nein Nein
Nein Nein Nein
Das geht nicht, es fehlt uns was.

Denn das ist gar nicht möglich, on the Streets of Berladelphia.
Nein Nein Nein
Nein Nein Nein
Nein Nein Nein

Dass einem das Leben hinter den Fenstern abstrakt vorkommt, weil es das ist – das ist ja schon so oft gedacht worden.

Aber jetzt gerade müssen wir alle im Raum das denken, das sagen, um es zu beleben. Es gehört zu den Dingen, die es zwar schon gab; Sätze, die schon gesagt wurden, aber die nun neu gesagt, gedacht, gemacht werden müssen:

Denn hier
ist so wenig Leben.

Es reicht uns nicht, es reicht uns nicht, es reicht uns nicht, es reicht uns nicht, wir schaffen das schon, wir schaffen das schon, wir schaffen das schon, es reicht uns nicht, es reicht uns nicht. Es fehlt etwas.

Warum bringt sich eigentlich niemand mehr aus Liebe um?

Die besten Szenen werden Sie heute Abend nicht sehen, denn die würden wir alle nicht ertragen.

Deswegen heißt der Abend
Kill your Darlings.
(Alle fallen auf den Boden)

Die besten Szenen werden wir heute Abend nicht zeigen, denn die könnten wir alle gar nicht ertragen.
Ich auch nicht, ich könnte nie wieder ein Theaterstück spielen, und Sie könnten nie wieder in einen Theaterabend hineingehen, denn:
Sie haben das Beste bereits gesehen, und Sie werden es nie wieder erleben,
deswegen haben wir die Spitzen abgeschnitten,
denn die sind nicht zu leben.
Das Leben ist kein Stierkampf, oder dauernde Extase, das Leben ist vielleicht
ein Grillabend.
Wir haben uns Mühe gegeben und so weiter, deswegen heißt dieser Abend „Kill your Darlings".
(Alle fallen auf den Boden)

Die Szenen, die wir gestrichen haben, hätten den Abend aus dem Gleichgewicht gebracht. Und es heißt ja nicht ohne Grund: Kill your Darlings. Stattdessen sehen Sie Szenen, die einen nicht so aufregen. Die u n s auch nicht so aufregen, nicht nur S i e nicht.

Es reicht uns nicht
Es reicht uns nicht
Es reicht uns nicht

Es fehlt etwas
Es fehlt etwas
Es fehlt etwas

Es reicht uns
Es reicht uns
Es reicht uns

Jean Ziegler nennt doch Zahlen:
„Alle 5 Sekunden, letztes Jahr und jetzt,
stirbt ein Kind unter 5 Jahren.
100.000 Menschen sterben am Hunger, 100.000 pro Tag.

923 Millionen; 3 Jahre zuvor 854 Millionen, in 3 Jahren fast 100 Millionen dazu.
2.700 Kilokalorien erwachsenes Individuum pro Tag, ohne Problem, 12 Milliarden Menschen, wir sind 6,3 – also das Doppelte“

Jean Ziegler nennt doch Zahlen, aber das erreicht uns nicht.
Und Zahlen, die u n s nicht erreichen können, die sind nicht politisch.

Dass es uns, hier, heute Abend nicht reicht, dass wir zusammen Pizza essen gehen, das ist wirklich gefährlich.

(Fabian turnt durch die Mitte über die Bühne durch Akrobaten hindurch)

Und dass es nicht reicht,
ein am Boden zerstörter 36-Jähriger,
wer will das denn noch sehen,
den fetten Überlebenden von Nirwana,
den will doch keiner sehen!

(Fabian nach vorne zum Brecht-Vorhang, den Vorhang zuziehen)

Das reicht uns nicht
Das reicht uns nicht
Das reicht uns nicht
Das reicht uns nicht
Es fehlt etwas
Es fehlt etwas
Es fehlt euch was
Es reicht euch nicht
Es fehlt euch was
Es reicht euch nicht
Es fehlt euch was
Das reicht euch nicht
Wir schaffen das schon
Wir schaffen das schon

(Akrobaten sofort ab in den Wagen/ Fatzer-Vorhang zu/ nur Fabians Kopf schaut durch)

Huhu.
Naaaa?
Huuhuu.

Naaaa?
Kekse?
Kekse?
Naaaa?
Huhuuu.

Treffen sich zwei Freunde.
Sagt der eine zum andern:
„Du, Mist, ich glaube, ich habe einen Tinnitus."
„Ja?!? Wirklich?!?!"
„Ja! Aber nicht auf den Ohren, sondern auf den Augen:
Ich seh nur noch Pfeifen"

(Fabian kommt durch Vorhang hindurch)

Wir haben Chöre gesehen der Arbeiter,
wir haben Chöre gesehen des Proletariats
und
der kommunistischen Genossen,
aber wir haben noch keinen Chor gesehen,
der den Kapitalismus repräsentiert, aber mit dem
haben wir es gerade zu tun,
mit den
Netzwerken!!!

(Painkiller/ Vorhang aufreißen/ Akrobaten kommen auf die Bühne geturnt/ Choreographie Turner/ Musik aus/ Turner FREEZE-MOVE)

Nein! Nein! Nein!
Ich gehe nicht mit dir ins Bett.
Das kann ich nicht tun! Du bist ein Netzwerk! Nein! Auf keinen Fall! Du repräsentierst den
KAPITALISMUS!

(Fabian zum Publikum gewendet/ Akrobaten nach ganz hinten, kommen näher wenn Fabian mit Rücken zu ihnen steht)

Der Kapitalismus *(Akrobaten lösen hier Freeze und gehen zusammen)*
tritt heute als Netzwerk *(umdrehen)*
auf. Er hatte sich lange versteckt*(umdrehen)*
um sich einer orientierungslos gewordenen Kritik zu entziehen, *(umdrehen)*

man wusste eine lange Zeit nicht, wo der Kapitalismus hin ist, *(umdrehen)*
den man kritisieren konnte. *(umdrehen)*
Die Kritik war orientierungslos,
denn: *(umdrehen)*
Sie wusste eine ganz lange Zeit nicht,
mit welchem Gesicht
(Akrobaten bleiben stehen, und hören Fabian zu)
der Kapitalismus
wieder auftauchen würde,
aber dann war klar –
es waren die Netzwerke.
Dahin war er verschwunden,
um sich der Kritik zu entziehen,
in ein
Netzwerk!
(Geste auch auf Publikum)
Gott sei Dank wissen wir Linken jetzt wieder, wie er aussieht.

Anfang der 90er Jahre
(Akrobaten heben Fabian hoch, tragen ihn raus)
taucht die Metapher – Netzwerk – auf. Sie gibt der neuen Welt einen Sinn.

Nein! Nein! Ich kann nicht mit dir ins Bett!
Nein! Nein! Nein!
Das kann ich nicht tun, ich bin eine Linke!
Ich geh nicht mit dir ins Bett!

(Fabian schnell auf Bühne zurück/ Akrobaten folgen ihm)

Ich würde, ohne zu zögern, mit einem
(Akrobaten umschließen Fabian, machen THE SNAKE)
Haufen von Leuten ins Bett gehen, wenn es ein Kollektiv wäre, sozusagen das Proletariat.
Aber du Netzwerk bist die Repräsentation des Kapitalismus. Das kann ich nicht tun, ich bin eine Linke.

(Fabian befreit sich)

Nein, ich geh nicht mit dir ins Bett.

(Nach vorne, zweites Mal THE SNAKE)

Ihr seid nur die Rechtfertigung des Kapitalismus, der ein durch und durch amoralischer Prozess ist.
Dazu muss erst einmal gesagt werden, dass es für den Kapitalismus keine Rechtfertigung gibt. Er ist ein durch und durch absurdes System, und das bist du ja auch.
(Befreit sich/ Akrobaten bleiben zusammen stehen)

Du bist so amoralisch.
Du sagst einfach kurz vor unserer Verabredung mit den Worten ab:
Du musst noch
Haare waschen.

(Tennisspiegel-Spiel mit Akrobaten/ Fabian springt nach links/ Akrobaten spiegeln es und springen mit/ hin und her/ rechts, links/ dann nach hinten rennen)

Du
(Fabian nimmt Hannes an die Hand, restliche Akrobaten bauen menschliche Stufen)
Netzwerk behauptest, du könntest Beziehungen führen. Aber das kannst du ja nicht. Das sind doch alles unpersönliche Beziehungen. Nicht Beziehungen in einer Nahwelt, wo jemand dauernd meiner Verfügbarkeit im Wege steht. So was wie du, nein! Du tauschst doch dauernd deine Kreise aus. Das ist doch verrückt.
Man fühlte sich mit mehreren doch mal proletarisch im Bett. Und jetzt, jetzt gibt es nur noch diese Netzwerke.
Nein! Auf keinen Fall springen wir zusammen in die Kiste.

(Fabian springt von der Treppe runter)

Nein! Das ist nur noch die Repräsentation des Kapitalismus.
(Sich zum Publikum umdrehend, auch für die Turner sprechend)
Man hat uns nicht gefragt, man hat es über uns verhängt.
Was würden denn meine Freunde
(Akrobaten bauen weit vorne direkt hinter Fabian Zweier-Türme)
dazu sagen, dass ich mit einem Kapitalisten ins Bett gehe.
Andererseits sagen die Freunde ja auch immer, es gibt doch so viele.
Es gibt doch andere, mach doch d i e e i n e nicht so groß!
Wenn zwei, drei, vier Leute zusammenstehen, dann ist das doch Wärme.

(Fabian läuft nach links)

Nein, es ist kalt!
Es ist nass!
Es ist kalt! Es ist kalt!
Nur zusammenstehen, das geht doch nicht.
Wir stehen hier zusammen und fragen uns: „Was vermissen wir wirklich?"

(Fabian geht in die Knie)
Ich brauche eine Nahwelt.
(Akrobaten kommen von Zweier-Türmen runter/ bilden sofort eine Reihe)

Individualität
Individualität
Individualität
(Fabian haut mit Fäusten auf den Boden)
sagt mir einfach nichts. Ich brauche was Größeres.

(Fabian wirft sich auf die Akrobaten, welche in einer Reihe stehen und wird weitergereicht)

Aber ich habe Nahweltbedarf!
Trotz aller Diskrepanzen zwischen Nahweltbedarf und den Entfaltungsmöglichkeiten hochgetriebener Individualisierung.
Das kann ich ja gar nicht, diesen Differenzierungstrend,
(Akrobaten machen Richtungswechsel in der Linie)
der macht mich gar nicht mehr anschlussfähig.
An eine Nahwelt. So was wie du eben. Andererseits habe ich das Gefühl, du bist auch nicht mehr die Nahwelt, wie man sie sich einmal vorgestellt hat.
(Sofort Wippe bauen)

(Wippe in der Luft)
Die ganze Zeit
baue ich an diesem
einzigartigen Weltentwurf
da in mir drin.
(Fabian bleibt oben, auf dem Bauch, wird nach vorne getragen)
Aber ich möchte auch nicht in einer Nahwelt vor mich hinvegetieren. In einem Vorort *(Fabian nach hinten tragen)*
das will ich nicht,

das kann ich nicht,
da komm ich nämlich her.

(Tragen Fabian in normaler Geschwindigkeit nach vorne)

Im Unpersönlichen gibt es viel mehr Entfaltungsmöglichkeiten.

(Absteigen/ Fabian trennt sich von der Gruppe rennt im Kreis/ Akrobaten folgen ihn mit den Augen)

Nein, ich brauche eine Nahwelt.
Und du bist ein Netzwerk! Aber du bist nun mal
zu viele. Mit all den Leuten, die du immer triffst. Du willst zu viele. Oder eben niemanden. Das weiß ich eben nicht so genau. Das weiß ich jetzt nicht. Doch bei dir bin ich eigentlich sicher, dass du zu viele willst, und die sind eben niemand.

Weißt du, das sehe ich doch, wenn du mit diesem Typen mit einem Hund
(Akrobaten steht in der Mitte/ Fabian rennt um sie herum/ deutet Hund an, dem er hinterherläuft)
zwei Wochen zusammen bist und du dann mittendrin eine Woche lang auch einen Hund hast.
Da komm ich in euer Zwei-Wochen-Nest und da ist überhaupt niemand und über diesen Niemand habe ich mir so viele Gedanken gemacht. Da kann ja niemand sein. Warum weiß ich das denn nicht vorher? Ich weiß es doch eigentlich. Ich sehe diesen Niemand, der mit euren Hunden spielt, und weiß doch, das ist es nicht, das ist das nicht, das ist das nicht.
Ich will das aber trotzdem haben, ich will der Niemand sein, der mit euren Hunden spielt. Vielleicht weil ich so gerührt bin von deinen Versuchen, mit diesen Niemanden alle zwei Wochen eine Nahwelt zu haben. Aber weißt du, das geht nicht.

Was verbindet uns denn?
(Fabian guckt Simone an/ es folgt die Waage/ Fabian wird von einem zum anderen gehoben)

Du Netzwerk behauptest, du könntest Beziehungen führen. Aber das kannst du ja überhaupt nicht.

Du bist zu viele.
Und in diesem ganzen Vielen gibt's nicht Vieles.

(Fabian springt/ Akrobaten spiegeln es)

In diesem Vielen gibt es eigentlich nur eine Sache, eine Sache. Und die ist grau; je bunter, desto grauer.

(Fabian spricht auch zum Publikum/ im Stehen zappelnd, Chor macht es nach/ spiegelt komplett alles was Fabian macht)

Riverdance!

(Didel didi, didel didi/ Fabian klatscht einmal/ Chor klatscht nach/ dann noch mal Fabian klatschen/ Chor macht alles nach)

Was verbindet uns denn?
Riverdance wohl kaum!

(Fabian nimmt die Akrobaten an die Hand und kommt mit ihnen nach vorne. Alle setzen sich hin/ außer Johanna, sie bleibt alleine stehen)

Weißt du, es geht um etwas, das wir noch nicht kennen. Es geht um etwas, das fehlt.
Wenn wir bei einem Depeche Mode-Konzert sind, und wir Zweihunderttausend im Zuschauerraum lieben den Einen da vorne.
(Auf Johanna zeigen)

Dave Gahan, und dann geht der von der Bühne ab, in sein Hotelzimmer
(Johanna geht ab)

und versucht, nachweislich, sich sofort, sofort
(Fabian will Johanna zurückholen, guckt zuerst an falscher Stelle)

ÖH?
(„Findet" sie und geht mit ihr zurück auf Bühne)

Umzubringen.
(Johanna fällt um)

Was bitte fehlt ihm denn?
Liebe hat er doch gerade genug bekommen.
Da stehen doch gerade 200.000 davor,
unter dem hell erleuchteten Fenster, Dave Gahan, und gucken da rein. Er weiß es auch nicht, und vielleicht versucht er deshalb, sich sofort umzubringen.

(Fabian bringt Johanna in die Gruppe und spricht den Chor an)

Warum bringt sich eigentlich niemand mehr aus Liebe um?
Die Leute haben sich doch mal aus Liebe umgebracht. Das muss doch mal was gewesen sein, die Liebe.

(Fabian kniet vor Johanna)
Und Fragen gehen mir durch den Kopf, warum sich heute niemand mehr aus Liebe umbringt.

Wieso rufst du nicht an? Du hast doch meine Nummer, weißt du?
Ich sitz zu Hause rum, und du bist nicht da.
Ich kann mir den Rest nämlich nicht auf der Arbeit holen, mein Schatz!
Obwohl? *(Auf Chor guckend)*

Weißt du, es gibt doch Leidenschaft,
(Auf Chor guckend)
es gibt doch Leute, die aus Liebe sterben. Die sterben, weil ihre Beziehung mit einem Schlag weg ist, wie der Depeche Mode-Sänger. 200.000 Leute mit einem Mal weg. Die ganzen unpersönlichen Beziehungen werden schlagartig ausgetauscht. Das kann der nicht mehr mitmachen, Dave Gahan, dass am nächsten Tag wieder 200.000 unpersönliche Beziehungen vor ihm stehen, und die haben nichts mit gestern zu tun.

(Fabian löst sich wieder und steht auf/ Akrobaten setzen sich aufrecht hin)

Ich will nichts mit dir zu tun haben.
Das ist eher so ein Borderline-Syndrom, dass jeder bei jedem nur für einen Tag Kredit hat, und dann sind die Kredite schon wieder vergessen.
Nein! Ich brauche Kredit!
Ich kann ohne nicht leben.
(Fabian wirft sich hin/ steht sofort wieder auf)

Das merke ich daran, dass ich bei dem kleinsten Misserfolg
(Fabian zieht Fratze zum Publikum)

alle meine Erfolge vergessen habe.
Ja, gut, man sollte die auch vergessen, die Scheißerfolge.
(Fabian in die Hände klatschen/ schreit)

PAINKILLER!

(Akrobaten stehen sofort auf und rennen zum Bühnenende/ stellen sich in einer Reihe auf)

Ich berühre das Thema ja nur, weil ich klarmachen will, dass kaum einer bei dem anderen noch Kredit hat, und schon gar nicht bei sich selber.

Du führst dauernd Beziehungen, aber das ist nur gut, wenn du nicht n u r d a s machst.
Wenn du n u r noch Beziehungen führst, dann bist du beim kleinsten Anruf, den du in meiner Gegenwart kriegst, sofort weg.

(Telefonklingel ertönt/ am Ende der Telefonklingel Akrobaten ab hinter weißen Vorhang/ Fabian alleine auf Bühne)

Das ist ein weit verbreiteter Irrtum, dass der Kapitalismus durch Egoisten repräsentiert wird.
Nein, wo lebt ihr denn?
Der Kommunismus basiert auf Egoismus. Er weiß auch, wenn es den andern gut geht, schlagen sie auch nicht auf mich ein, wenn es zu Verteilungskämpfen
(Akrobaten rennen auf die Bühne)
kommt.

Ich liebe dich. Warum rufst du mich nicht an?
Du hast doch meine Nummer!
(Danach alle Akrobaten sofort schnell von der Bühne)

Ja gut, ich weiß, es ist abschreckend, wenn man eine ernsthafte Beziehung sucht.

Ja ich weiß, Verbindlichkeit ist keine Größe in diesen Netzwerken.
Ja es tut mir leid, dass ich nicht mehr Möglichkeiten bin als das hier.
Und du, du bist so viele Möglichkeiten, das finde ich ja so toll.
Hallo? Hallo?
Vielleicht, irgendwann, sehen wir uns wieder.
Das muss ja wirklich nicht morgen sein. Und ein Hallo, so wie man das kennt, dass man sich morgen wieder Hallo sagt; vielleicht erst wieder in einem Jahr!
Auch gut!

Ich werde das nicht überleben.
Ich bin nicht sehr stark, weißt du.
Wir werden das nicht überleben.
Wir sind nicht sehr stark!
Andererseits sind wir doch sehr stark.
Irgendwie reicht es ja wohl dazu, weitermachen zu wollen. Ich will das ja auch. Ich will ja auch leben, deswegen habe ich ja die ganzen Probleme.

Mir ist aufgefallen, dass ich aufpassen muss, dass mein Netzwerk nicht den gesamten Freundeskreis austauscht, weil ich nicht mehr in der Lage bin, die sozialen Kontakte zu pflegen und weitergeben kann, was so los ist, in den Straßen von Berladelphia.
Denn auch, wenn ich nicht so einen aufgewerteten Beruf habe in meinem Netzwerk, bin ich derjenige, der allen sagen kann, wo heute Abend was Interessantes los *(Fabian zum Glitzer-Vorhang)* ist in München.
Das macht mich interessant.

Die meisten Menschen sind unterwegs.
Sie sind unterwegs und wahrscheinlich auf dem Weg dahin, wo es ihnen besser geht, und natürlich können sie da unterwegs nicht anhalten. Die Zeit müsste man anhalten.
Will you please stop time
Will you please stop pain
Please! Please! Please!
Aber man hält nur
(Fabian fährt mit Bagger rein/ bleibt in der Mitte stehen)
Wagen an.

(Halleluja Lied/ Licht komplett aus. Nur noch Beleuchtung am Wagen mit Fabian/ zieht Pulli an)

Ich bin so müde,
ich bin so müde,
vom Zappeln.
Mir ist so langweilig,
mir ist so langweilig.
Als Kind habe ich immer bis 1000 gezählt,
weil mir so langweilig war.

Das ist mir dauernd begegnet, freudlose alte Säcke, die vor sich hinsülzen. Das ist, was einen so verwirrt.
Sydney
Pablo
München
Und wenn ich jetzt an dich denke, an diesen ersten Punkt, an dem du dein T-Shirt hochziehst.
Und die Szene, wo du dich verabschiedet hast, in dem Lokal, das nie läuft, oder war es der Italiener?
Dann noch ein paar Punkte bei deinem Fahrradunfall, die Erzählungen, und dann der Anruf deiner Mutter und dann deine Beerdigung und wie ich mir den Baum vorstelle, gegen den du gefahren bist, dann wären das doch, diese Punkte, diese Punkte, diese Punkte, diese Punkte.
Wir sind doch Punkte, Punkte.
Die gab es schon, Punkte, die, die etwas erneut sagen, wieder sagen, immer wieder neu sagen.
Punkte.
Fahrradunfälle.
T-Shirts.
Lokale, die nicht laufen.
Immer wieder sagen, immer wieder sagen, erneut sagen.

(Fabian klatscht in Hände/ keine Veränderung beim Licht/ Musik spielt weiter / Akrobaten rennen auf die Bühne und setzen sich vor den Bagger)

Aus dem Weg!
Weg!
Weg da!
Hau ab!
Aus dem Weg!

(Fabian spielt ab hier mit Bagger rum/ zu Akrobaten)

Du stehst meiner Verfügbarkeit im Weg, mein Schatz.
Und Verfügbarkeit ist nun mal die Größe in diesen Netzwerken.

Weg, weg.
Aus dem Weg!
Weeeeeeeg!

Ich muss Projekte ablehnen, die ein ganzes Leben lang dauern. So was wie dich, mein Schatz.

Weg, weg! Aus dem Weg!

Du Netzwerk sagst dauernd, du willst nicht machen, was man dir sagt. Du willst Freiheit.
Aber das ist doch gar nicht dein Problem. Du machst ja eh nicht das, was man dir sagt, außer zu leben. Das ist doch der einzige Befehl, den du gelten lässt.
Und diese Gesellschaft hat tatsächlich nur noch mit der einzigen Schwächung des Subjekts zu tun, die du gelten lässt: zu leben.

Du Netzwerk sagst mir: Nein! Das war nicht langweilig. Die zehn Tage Sylt, die wir miteinander verbracht haben, im Nieselregen, das war nicht langweilig.
Ich müsste dir einfach nur zuhören, wenn du sagst: Nein, das war es nicht.
Und du sagst, ich wäre nur noch nicht reif genug, ich wäre noch nicht erwachsen genug.
(Pulli wieder anziehen)

Aber weißt du, ich sag's dir jetzt mal: Die zehn Tage Sylt.
Das war langweilig.
Das reicht mir einfach nicht.

Das war langweilig.
Das reicht mir einfach nicht.
Das war langweilig.
Das reicht mir einfach nicht.
Das war langweilig.
Das reicht mir einfach nicht.
Weißt du, als wir zusammen im Bett waren, da bin ich davon ausgegangen, du wärst eine Linke. Du wärst ein linkes Kollektiv. Und jetzt stellt sich heraus, du bist ein Netzwerk. Da wär ich ja schön reingefallen.

Ich bin so desorientiert vor deinem zusammenhanglosen Gesicht.
Aber wo spielt sich unsere Liebe denn dann ab? Ich würde gerne wissen, wo die Bühne ist, mein Schatz?
Mich befriedigt Geld dann doch mehr als du, mein Schatz!
Und meine Arbeit

(Fabian steigt in den Bagger)
die befriedigt mich dann doch mehr als mein großes Glück mit dir.
Und so was wie meine große und wahre Liebe.
Liebeeeeeee.
Liebeeeeeee.
Liebeeeeeee.
(Spielt mit der Bagger-Schaufel)

Ja gut. Die wird nicht erhört von dir. Ich hab dir doch gesagt, du wirst niemandem Besseren begegnen als mir.
Es gibt nichts Besseres. Du musst also gar nicht mehr verfügbar sein. Ja gut, ich muss verfügbar sein, ich krieg ja auch die ganzen Anrufe und verschiebe Treffen, aber ich bin mir ja auch ganz sicher, dass ich dich liebe.

Ich habe Freunde *(Akrobaten bauen menschliche Couch)*
die sich Sorgen machen.
Und diese Freunde erinnern mich eben dauernd daran, dass es doch auch etwas geben müsste, was zu leben ist. Aber wenn ich uns dann beide sehe, auf der Couch, im Dämmerlicht, dann denke ich, die Augen sind nicht zum Sehen gemacht, sondern zum Weinen. Und das ausschließlich. Nur zum Weinen. Nichts anderes. Da gibt es nichts zu verbessern.
(Lichtwechsel: DÄMMERLICHT)

Ich gebe mich nicht damit zufrieden, dass die Dinge bei Licht betrachtet eine andere Bedeutung haben sollen als bei Dunkelheit. Ich brauche jemanden, der nicht das Licht ausmacht beim Schlafen.

(Lichtwechsel/ Fabian steht von menschlicher Couch auf)

Ich brauche den Sturm.
Ich brauche die Seenot.
Ich brauche alles.
Denn wir wissen doch, dass 72 Stunden mehr sein können als 80 Jahre.
Und das meint kein Carpe Diem.
Das meint keine Goldenen Zeiten.
Das meint keine permanente After Hour.
Das ist der totale Tod.
Das ist das Gegenteil, kein Reisen, kein Jetzt wird gesoffen.

Wenn man es krachen lässt, kommt man schon gar nicht an sein Leben ran. Wenn man es krachen lässt, dann ist das der totale Tod, und wir meinen das Gegenteil.

Das Zusammen-Pizza-Essen, das ist das Problem.
Das Zusammen-Pizza-Essen-Gehen, das ist die Ausweglosigkeit.
Das Zusammen-Pizza-Essen, das ist das Stahlbad.
Das Zusammen-Pizza-Essen reicht uns nicht.
Das reicht uns nicht.
Das reicht euch doch auch nicht.
Das will doch keiner!
Das wollt ihr doch auch nicht.
Das reicht euch doch auch nicht.
Das könnt ihr mir doch nicht erzählen.
Dass euch das reicht.
Das will doch keiner!
Das wollt ihr doch auch nicht.
Das reicht euch doch auch nicht!

Noch dunklere Gesichter wollen wir doch nicht. Die Gesichter sind doch schon schwarz.

Ich seh doch die Gesichter, die all das Glück rauslutschen, die Gesichter an der Bushaltestelle. *(Rennt zum Wagen und wieder zurück)* Die all das Glück aus der Welt raussaugen. Das wollt ihr doch auch nicht. Das könnt ihr mir doch nicht erzählen, dass ihr das wollt.

(Ringe kommen herunter)

Das will doch keiner!
Das wollt ihr doch auch nicht.
Das reicht euch doch auch nicht.
Ich will das doch auch nicht.
Da fehlt doch was.
Da fehlt euch doch auch was.
So kommen wir doch zu keiner Größe!

Was verleiht uns denn Größe?

(Chor macht eine Pyramide)
Wir können nicht leben.
Wir können nicht lieben.

Wir können nicht sterben.
Und dazu gehören auch all die Gründe, warum wir uns verlassen können.
(Fabian steigt mit auf die Pyramide drauf)

Das Begehren kann man nicht verlassen.
Wir können die Beziehungsskulpturen, die wir zusammengeschraubt haben, verlassen, ja.
(Sobald sich Fabian auf den Bagger setzt, bauen Akrobaten Pyramide ab/ dann Aufbau der 2 Pyramiden-Kreise)

Wir können die besten Szenen unseres Lebens wegschneiden.
Wir schneiden sie alle weg.
Jeden Tag.
Weil wir alle jeden Tag von der einen Tür *(Fabian fährt Bagger raus)* zur anderen Tür gehen. Es gibt aber gar keine Türen.

Aber diese Türen gibt es vielleicht gar nicht.
Stellt euch das mal vor,
jetzt stellt euch das mal vor.
Dass es diese Türen, Geburt und Tod und das Leben dazwischen, gar nicht gibt. Sondern nur ein Sein und ein mit und uns und sonst nichts, sonst nichts.

Dieser Hippiescheiß ist so öde. *(Abbau der 2 Pyramiden-Kreise)*

Ich bin in einem Dorf
(Fabian bewegt den Wagen/ Akrobaten versammeln sich und achten auf Fabian)
aufgewachsen, und die Hauptanforderung an mich war, zu diesen 100 Prozent zu gehören.
Dass dieses Dazugehören aus Schlag-deine-Frau, Krieg-so-und-so-viel-Kinder oder Hab-einen-Job-in-der-Bank besteht, das wird einfach weggelassen.
Von 100 Prozent auf 99 ist für mich keine Verbesserung. Das ist auch keine Grundlage für eine Gemeinschaft.

Schön finde ich es, in den Armen eines Menschen aufzuwachen, der mich liebt und versteht. Du hingegen machst so ein Gefühl von Brechen und Magenverstimmung. Meine Freundin ist vielleicht nicht reich, aber sie hat mehr zu bieten als nur Blende.

Zu deiner Information, ich bin dir nicht hörig oder verflossen. Ich will nur endlich einen Strich durch deine Fresse ziehen. Schwarz und lang.

Hass kann ich vermeiden und Wut zurückstecken. Also handel mal schön, wie du es immer tust.
Bezahl deine Strafzettel und melde den Wagen um. Damit ich deinen Gestank nicht länger riechen muss.

Dein, ich zitiere dich mal:
verwester, hohler und vergammelter Versager.

Sterne am Himmel glühen auch mal aus. Eine Frage der Zeit. Aber deine Ehre ist die eines Arschlochs.

Machs gut.
Und hör auf, Scheiße zu verbreiten.
Ich habe dich im Auge.

Tim Flemming.
Scheißsau!
Du Drecksau!
Unbehaart!

Iiiigitt, was für eine faule Frucht!
Du widerst mich maßlos an.
Scheißsau!
Brrrrrrrrrrrrr
Jrrrrrrrrrjrrrrrrrrr

Ich hatte mich auch so darauf gefreut, deine vierhundert Freunde kennenzulernen, bei meiner Geburtstagsparty, und dann kamen nur vier.

Wo sind denn die anderen 396?
Wo sind denn die anderen 396?
(Erst Fake Donner dann fängt es an zu regnen/ zuerst bleiben alle im Regen stehen)

Wo sind denn die anderen 396.

(Fake Donner/ MUSIK Morissey beginnt/ Fabian holt Wagen/ schiebt ihn in die Mitte/ Akrobaten legen sich darunter/ Fabian geht nach hinten/ holt

Kartoffelsack und zieht Rock an/ kommt nach vorne/ isst Kartoffeln, spuckt sie wieder aus/ lässt sich auf den Boden fallen/ gleichzeitig ertönt Donner/ geht zum Wagen und legt sich mit drunter/ beginnt mit Hand zu blinken/ Akrobaten machen es nach/ machen alles nach was Fabian macht/ krabbeln gemeinsam mit nach vorne/ stehen dann auf/ fassen sich an den Händen/ rennen im Kreis in einer langen Kette um den Wagen herum/ rennen zum Wasser und rutschen dort/ „spielen" mit Wasser gemeinsam und alleine für sich/ Fabian geht zum Wagen/ Drehbühne beginnt sich zu drehen/ Akrobaten in den Wagen/ irgendwann stoppt die Drehbühne/ Fabian liegt einen kurzen Moment auf Boden/ Wagen dreht sich kurz alleine/ Drehbühne danach STOPP/ Akrobaten wieder raus/ spielen im Wasser/ Fabian nach vorne)

Nein!
Stopp!
Das ist jetzt zu schön.
Irgendwas stimmt hier nicht.
Das ist viel zu viel Freude, Scheiße!
So können wir doch nicht leben!
Das können wir nicht ertragen.
Katja, das wollten wir doch eigentlich rausschneiden! Warum ist das denn jetzt drin?

(zum Chor) Jetzt sag doch auch mal was!

Chor: Ich bin ein ziemlich lockerer Haufen.

Fabian: Lauter!

Chor: Ich bin ein ziemlich lockerer Haufen.

Fabian: Lauter!

Chor: Ich bin ein ziemlich lockerer Haufen

Fabian: Ja, deswegen bin ich ja auch so verwirrt.
Viel zu gut! Das sind zu viele Spitzen. Morgen müssen wir doch auch wieder auftreten. Habt ihr daran mal gedacht? Dingel lingel ling! Das war doch draußen? Das war doch auch gar nicht nass!

Jetzt kam doch etwas weniger Aufregendes!
Michael!

(Michael Jackson-Clip beginnt/ Fabian holt Matte und einige Akrobaten helfen ihm/ die ersten Akrobaten gehen ab und ziehen sich um/ Fabian mit Trillerpfeife/ Akrobaten beginnen Turnübungen mit der Matte)

Mehrwert!

(Fabian gibt Zeichen/ Musik AUS)

Nein, das ist es auch nicht!
Individualität sagt mir einfach nichts.
Das ist mir zu klein. Ich brauche Größe. Das ist mir zu grau. Martin Luther King hatte Charisma.
Warum singt Lady Gaga eigentlich nicht, wie sie aussieht?

Hier wird gerade geturnt!
Das sind die 15 besten Turner Berlins.
Das ist sehr gut.
Johanna, sehr gut.
Tim, auch gut.
Anna, hervorragend.
Das ist sehr sehr gut.
Aber würden Sie dafür 45 € in einer Mehrzweckhalle zahlen? Nein, das reicht nicht. Wir müssen also noch etwas hinzufügen!

(Fabian pfeift/ gibt Zeichen/ Musik AUS)

Dem Kapitalismus geht es ja leider um mehr als den Profit. Es geht darum, ihm einen Mehrwert zu verschaffen, einen Sinn, einen Geist.

Wenn wir uns küssen, dann muss auch noch so geguckt werden.
(Fabian zieht Gesicht)
Wenn man als Liebespaar auf einer Brücke steht, dann muss noch auf irgendeine Mehrwertart geguckt werden.
(Zieht wieder Gesicht)
Auf der Brücke muss man so sein, im Kino muss man so machen.
(Gähnt und legt Arm um imaginäre Person)

Nur Geld machen, das will doch keiner.
Nur Turnhalle, das reicht doch nicht.

Man turnt in einer Mehrzweckhalle für 45 € nicht über einen Barren, sondern man turnt über einen Einkaufswagen.

(Fabian holt sich Krakenkostüm aus dem Off rechts)

Man hat auch keine Leibchen an. Man hat ein Kostüm.
(Fängt an, Krakenkostüm anzuziehen)

Wir brauchen einen Sinn.
Wir brauchen einen Geist des Kapitalismus.
Wir brauchen einen Mehrwert!

(Akrobaten turnen dabei die ganze Zeit weiter/ Rhythmus beibehalten/ Fabian geht nach hinten)

Turnhalle!
Mehrwert!
Turnhalle! *(Eddie hilft Fabian beim Kostüm)*
Mehrwert!
Turnhalle!
(Fabian läuft nach hinten/ räkelt sich auf dem Boden/ längere Pause/ Akrobaten turnen normal weiter)

Warum machen wir das?
Warum machen wir das?
Warum machen wir das?

Gibt es eine
(DJ HELL)
Antwoooooooort? Giiibt eees eine Aaaaaaaaantwort? Gibt es eine Antworttttt?
Eiiiineee Aaaaanntwooooort?
(Musik aus)

Ja. *(Turner halten sofort an und bleiben auf der Bühne jeweils links bzw. rechts stehen)*
Aber wir mussten sie rausschneiden.
Ihr hättet das einfach nicht ertragen, und wir hätten das auch nicht ertragen.
Es war eine Antwort, die nicht zu leben ist.
Sie war die beste aller Antworten, sie war richtig, aber nicht zu leben.
Nein, rätselt nicht herum! Ihr kommt nicht drauf. Sie war auch nicht einfach.
Es war die Antwort auf all unsere Fragen.
Du musst im Krakenkostüm bleiben, solange dir keiner raushilft.

Du musst allein bleiben,
solange du deine große Liebe nicht gefunden hast.

Die Liebe soll uns zusammenhalten, aber glaube mir, sie kann es nicht mit dem, der nicht der Richtige ist. Es muss die Liebe schlechthin sein.

Die Liebe, die nicht zu teilen ist.
Erst diese unvergleichbare, nicht teilbare Liebe wird eine Grundlage sein, auf der die Liebe uns allen etwas sagen kann.
Etwas unerreicht Beispielhaftes, das uns allen etwas sagt.
Das ist ja immer die Frage, wie so was aussieht. Etwas, das keiner kennt, aber das jedem etwas sagt. Es wären eben nicht, und das kennen wir ja: die mittelmäßigen Lieben, die Lieben, wo man die Enden des Terrors am einen Ende und des unerhörten Glücks am anderen Ende abgeschnitten hat, die uns allein zusammenführen können.
Also kill your Darlings ist eben das, was wir leben und was eigentlich nicht zu leben ist und was vor allem keine Gemeinschaft konstituiert.
Nein, das unerreicht Beispielhafte, das nicht Teilbare, das absolut Singuläre, da kommen wir an ein Uns heran.

Du bist ja nicht die Eine unter vielen, die vielen, in die man das verstreut, was uns zusammenführen könnte. Eine unter vielen, eine Meinung unter vielen, eine Liebe unter vielen stiftet keine Gemeinschaft.
Und das wollen wir doch!
Wir beide, und die andern auch. Das wollen doch alle. Dass uns die Liebe verbindet, und wenn sie das bei uns beiden schon nicht macht und nur in niemand und in zu viele zerfällt, wie soll denn ein „Wir" hier überhaupt gelingen?

Weißt du, diese Sekunde, als ich dich das erste Mal sah, die krieg ich einfach nicht zusammengebacken mit dem Rest meines Lebens. Und natürlich denk ich auch nicht daran, diese Sekunde auszuschließen.
Ich kann sie irgendwo hintun, und sie meldet sich vielleicht immer wieder, diese Sekunde geht ja nicht verloren, die meldet sich ja dauernd.

Und weißt du, der Moment als ich in Ohnmacht fiel, als ich dich sah, und die vielen Male, wo ich oder etwas in mir zitterte, bis ich nicht mehr gehen konnte, das hat doch nichts damit zu tun, dass ich sonst sehr auf mich achte. Und dass du alles mit mir machen konntest, dass du so viel mehr wusstest als ich, nein, Wissen meine ich jetzt nicht.
Ich meine, dass die Sekunde, als ich dich traf, in so einem Bereich wie Leben und sogar Liebe gar keinen Sinn macht.
Aber diese Sekunde macht vielleicht in etwas Sinn, was wir noch nicht kennen, weißt du.
Und ich werde den Gedanken nicht los, dass hier grundsätzlich etwas falsch ist.

(Musik AUS)

Ich hab dich schon vergessen, und keiner meiner Freunde erinnert mich an dich.
Ich hab dich schon vergessen, wie du zitternd vor mir stehst.
Da so hilflos und so geliebt von mir und das alles wird in die absolute Vergesslichkeit eingehen, selbst das Foto, das ich von dir zerrissen habe.
Es wird nichts mehr sein von uns, und das ist das Leben und alles, was ich bin. Ich bin groß und du, weil wir das so wollen!
Ich bin gar nicht ärgerlich, dass du mich nicht anrufst, wegen der Sache, die ich für dich getan habe, ich bin gar nicht ärgerlich,
ich will dich nur vergessen! *(Akrobaten gehen sofort ab)*

(BLACK/ Helikopter startet/ fliegt Richtung Boden/ fliegt wieder hoch und dann ins Off/ Wenn Helikopter hochfliegt: Akrobaten treten mit Leuchtfinger auf/ Licht AN)

Stopp!
Nein!
Das haben wir doch rausgestrichen.
Das ist doch viel zu gut für ein Ende.
So können wir doch nicht weiterleben.
So können wir die Leute doch nicht entlassen.
Die krepieren doch bei so viel Schönheit.
Wir hatten doch ein anderes Ende, eins, das weniger aufregend ist.
Etwas Moderates. Etwas weniger Poetisches.
Nein, jetzt hab ich´s! Das war das Ende.

Wenn wir jetzt auseinandergehen, dann tut nicht so, als wären wir Fremde. Wir hätten so glücklich zusammen sein können.
Schön, sich das auszumalen.

Das war nicht für euch.
Das haben wir nicht für euch gemacht.
Das haben wir nie für euch gemacht!
Nein!
Sondern für uns.
Das hier ist nicht für euch. *(Alle gemeinsam an die Hand nehmen und nach hinten gehen)*

Es war nie für euch!
Es war immer für uns.
Damit es nicht missverstanden wird.
Es ist ein großer Anlauf zu nehmen auf das „Macht es für euch", damit es verstanden wird.
Es ist ein großer Anlauf zu nehmen auf das „Er kann nicht anders."
Es ist ein großer Anlauf zu nehmen auf „Es reicht uns nicht."
Es ist ein großer Anlauf zu nehmen für „Macht es für euch; macht es für euch."
Das war nicht für euch.
Es war immer für uns.
Macht es für euch!
Zwei, drei, vier!

(Musik AN/ hin und her rennen/ vorne stehen bleiben/ Akrobaten spiegeln Fabian und machen es nach/ Springen etc/ zwischendurch winken/ bleiben stehen)

Ja, es tut uns leid, dass wir nicht mehr Möglichkeiten sind als bloß das hier. Und ihr seid so viele Möglichkeiten! Und das finde ich ja so toll. Ihr müsst nur euer Handy weglegen.

(4 Mal klingeln/ alle bleiben auf der Bühne)

Dies ist die Mailbox von Niemand. Nachrichten bitte nach dem Piep-Ton.

(Kurze Pause: Musik AN/ alle bleiben auf der Bühne/ darauf Verbeugung/ winken/ nach vorne/ Verbeugung/ winken/ ins Off/ kommen wieder/ Verbeugung/ Musik AUS/ nach vorne gehen/ Fabian gibt Zeichen für

Musikwechsel KISS nur bis zum Refrain/ wieder alle ins Off/ alle wieder kommen/ Musik an/ Verbeugen/ Musik aus/ kurze Pause/ dann Neil Young/ verbeugen/ winken/ alle ins Off)

nike

Abbildungsverzeichnis

Tore Vagn Lid – *Fatzer*

S. 86, 89, 94–96, 99, 101, 102, 105, 106, 109 *Fatzer*, Inszenierung von Tore Vagn Lid – Aufführungsfotos, 2012.
Foto & © Thor Brødreskift, Bergen.

LIGNA – *Wessen Stadt ist die Stadt? Ein Aufstand*

S. 124 Mappe mit Archivmaterialien zum Sturm auf das Mülheimer Rathaus, 18.–21.04.1923.
Stadtarchiv Mülheim an der Ruhr, Sign. 1200/712.

S. 126, 128–130 Überschriften von zeitgenössischen Zeitungsartikeln zum Sturm auf das Mülheimer Rathaus.
Stadtarchiv Mülheim an der Ruhr, Sign. 1200/712.

S. 127, 133, 139 Fotografien aus dem belagerten Mülheimer Rathaus.
Stadtarchiv Mülheim an der Ruhr, Sign. 1200/712.

S. 134–135 Ausschnitte aus den Briefen des Journalisten G. Nypels über die Unruhen in Mülheim.
Stadtarchiv Mülheim an der Ruhr, Sign. 1200/712.

S. 139–140 *Wessen Stadt ist die Stadt? Ein Aufstand* – Aufführungsfotos, 2011.
Foto: Björn Stork. © Ringlokschuppen Mülheim an der Ruhr.

S. 142–147, 149 *Wessen Stadt ist die Stadt? Ein Aufstand* – Aufführungsfotos, 2011.
Foto: Stephan Glagla. © Ringlokschuppen Mülheim an der Ruhr.

René Pollesch – *Kill your darlings! Streets of Berladelphia*

S. 152, 156, 163, 169, 173, 178, 183, 189, 197, 204, 211, 219 *Kill your darlings! Streets of Berladelphia* – Aufführungsfotos, 2012.
Foto & © Thomas Aurin, Berlin.